대통령의 욕조

대통령의 욕조
국가는 무엇을 어떻게 기록해야 하는가

2015년 1월 15일 초판 1쇄 펴냄

펴낸곳 (주)도서출판 **삼인**

글쓴이 이흥환
펴낸이 신길순
부사장 홍승권
편집 김종진 김하얀
미술제작 강미혜
마케팅 한광영
총무 정상희

등록 1996.9.16 제 10-1338호
주소 120-828 서울시 서대문구 연희동 220-55 북산빌딩 1층
            (서울시 서대문구 성산로 312)
전화 (02) 322-1845
팩스 (02) 322-1846
전자우편 saminbooks@naver.com

제판 문형사
인쇄 영프린팅
제책 쌍용제책

ISBN 978-89-6436-091-0 03910

값 18,000원

국가는 무엇을 어떻게
기록해야 하는가

대통령의 욕조

이흥환 지음

삼인

머리말

　　원고를 마무리할 즈음 한국 언론에 2007년 남북 정상회담 회의록이라는 게 공개되었다. 작성된 지 6년밖에 안 된 대통령 기록물이 공개되었다는 사실 하나만으로도 놀라 자빠질 일인데, 문서의 형식과 체제를 보고는 그만 기겁을 하고 말았다. 공개된 문서는 회담 내용을 정리해 문서로 만든 공문서, 즉 국가 기록물이 아니라 노무현과 김정일의 대화 내용을 그대로 글로 풀어 놓기만 한 녹음 초록, 즉 녹취록(transcript)이었기 때문이다. 한마디로 아직 문서화가 되지 않은 일반 원고였다.

　　비밀로 분류되는 모든 공문서는 각 페이지마다 상단과 하단에 똑같은 비밀 등급 표시를 하게 되어 있다. 종이가 아닌 전자파일 형태로 공개할 때는 문서 내용을 뜯어고칠 수 없는 파일 형태로 전환해야 한다. 공문서 작성의 상식이다. 50쪽에 가까운 노무현과 김정일의 대화록은 누구나 수정이 가능한 파일 형태로 공개가 되었고, 어느 구석에도 비밀 등급 표시가 되어 있지 않았을 뿐 아니라 문서 코드, 열람 등급, 분류 기호, 주제 등 공문서의 기본적인 양식조차 갖추지 않은, 아무데서나 흔히 볼 수 있는, 그냥 글이 쓰여 있는 종이였다. 형식만 봤을 때는 국가 공문서도 비밀문서도 아니었다.

　　남북한 정상 회담록은 '증권가 찌라시'만도 못한 대접을 받았다. 우리는 남북한의 두 정상이 나눈 얘기를 보란 듯이 전 세계에 까발렸다.

그러고는 회담록을 시위대의 깃발처럼 머리 위에 치켜들고 서서 1년이 넘도록 온 국민을 패싸움의 구렁텅이에 처박아 넣었다. 자국 대통령이 다른 나라 최고 지도자와 마주 앉아 회담한 내용을 종이에 *끄적거려*(녹취록을 읽어 보면 안다. 왜 끄적거렸다고 하는지) 인터넷에 올려놓는 나라라는 오명만큼은 절대 후대에 넘겨 줘서는 안 될 부끄럽기 짝이 없는 유산이다.

*

이 책의 주제는 기록(記錄)이다. 여러 종류의 기록 중에서도 국가 기록이다. 학술 연구의 대상이 되어야 마땅한 주제인데, 그냥 누워서 읽기에 맞춤한 이야기책으로 엮었다. 미국의 국가 기록을 견본으로 삼았다. 미국의 국가 문서 창고인 내셔널 아카이브(National Archives) 이야기다. 미 연방정부 기록물 창고인 이 아카이브는 한 개가 아니라 여러 개다. 시스템이다. 아카이브란 낱말을 그래서 복수로 쓰고 있다.

미국은 가장 많은 정부 기록을 남기는 나라다. 미국만큼 많은 기록물을 생산하고, 보관하고, 공개한 나라는 인류 역사에 없었다. 후손에게 가장 많은 문서를 넘겨줄 나라이기도 하다. 237세밖에 되지 않은 젊디젊은 나라가 국가 기록에 관한 한 으젓한 어른 노릇을 하고 있는 셈이다.

　미국의 몇몇 지도자들은 기록의 힘을 제대로 알고 있었다. 거대한 대리석 조형물이나 화려한 청동상 대신 돌보다 가볍고 청동보다 약한 종이를 영구적인 국가 기념물로 택했다. 문서를 남기기로 한 것이다. 문서고에 가둬 놓지 않고 많은 사람들이 볼 수 있게 풀어 놓는 편이 더 안전하고 힘이 강해진다는, 아무나 깨닫기 힘든 기록물의 비밀스러운 속성도 그들은 알고 있었다. 무엇보다도 국가 기록의 진짜 소유주가 누구인지 깨닫고 주인에게 문서의 소유권을 넘긴 일이야말로 그들이 한 일 중에서 가장 잘한 일이다.

　그래서는 안 되는데 '정부 기록'이니 '국가 기록물'이니 하는 말에서는 고리타분한 냄새가 난다. 사실 기록이란 그렇게 따분하거나 싫증 나는 것이 아니다. 정부가 한 일을 써 놓은 게 국가 기록이다. 남겨 놓은 이야기다. 그 이야기를 남겨 놓지 않으면, 즉 정부가 한 일을 적어 놓지 않으면, 정부가 한 일을 국민이 점검(inspect)할 방법이 없다. 그 이야기를 남겨 놓지 않으면, 관료나 기관이 자기네가 한 일을 검토해 볼(review) 기회를 갖지 못하게 된다.

　미국의 국가 기록 시스템은 세 개의 기둥 위에 서 있다. 기록과 보관, 공개가 바로 그것이다. 이 세 가지 중 어느 하나가 빠져나가는 순간

국가 기록이라는 시스템은 무너지고 만다.

기록의 시작은 적어 놓는 것이다. 써 놓지 않으면 기록은 없다. 잘한 일뿐 아니라 잘못한 일도 적어야 한다. 그래야 나중 사람이 똑같은 잘못을 저지르지 않는다. 써 놓은 것은 보관해야 한다. 보관되지 않은 자료는 기록물이 아니다. 기록물이 될 뻔했으나 기록이라는 이름으로 태어나지 못한 폐기물일 뿐이다. 보관해 둔 것은 다 같이 볼 수 있어야 한다. 공개하는 것이 기록이다. 행여 남이 볼 새라 창고 속에 숨겨 놓기만 하는 것은 기록물이 아니라 장물일 뿐이다. 써서, 남겼다가, 보여 주는 것. 이것이 기록이라는 것을 미국의 국가 기록 시스템은 유감없이 보여 준다. 써 놓는 것이 드물면 남기는 것이 별로 없고 그러다 보면 공개하기를 더욱 꺼리게 된다. 가진 것이 많은데도 안 보여 주려는 게 아니라 보여 줄 것이 없어서 안 보여 주려는 것이다.

내셔널 아카이브의 문서고에는 90억 장에 가까운 문서가 들어차 있다. 인류사 최초이자 최대 규모인 이 국가 기록물 문서고를 만든 건 80년밖에 되지 않은 짧은 역사다. 이 문서고에는 미국뿐만 아니라 전 세계 국가에 관해 기록한 문서가 쌓여 있다. 한국도 예외가 아니다. 내셔널 아카이브는 국가 기록물의 범주가 어디까지이며, 기록을 어떻게 보관해야 하고, 그 기록물을 가진 자의 자신감이 어느 정도인지를 보여 준

다. 어디까지 기록할 수 있고, 어떤 것까지 보관하며, 얼마만큼이나 공
개하는지를 보여 주는 것이다.

미국은 왕조사(王朝史)를 쓰는 나라가 아니다. 왕조실록이란 게 없
다. 대신 대통령실록을 쓴다. 대통령 도서관이 그 실록을 보관하는 사
고(史庫)다. 이 도서관은 대통령이 자기 돈으로 지어 국가에 헌납하고 정
부가 세금으로 운영한다. 대통령 도서관이라는 것을 가지고 있는 나라
는 미국뿐이다.

정권 교체는 백악관의 대통령 문서 이관에서 시작되고 끝이 난다.
수백만 장에 달하는 국가의 1급 비밀문서를 트럭과 비행기에 실어 대통
령 도서관으로 나른다. 4년 또는 8년에 한 차례씩 이루어지는 이 대통
령 문서 수송 비밀 프로젝트야말로 미국에서나 볼 수 있고 들을 수 있
는 구경거리다.

한국 관련 문서 59건도 소개했다. 내셔널 아카이브가 소장하고 있
는 문서 가운데 뽑은 것들이다. 한국전쟁과 그 이전 또는 그 이후를 기
록한 문서들이다. 내셔널 아카이브의 한국 문서라는 것이 한국의 어느
구석까지 기록하고 있고, 어떤 문서까지 보관하고 있으며, 얼마만큼이
나 공개해 놓았는지를 알 수 있게 하는 본보기가 될 만한 문서들이다.
각 문서마다 짤막한 설명문을 곁들였다. 국립중앙도서관의 NARA 한

국 문서 수집 프로젝트에 기고했던 글들을 손보거나 새로 고쳐 썼는데, 국립중앙도서관이 사용을 흔쾌히 허락한 덕에 한데 모을 수 있었다. 이 책에 실린 문서 사진 역시 국립중앙도서관의 NARA 문서 컬렉션에서 허락을 받고 가져온 것들이다.

　　10년 넘게 내셔널 아카이브를 들락거리면서 얻어듣고 넘겨다보고 뒤져 본 것들을 한데 모았다. 국가 공문서를 다뤄 본 경험도 없고 기록학을 전공하지도 않은 사람이 할 짓은 못 된다. 더구나 남의 나라 이야기를 우리글로 쓰자니 영문이 불쑥불쑥 튀어나오는 등 내키지 않는 구석이 한두 군데가 아니었다. 하지만 기록을 이렇게까지 하는 나라도 있구나, 기록을 이렇게 대접하는 사람들도 있구나, 이런 걸 기록이라고 하는구나 — 뼈저리게 느낀 것들을 한 번쯤은 꼭 써 보고 싶었다. 보채지 않고 묵묵히 기다려 준 도서출판 삼인에 깊은 감사를 드린다.

미 워싱턴에서 이흥환

차례

이런 문서들 ①
- 노획 북한 문서

5

1:

미국의 이야기가 시작되는 곳, 내셔널 아카이브

정보는 민주주의가 쓰는 화폐이다.

— 토머스 제퍼슨Thomas Jefferson

대통령 욕조를 증명한 한 장의 문서

윌리엄 하워드 태프트는 미 역사상 행정부와 사법부 수장을 모두 거친 유일한 인물이다. 대통령 퇴임 후 대법원장까지 지냈다. 그에게는 또 하나의 기록이 있다. 몸무게가 150킬로그램으로 미국 역대 대통령 가운데 가장 뚱뚱했고 키도 180센티미터나 되었다는 사실이다. 한마디로 거구였다. 백악관에서 목욕을 하다가 욕조에 끼었다는 소문이 날 정도였다. 여러 사람이 들러붙어 욕조에서 꺼냈다느니 욕조에 버터를 발라 꺼냈다느니 하는 우스갯소리가 많았다. 건강이 좋을 리 없었다. 밤에는 수면 중 무호흡증이 심했고, 낮에는 졸기 일쑤였다. 얘기하다가도 졸고, 밥 먹다가도 졸고, 서 있다가도 졸곤 했다. 혈압은 200이 넘어갈 때도 있었다.

대통령으로 당선된 후 두 달째이던 1909년 1월(이때는 대통령 취임일이 3월 4일이었다), 태프트가 파나마 운하 건설 현장을 시찰할 일정이 생겼다. 미 군함 노스캐롤라이나 호를 타고 갈 예정이었다.

언론들이 대통령 당선자의 여행 일정을 보도했다. 한 언론에는 한 장의 사진과 함께 태프트의 욕조 이야기가 실렸다. 노스캐롤라이나 호에 승선하는 거구의 태프트가 사용할, 특별히 주문 제작된 목욕통에 대한 내용이었다.

연못 같은 크기의 이 대형 욕조는 보통 사람 네 명이 한 꺼번에 들어가 앉아도 될 만한 크기이며 주문 생산된 욕 조 가운데 가장 큰 것이다. 욕조의 길이는 215센티미터, 너비는 104센티미터이며 무게는 1톤이다.

신문에 실린 사진에는 이 '태프트 목욕통' 안에 인부 네 사람이 들어가 앉아 있는 모습이 담겨 있었다. 1909년 당시 재미있게 읽혔을 일 화다.

초대형 '대통령 욕조' 제작을 주문한 편지.
ⓒNARA

하지만 태프트의 욕조 이야기는 여기에서 끝나지 않는다. 100년 후 인 2009년, 워싱턴에서 열린 한 전시회가 이 이야기에 마침표를 찍은 것이다.

전시회장에는 태프트 대통령이 백악관에서 썼던 대형 욕조가 전시 되어 있었다. 대통령의 100년 전 욕조가 어딘가에 보관되어 있었다는 말이다. 그리고 또 하나, 욕조 앞에는 엷은 미색의 빛바랜 편지 문서 한 장도 전시되었다. 공문서인 이 편지에는 이런 내용이 들어 있다.

○ 놋쇠 프레임으로 된 초대형 침대 1세트

○ 초대형 스프링 매트리스(초강력 스프링) 1조

○ 초대형 베개 1조

○ 초대형 침대 받침대

○ 길이 165센티미터에 폭이 아주 넓은 초대형 욕조 1개

미 해군 소속 마셜 함장의 자필 서명이 담긴 이 문서가 작성된 날짜

는 1908년 12월 21일이다. 무슨 편지일까.

마셜은 태프트가 파나마에 타고 갈 미 군함 노스캐롤라이나 호의 함장이었고, 이 편지는 태프트가 군함에서 쓸 물품의 제작을 요청하는 주문서였다 대통령 당선자 태프트를 맞을 준비를 하면서 함장은 태프트의 승선에 앞서 그가 묵을 선실에 들여 놓을 초대형 욕조와 침대를 특별 주문했던 것이다.

마셜 함장은 버지니아의 노폭 해군기지 사령관 앞으로 보내는 이 주문서에 욕조의 길이를 162센티미터로 적어 놓고 있다. 실제 태프트 대통령의 키는 179.7센티미터였다. 이후 언론이 보도한 대로 욕조의 길이를 215센티미터로 수정해서 재주문했던 모양이다.

'대통령 욕조' 이야기는 이렇게 대미를 장식했고, 워싱턴에서 열린 전시회는 1908년에 작성된 '대통령 욕조' 주문 편지를 등장시킴으로써 화려한 막을 올렸다. 그 전시회는 〈BIG!〉이라는 주제로 열린 내셔널 아카이브(National Archives) 설립 75주년 기념 전시회였다. 2009년 3월 워싱턴 시내 아카이브 건물에서 열렸다. 75년 전인 1934년 프랭클린 루스벨트 대통령이 내셔널 아카이브 설립 법안에 서명한 해를 기념하는 행사였다.

대통령이 썼던 욕조를 없애지 않고 보관해야겠다고 생각한 사람, 100년의 시간이 흐른 후 자칫 잘못 다루었다간 망가질 수도 있을 그걸 꺼내다가 전시하자고, 국민들에게 보여 주자고 제안한 사람, 또 그 전시품을 놀라는 기색 전혀 없이 당연하다는 듯 묵묵히 구경하고 발길을 돌리는 관람객, 얼마

윌리엄 태프트 대통령. ©NARA

든지 하찮게 보였을 수도 있는 욕조 제작 주문서를 내버리지 않고 간직한 사람 — 이들은 미국 역사에 100년을 보탠 사람들이다. 욕조 하나, 문서 한 장으로 미국사의 맥을 잇고, 후손들에게 이야기를 남겨 준 사람들이다.

'큰' 문서 '작은' 문서

〈BIG!〉 전시회에 소개된 편지는 미 국립문서보관소인 내셔널 아카이브가 가지고 있는 수십억 장의 문서 가운데 한 장이다. 수십억분의 1이 이렇게 역사를 풍성하게 만든다. 이 전시회에는 1781년에 만들어진 3.9미터짜리 두루마리 문서도 선보여 관람객들의 발길을 붙들었다. 미국의 연방 규약(Articles of Confederation)이다. 북부 13주가 제정한 미국 최초의 헌법으로 알려진 문서다. 200년도 더 된 이 두루마리 역시 내셔널 아카이브가 소장하고 있는 문서 수십억 장 가운데 하나다. 수십억분의 1이 이렇게 역사를 함부로 깔보지 못하게 한다.

아카이브가 무엇이고 왜 있는지를 말 한마디 없이 100년 된 문서 한 장과 200년 전 문서 한 장을 쓱 꺼내 놓고 보여 준다. 자축 기념전을 이렇게 한다. 이런 전시회를 준비하는 사람들은 얼마나 신이 나서 일을 했을까. 할아버지가 써 놓은 문서를, 아버지가 보관해 온 문서를, 아들이 꺼내서 자기 아들에게 보여 주는 일인데 뿌듯해하지 않을 이유가 없다.

우리는 남북전쟁 시기의 문서뿐 아니라 걸프전 때의 문서도 보관하고 관리한다. 독립선언서, 미 헌법, 권리장전 같은 '큰(big)' 문서도 보관하지만, 시민 증명서, 전역 군인의 참전 기록 같은 '작은(little)' 문서도 보관한다.

내셔널 아카이브의 수장이었던 대표 아키비스트 존 칼린(John W. Carlin)이 쓴 글이다. 미 국립문서보관소의 총책임자를 대표 아키비스트(Archivist of the United States)라 부른다. 모든 아키비스트 가운데 미국을 대표하는 가장 높은 직위의 아키비스트이고, 이 사람이 내셔널 아카이브의 우두머리다. 미국의 수많은 인쇄공 중에서 미국을 대표하는 인쇄공이자 미 정부의 모든 인쇄물을 찍어 내는 곳인 GPO(Government Printing Office)의 우두머리를 'Public Printer of the United States'라 부르는 것이나 마찬가지다.

존 칼린이 한 말을 무심코 흘려들어서는 안 된다. 대수롭지 않게 내뱉은 말 같지만 '우리는 보관할 수 있는 문서, 보관해야 하는 문서라면 모두 보관한다'는 당당한 선언의 뜻이 숨겨져 있기 때문이다. 어찌어찌하다 우연히 버리지 않고 남겨 놓은 기록물 몇 장 보관해 놓고 이런 말을 했다면 손가락질을 받았겠지만, 분명한 목적을 가지고 기록을 남긴 사람, 그 기록을 철저하게 보관한 사람이 이런 말을 하면 절대 허투루 들어서는 안 된다. 무슨 문서를, 왜, 어떻게 보관하는지 한 번쯤은 물어볼 필요가 있다.

아카이브는 그냥 창고일 뿐이다. 그 아카이브 건물의 주춧돌을 놓는 정초식 행사 때 자기 손으로 주춧돌을 올려놓고 허버트 후버(Herbert Hoover) 대통령은 이런 말을 했다. 80년 전인 1933년 2월 10일에 한 말이다.

이 건물은 우리 역사의 신전(神殿, temple of our history)이다. 미국에서 가장 아름다운 건물이며, 미국의 혼(魂)이 담긴 곳(an expression of the American soul)이기도 하다.

후버의 이 말 역시 새겨듣지 않으면 안 된다. 다른 건 다 내주어도 이곳만은 내줄 수 없다는 말이고, 다른 건 다 빼앗기더라도 이곳에 있는 것만큼은 빼앗길 수 없다는 말이다. 그게 신전이고 그런 것이 혼이다. 후버 대통령은, 그리고 그의 후배 대통령들은 이 말의 숨은 뜻을 알고 있었다. 그렇지 않고서는 함부로 '신전'이니 '혼'이니 하는 말을 입에 담았을 리가 없다.

내셔널 아카이브라는 이 미국의 문서 창고는 이제 우리에게도 낯선 곳이 아니다. 국내 언론에는 여기서 보관하는 문서를 소개하는 기사가 한 달이 멀다 하고 지면을 장식하고, 텔레비전 화면에도 심심찮게 등장한다. 웬만한 연구 기관이나 정부 부처보다 인용 빈도가 높다. 미국의 문서 창고에서 한국 관련 문서를 열람하기 위해 비싼 여행 경비를 아끼지 않고 내셔널 아카이브를 찾는 연구자도 해가 갈수록 숫자가 는다. 적게는 몇 만 장에서 많게는 200만~300만 장 이상 한국 관련 문서를 수집했거나 지금도 수집 중인 기관이 국내에 서너 곳이나 되고, 특정 주제의 문서를 수집하는 크고 작은 단체, 기구, 위원회 등도 열 손가락을 넘는다. 내셔널 아카이브의 문서를 1차 자료로 삼은 저작물도 하나둘씩 꾸준히 쌓여 간다.

미국의 한 국립기관이 한국 현대사 연구의 핵심적인 1차 사료 공급처 중 하나로 자리를 굳혀 가는 셈이다. 놀라운 일이라고 혀를 내둘러야 할지, 이제야 제대로 되어 가나 보다 고개를 끄덕거려야 할지, 아니면 어째 이런 부끄러운 일이 다 일어나느냐 혀끝을 차게 될지는 더 두고 볼 일이다. 그 답은 이용자들이 한국 자료를 어떻게 활용하느냐에 따라 달라질 것이기 때문이다. 과거의 사례와 경험이 이를 이미 증명한 바 있다.

내셔널 아카이브라는 이름의 문서 창고

내셔널 아카이브는 '국가의 문서를 관리하는 곳(nation's record keeper)'이다. 어떤 문서를? '미 연방정부가 공무를 수행하면서 생산한 모든 문서와 자료 가운데 법적 혹은 역사적으로 중요하다고 판단해 영구 보존하기로 한 1~3퍼센트의 문서'이다.

말은 이렇게 쉽게 꺼냈고 단순해 보이지만, 다음부터는 어지러워진다. 미국의 공문서, 비밀문서, 국가 기록물 이야기는 최소 단위가 수천만 장에서 많게는 수십억 장까지 그 단위가 천문학적이다. 아무리 많다 한들 척 알아듣는 내 월급 이야기가 아니라 아무리 적어도 도무지 감이 잡히지 않는 정부 예산 이야기 같은 것이다.

이 문서를 관리하는 곳도 한두 군데가 아니다. 미국 전역에 흩어져 있다. 캘리포니아의 시골구석에서 캔자스의 촌 동네, 뉴욕 보스턴 강가의 경관 수려한 곳에 이르기까지 대통령 도서관만 열세 곳이고, 겉으로 봐서는 여느 창고와 다름없어 보이는 연방기록물센터(FRC, Federal Records Centers)도 열일곱 군데나 된다. 사실 미국에서 60~70년을 산 미국 시민도 이 도서관과 이 기록물센터가 어느 구석에 처박혀 있는지 모르는 사람이 많다.

미국 문서 이야기는 더구나 1930년대까지 한참 거슬러 올라가야 시작이 된다. 한마디로 재미라고는 찾아볼 만한 구석이 별로 없다. 꼭 알 필요도 없고, 안다고 해서 써먹을 만한 데도 없다. 심심해서 들어 볼 만한 이야기도 아니고 술자리의 안주거리는 더구나 아니다. 읽기에 불편하고 고약하다. 그런데 들어 볼 만한 이유가 딱 한 가지 있기는 하다. 우리는 한 번도 겪어 보지 못했고 들어 본 적도 없는 이야기라는 점이다. 다른 나라, 미국의 이야기다.

아카이브(archive)란 말은 영 낯선 것은 아니지만 그렇다고 전혀 허물이 없을 만큼 친숙하지도 않다.

아카이브는 한마디로 보관소다. 장소를 말한다. 어느 개인이든 어느 집이든 다 아카이브 하나쯤은 가지고 있다. 방 선반 위의 앨범 상자, 거실 서랍 속의 종이 상자, 서재의 문서함, 다락방의 궤짝 같은 것들이 다 아카이브다. 개인의 문서나 기념품을 보관하는 곳이다. 이런 개인 아카이브에 있는 것들은 잘 두었다가 몇 명만 보면 된다. 그러나 규모가 국가 단위로 커지면 얘기가 달라진다. 아무데나 넣어 둘 수도 없고, 아무렇게나 쌓아 둬서도 안 되며, 보존 기간도 한두 해나 수십 년이 아니라 영구적이어야 한다. 그러자니 쉽게 변질되지 않는 특수 중성지 상자를 쓰고 훼손된 문서를 꺼내 전문적으로 손질도 하는 등 문서 관리와 서고 운영이 개인 아카이브와는 차원이 다르다.

개인 아카이브와 국가 아카이브의 다른 점 또 하나, 국가 기록물은 공개가 된다. 열람자들이 찾아와 누구든 볼 수 있어야 한다. 개인 아카이브와 달리 국가 아카이브는 열람 서비스를 제공할 의무가 있다. 이렇게 국가의 문서를 모아 놓고 관리하는 곳, 여기가 '역사의 신전'으로 불리는 내셔널 아카이브다.

미국 국가 아카이브의 정식 명칭은 'National Archives and Records Administration'이다. 장소를 나타내는 '국가 기록 보관소들(National Archives)'과 업무 내용을 표현한 '기록물 관리(Records Administration)'라는 두 개념을 합친 말로, 곧이곧대로 옮기면 '국가 기록물 보관 및 관리소'라는 뜻이다. NARA에는 아카이브가 하나만 있는 것이 아니다. 대통령 기록물을 모아 놓은 아카이브(대통령 도서관)도 있고, 연방정부의 행정 문서를 모아 놓은 아카이브(Federal Records Center)도 있다. 아카이브라는 낱말에 복수형을 쓴 것은 이 때문이다. 우리말로는 국립문서관리청, 국립문서기록관리청, 국립문서관, 국립공문서관, 국립문서보관소 등 다양한 번역어가 쓰이는데, 곧이곧대로 옮기자면 '국립 기록물 보존 및 관리청'쯤 된다.

한국 정부기관 가운데 ○○청은 'administration' 또는 'service'로 번역을 하는데, 조직상 ○○부의 하급 기관으로 되어 있다. 미국의 내셔널 아카이브는 어느 기관에 속한 하급 기관이 아니다. 대통령 직속이다. 그러니 NARA에 'administration'이라는 말이 들어가 있다고 해서 ○○청으로 옮겼다면 잘못된 번역이다. ○○청이라고 하기보다는 내셔널 아카이브라는 통칭을 그대로 살려 '미 국립문서보관소' 정도로 하는 것이 그나마 오해 없이 쓰기에는 가장 나은 번역어가 아닐까 싶다.

720만 달러짜리 '알래스카' 수표

미국의 3대 보물로 일컬어지는 독립선언서(Declaration of Independence), 헌법(Constitution), 권리장전(Bill of Rights)의 원본이 보관되어 있는 곳도 아카이브다. 이 보물들은 창고 깊숙이 모셔져 있는 게 아니라 공개된 장소에 전시가 되어 있다. 전국 각지에서 워싱턴으로 수학여행 온 꼬맹이들이 줄을 서서 들여다보는 필수 견학 코스다.

짧은 미국의 역사가 남긴 귀중한 문서들은 12만 장이 넘는다. 물론 영구 보존될 것들이다. 알래스카를 사들이면서 러시아에 지불한 720만 달러짜리 수표, 1823년의 먼로 독트린 문서, 에디슨의 전구 특허 신청서, 최초의 이민 금지법인 1882년의 중국인 이민 금지법 초안, 미시시피 강 서쪽 땅을 프랑스로부터 1에이커당 4센트 꼴로 사들인 1803년의 '루이지애나 매입' 협상록, 대일 선전 포고를 하면서 루스벨트 대통령이 의회에서 낭독한 '굴욕의 날' 연설문, 링컨 대통령의 두 번째 취임 연설문, 아이젠하워 사령부에서 서명된 독일군 항복 문서와 미주리 호 선상에서 작성된 일본 항복 문서, 한국전 정전협정 원본 등. 1776년에서 1965년 사이에 일어난 사건들을 증언하는 문서 원본 가운데 몇 가지만 예로 들어 본 것이다. 이런 문서들이 포함되어 있는 '역사 문서 100선(100 milestone documents)'의 목록만 들여다봐도 미국의 곡절 많은 200여 년의 숨 가쁜 역사를 한눈에 읽을 수 있다.

이런 기록물만 귀한 대접을 받는 것은 아니다. 아래 적는 몇 가지 예

알래스카를 사들일 때 발행했던 720만 달러짜리 수표(1868년). ⓒNARA

역시 개인사 추적을 가능케 하는 아카이브의 금싸라기 같은 기록물들이다.

토머스 에디슨의 전구 발명 특허 신청서 원본(1880년). ⓒNARA

아프리카에서 노예를 실어 나르던 상선의 입출항 기록, 그 배에 실렸던 노예의 숫자와 선원 명단, 독립전쟁에 참전했던 엉클 샘의 봉급 내역서, 트렁크를 들고 자유의 여신상을 올려다보면서 뉴욕 항에 내린 폴란드 출신 노동 이민자 가족의 입국 기록, 샌프란시스코 항으로 입국한 중국 쓰촨 성 출신 청년 왕 씨의 입항 증명서와 노동 허가증, 2차 세계대전 때 이오지마 전투에 참가했다 부상당한 옆집 할아버지의 진료 기록, 한국전 장진호 전투에서 동상에 걸렸던 한 해병대원의 연금 신청서 등등.

1. 미국의 이야기가 시작되는 곳, 내셔널 아카이브

1941년 12월 8일 루스벨트가 대일 선전 포고를 하면서 의회에서 행한 '굴욕의 날' 연설문 원본. ⓒNARA

메릴랜드 주 칼리지 파크에 있는 아카이브 2층 열람실에서 만난 은발의 한 노부인은 2차 세계대전 당시 미 해군 구축함의 건조와 관련된 문서를 찾는다고 했다. 나이 아흔이 넘어 거동이 불편한 아버지를 대신해 아이오와 주에서 차를 몰고 왔고, 아카이브 근처 호텔에 닷새째 머무르는 중이었다. 노부인의 아버지는 해군 사병으로 2차 세계대전에 참전했었다. 구축함 갑판에서 근무하던 어느 날, 물기 없는 갑판 바닥에서 미끄러지면서 엉치뼈가 크게 상했고 지금도 그 후유증에 시달리고 있다. 나중에 안 사실이지만 아버지의 동료 병사 중에도 비슷한 낙상 사고를 당한 사람들이 여럿 있었다.

주위 사람들과 군대 이야기를 하다가 구축함 갑판을 칠한 페인트가 낙상의 한 원인일 수 있다는 생각이 들었다. 그 페인트가 미끄럼 방지제를 법적 기준치에 맞춰 배합한 것이었는지 아니었는지를 조사해 볼 필요가 있었다. 아이오와의 노부인이 찾으려는 것은 아버지가 근무했던 구축함의 갑판을 칠한 페인트가 무슨 종류였는지, 그 페인트는 어느 회사 제품이었는지를 밝혀낼 증거 문서였던 것이다.

노부인은 무턱대고 아카이브를 찾아온 것이 아니었다. 오기 전에 아카이브의 해군 문서 담당 아키비스트와 여섯 차례나 전화 통화를 한 끝에 '파기되지 않고 보관되어 있다면 찾을 수 있다'는 긍정적인 답을 들었던 것이다. 노부인이 원하던 문서를 찾았는지는 며칠 후부터 노부인이 아카이브 열람실에 모습을 보이지 않아 확인할 수가 없었다.

노부인의 '페인트 문서' 얘기는 직접 듣고 나서도 선뜻 믿겨지지가 않았다. 어떻게 그런 기록이 존재하리라는 생각을 할 수 있었을까. 있다손 치더라도 찾아낼 생각은 또 어떻게 했을까. 예순 넘은 노부인이 직접 차를 몰고 아이오와에서 메릴랜드까지 온다는 것은 결코 쉬운 일이 아니다. 찾으려는 문서가 있으리라는 확신, 찾을 수 있다는 확신이 없으면 안 된다. 내셔널 아카이브가 어떤 곳인지를 이 노부인은 분명하게 알고 있었음에 틀림없다.

해마다 쏟아져 나오는 문서 15억 장

아카이브가 세워지기 전까지는 건국 후 150년 동안 역사적 기록물을 안전하게 보관하는 방법이 마련되어 있지 않았다. 독립된 보관 장소도 따로 없었기에 연방정부 건물 여기저기에 문서가 흩어져 있었다. 아카이브 설립 이후의 문서 관리를 기준으로 본다면 기억해 내기조차 끔찍한, 말 그대로 암흑의 시기였다. 문서를 한곳에 모아 보관해야 했다.

집부터 짓기로 했다. 보관 장소가 시급했다. 의회가 먼저 나서서 미국을 대표할 아카이브 건물의 건축을 승인했다. 공사비, 즉 예산을 마련하겠다는 뜻이었다. 1926년의 일이다. 그러나 예산 확보는 쉽지 않았다. 5년이나 걸렸다. 1931년 9월 9일 워싱턴 시내에 건물 터를 파기 시작했다. 땅을 파다가 나중에야 건물 터 밑에 지하수맥이 있다는 사실을 알게 된다. 기초 토목공사 계획을 변경했다. 더 튼튼해야 했다. 방법은 하나, 파일을 박고 그 위에 콘크리트를 붓기로 했다. 미국의 역사를 떠받쳐 줄 총 8575개의 파일이 땅에 박혔다.

기초 토목공사에만 2년이 걸렸다. 후버 대통령이 건물 바닥에 주춧돌을 놓은 후에도 2년이 더 걸렸다. 그리고 '미국에서 가장 아름다운 건물 가운데 하나'라는 내셔널 아카이브는 마침내 1935년 워싱턴 시내 한복판에 모습을 드러낸다. 지금의 모습이다.

아카이브 건물이 완공되기 1년 전인 1934년 이번에는 루스벨트 대통령이 내셔널 아카이브 법을 만든다. 비로소 국가문서관리법이 탄생한 것이다. 문서 보관소의 운영과 관리를 위한 예산이 마련되었다는 뜻이었다.

아카이브 탄생 이후 미국은 국가 기록물을 한곳에 모으기 시작한다. 처음 문서고에 들어온 공문서는 1억 7000만 장. 입주를 기다리는 문서는 아직도 많았다. 미국의 국가 기록물은 두 차례 세계 전쟁을 겪으면서 급증했다. 1960년대 후반에 이미 아카이브 건물 하나만으로는 수납 공간이 부족하다는 결론을 얻었다. 워싱턴 시내에 있는 연방정부 소유 건물이나 임대 건물로 기록물을 분산시키지 않으면 안 되었다.

1970년 이후에는 더 늘어났다. 매년 50만 개의 문서 상자(1입방피트), 즉 15억 장의 문서가 쏟아져 들어왔다. 1980년대 말에는 더 이상 버틸 수가 없었다. 새 아카이브 건물이 절실히 필요했다. 여기저기 나누어 보관하고 있는 기존 소장분과 앞으로 생산될 문서의 양을 감안할 때 새 아카이브 건물에는 최소한 축구장 23개 넓이(180만 제곱피트)의 수납공간이 마련되어야 했다. 직원도 775명이 더 필요했고, 매년 총 인원 5만 명의 열람자들이 이용할 열람실도 갖춰야 했다.

1994년, 마침내 내셔널 아카이브의 두 번째 건물이 메릴랜드 주 칼리지 파크에 마련된다. 설계에서 완공, 개관까지 4년이 걸린 대역사였다. 총 공사비는 2억 달러.

이 건물은 흔히 '아카이브 II'라고 불린다. 입구에 세워진 대형 표지석에도 'National Archives II'라고 큼지막한 글자가 새겨져 있다. 아카이브 II는 메릴랜드 주립대학 캠퍼스 한쪽에 자리를 잡았다.

칼리지 파크 시대가 열리면서 내셔널 아카이브는 또 한 번 큰 걸음을 내딛는다. 문서 보관고라는 1차 기능을 수행하는 데만 집중해 왔던 힘을 문서 관리에까지 확장하게 된 것이다. 이용자를 위한 열람 환경도 훨씬 더 나아졌다. 아카이브 II는 비밀 해제되어 공개된 영구 보존 문서를 많이 보관한 곳이고, 문서를 보려는 열람자들 대부분은 아카이브 II를 찾는다. 1년 동안 아카이브 II를 찾아오는 이용자는 평균 6만 명에 가깝다.

문서 중에도 인기 품목이 있다. 열람 신청 건수가 높은 것들이다. 존 F. 케네디 시해 사건, 리처드 닉슨의 워터게이트 사건 등 수사 기록물(investigative records)이다. 케네디의 부검 기록, 암살범 리 하비 오스월드에 대한 체포 영장, 닉슨과 참모들의 대화가 녹음된 닉슨 테이프 등이 들어 있는 이런 기록물들은 열람 신청자가 하도 많아 아예 독립된 파일명으로 분류되어 있을 정도다. 미국 현대사의 숨 막히는 순간들이 생생하게 기록되어 있는 문서들이다 보니 이 수사 파일을 보러 오는 열람자는 사학자는 물론 영화 제작자, 다큐멘터리 작가, 대통령 전기 작가, 소설가 등 다양한 직업을 가진 사람들이다.

대통령을 듣는다
└ 밀러 센터의 녹취록

2012년 12월, 리들리 스콧 감독이 영화로 만든 소설《블랙 호크 다운(*Black Hawk Down*)》의 저자 마크 보우든(Mark Bowden)이 시카고에 있는 프리츠커 군사 도서관(Pritzker Military Library)에서 연설을 하면서 청중들에게 흥미 있는 얘기 한 토막을 들려주었다. 자신의 신간인《마무리(*The Finish*) : 오사마 빈 라덴 죽이기》를 집필하면서 겪었던 일화였다.

보우든은 오사마 빈 라덴 사살 작전을 취재하기 위해 버락 오바마 대통령을 인터뷰했다. 인터뷰는 백악관 집무실에서 이루어졌다. 보우든은 인터뷰 내용을 녹음하기 위해 자신의 녹음기를 들고 갔었는데, 그만 녹음기가 제대로 작동하지 않아 인터뷰 내용 일부가 녹음이 되지 않았다. 인터뷰를 끝내고 대통령 집무실을 나서면서 이 사실을 한 참모에게 말했다. 안타깝다고. 속상하다고. 그러자 그 참모는 아무 걱정할 것 없다면서 이렇게 말했다. "여기에서는 모든 것이 다 녹음이 됩니다." 결국 보우든은 참모의 도움으로 오바마 대통령 인터뷰의 녹취록 전부를 얻을 수 있었다.

오바마 대통령은 취임 이후 지금까지 백악관 대화 내용의 녹음 여부에 대해 공개적으로 언급한 적이 없다. 보우든의 일화가 사실이라면 오바마 대통령도 백악관에 녹음 시설을 해 놓았다는 얘기다. '오바마 대통령도'라고 말한 것은 다른 대통령도 집무실을 포함해 백악관 여러 곳에 비밀 녹음 시설을 설치해 놓고 참모 회의와 전화 통화 내용을 녹음해 왔다는 것이 더 이상 비밀이 아니기 때문이다.

미국이 어떤 내용을 어디까지 기록해 두며 어느 정도 공개하는 나라인지를 알 수 있는 예는 단지 내셔널 아카이브뿐만이 아니다. 좋은 예는 얼마든지 있다. 버지니아 대학(University of Virginia) 밀러 센터(Miller Center)의 '대통령 녹취록 프로그램'인 PRP(Presidential Recordings Program)도 그중 하나다.

1940년부터 1973년까지 루스벨트, 해리 트루먼, 드와이트 아이젠하워, 케네디, 린든 B. 존슨, 닉슨 등 여섯 명의 대통령이 백악관 회의와 전화 통화 내용을 비밀리에 녹음했다. 공화당 대통령도 있고 민주당 대통령도 있다. 백악관 녹음에 관한 한 정파는 상관이 없다. 1980년부터 밀러 센터는 이 대통령들의 녹음을 재정리하고 글로 풀어 녹취록을 만드는 작업을 해 왔다. 2003년에는 웹사이트(whitehousetapes.net)도 만들었다. 음성 기록, 녹취록 등 모든 내용을 아무나 볼 수 있다.

대통령 녹취록을 들여다보고 앉아 있으면 두 번 기가 막힌다. 한 번은 이런 내용까지 다 볼 수 있다니 싶어 기가 막히고, 또 한 번은 밀러

대통령의 옥조

센터가 웹사이트에 써 놓은 말 한마디 때문에 기가 막힌다. 수천 시간이 넘는 녹음 내용을 주제별로 정리하고 녹취록까지 만들어 놓은 이 나무랄 데 없이 훌륭한 모든 자료를 무료로 제공한다는 것이다.

밀러 센터의 PRP에는 그 말 많고 탈 많았던 '닉슨의 백악관 테이프'도 물론 포함되어 있다. 참모 회의 테이프를 비롯해 전화 통화 테이프, 캠프 데이비드 테이프, 워터게이트 컬렉션 등 닉슨 테이프의 모든 것이 들어 있고, 클릭 한 번이면 닉슨의 잔뜩 화가 난 목소리에서 비서실장 H. R. 홀드먼(H. R. Haldeman)의 또랑또랑한 목소리까지 다 들을 수 있다.

대통령 집무실의 비밀 녹음 장치

홀드먼은 닉슨이 대통령에 취임한 직후 백악관에 비밀 녹음 장치를 설치하게 된 흥미로운 뒷이야기를 글로 남겼다. 《프롤로그》(1988년 여름호)에 쓴 〈닉슨의 백악관 테이프: 대통령 대화를 녹음하기로 결정하다〉라는 제목의 긴 글이다. 홀드먼은 이 글에서 백악관에 비밀 녹음 장치를 설치하게 된 이유로 세 가지를 들고 있다.

대통령을 만나고 나온 사람들이 대통령과 무슨 얘기를 나눴는지 늘 정확하게 보고하지 않을 뿐더러 자기 마음 내키는 대로 결정을 하곤 했다. 자신의 이해관계 때문이었다. (전임) 존슨 대통령은 닉슨 대통령과 내게 이런 경고를 해 주었다. "이 동네(워싱턴) 사람들은 누구나 남한테 전화를 걸어 이렇게 말할 거요. 대통령이 원하는 건 이거요, 대통령이 원하는 건 저거요라고."

둘째로는 대통령이 나눈 대화의 내용을 정확하게 파악할 필요가 있었기 때문이다. 닉슨 대통령은 회의 내용을 받아 적는 사람이 회의 석상에 끼어드는 걸 달가워하지 않았다. 또 외국 지도자들을 만날 때 자신의 통역을 대동하는 것 역시 내켜하지 않아 상대방 통역에만 의존할 때가 있었다. 항상 그랬던 것은 아니지만 자주 그랬다. 통역이 잘못되는 경우도 적지 않았다.

닉슨 대통령이 대화의 정확한 내용을 녹음하기로 결정한 세 번째 이유는 **퇴임** 후 비망록이나 다른 책을 집필하기 위해서였다.

닉슨은 백악관에 들어갔을 때 전임인 존슨이 녹음 장치를 가동해 놓았다는 사실을 알았다. 하지만 닉슨 자신은 처음부터 녹음 자체를 완강하게 반대했다. 기록하는 사람을 배석시켜 보기도 했고, 닉슨 자신이 직접 필기를 하기도 했다. 홀드먼 실장이나 헨리 키신저 국가안보좌관 등 자주 회의에 참석하는 사람들이 번갈아 가면서 메모를 한 적도 있다. 어느 누구도 신통하질 못했다. 모든 단어를 정확하게 기록하는 것은 물론 미묘한 대화 분위기, 뉘앙스, 목소리 톤 같은 중요한 요소가 제대로 정확하게 전달되어야 하는데 그러질 못했다.

홀드먼은 자신이 찾아낸 해결책이 수포로 돌아간 얘기도 적어 놓고 있다.

독일 총리가 연설하는 만찬 자리에 참석했다. 10분여의 연설이 끝나 갈 때쯤이었는데 영어 통역이 형편없었다. 독일인 참석자들이 탁자를 두드리기 시작했다. 통역이 잘못되었다는 항의 표시였다. 그때 우리 측의 버넌 월터스(Vernon Walters) 장군이 자리에서 일어나 총리가 연설한 내용을 아주 완벽하게 통역해 냈다. 어느 누구의 도움도 없이 순전히 기억만으로 해냈다. 우리에게 필요한 완벽한 사람이었다. 나는 순진하게 월터스 장군에게 대통령이 당신을 필요로 하니 와서 기록을 맡아 달라고 요청했다. 장군은 내 말을 듣고 나더니 가슴을 죽 펴고 내 코앞에 가슴의 훈장을 들이대면서 말했다. "나는 미 육군의 장군이고 지휘관이요. 누구의 비서가 아니오." 나는 전투에서 조용히 철수해 나왔다. 닉슨 대통령과 나는 완벽한 기록사 한 명을 놓친 것이다.

닉슨의 백악관 비밀
녹음기 가운데 하나
인 Uher 500.
ⒸRichard Nixon
Library

홀드먼이 말한 버넌 월터스 장군은 독일어, 프랑스어, 이탈리아어, 스페인어, 포르투갈어에 능통한 군인이었다. 닉슨 행정부에서는 CIA 부국장을, 레이건 때는 유엔 대사를, 독일 통일 때는 독일 대사를 지낸 외교관이기도 했다.

홀드먼은 이 글에서 월터스 장군을 끝까지 '기록사(note-taker)'로 표현하고 있다. 우직하고 무뚝뚝한 인상의 월터스 장군이 만찬장에서 홀드먼에게 느꼈을 모욕감이 짐작이 간다. 홀드먼은 닉슨 못지않은 야심가였고 두 사람은 둘도 없는 단짝이었다. '대통령의 개자식'이라는 별명까지 얻었던 인물이 홀드먼이었다.

닉슨 대통령.
ⒸRichard Nixon
Library

닉슨과 홀드먼은 취임 이태가 지나도록 만족할 만한 회의록 작성법을 찾지 못했다. 그리고 결국 존슨식 외에는 해결책이 없다는 결론에 도달했다. 비밀 녹음 장치를 설치하기로 한 것이다. 닉슨은 결정을 내린 후에도 녹음을 마뜩잖게 여겼으나 달리 방법이 없었다. 남은 문제는 녹음 방식이었다. 녹음이 필요할 때마다 녹음기 버튼을 누르는 존슨 방식을 택하느냐, 아니면 음성이 감지되면 자동으로 녹음이 시작되는 자동 감지식을 택하느냐 하는 선택이었다. 닉슨은 전자를 원했고 홀드먼은 후자를 추천했다. 결국 자동 감지식으로 결정됐다.

존슨 대통령.
ⒸL. B. Johnson
Library

우선 집무실과 국무회의실 두 곳에만 장치를 설치했다. 집무실에는 모두 일곱 개의 비밀 마이크가 설치됐다. 대통령 책상 주위에 다섯 개, 맞은편 소파 뒤 양쪽 스탠드에 두 개였다.

케네디 대통령.
ⒸJohn F.Kennedy
Library

1971년 2월 16일부터 녹음기가 가동되기 시작했고, 1973년 7월 18일에 녹음

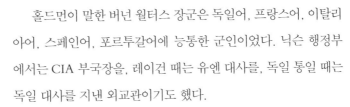

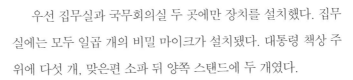

장치를 완전히 철수시켰다. 대통령은 녹음 장치 설치를 처음 논의하던 바로 그 순간부터 녹음 내용은 나중에 오로지 자신만 이용할 것이라는 점을 분명히 했다. 녹음 장치가 되어 있다는 사실을 아는 사람이 나를 포함해 극소수에 불과했듯이 나중에 그 녹음 내용을 들을 사람도 극소수가 될 것이었다.

비밀 녹음 장치를 아는 사람은 대통령과 나, 비서 두 사람, 경호실의 녹음 기술자 등 단 몇 명뿐이었다. 키신저, 얼릭먼, 헤이그, 딘, 콜슨, 미첼은 물론 닉슨 행정부에서 이름을 날린 그 누구도 몰랐다.

홀드먼은 이 글을 마무리하면서 이렇게 적고 있다. "대통령과 나 외에는 어느 누구에게도 녹음 내용이 공개되지 않을 것이라는 확신이 너무도 강했다."

백악관의 비밀 녹음 장치 시설을 진두진휘했을 때 홀드먼은 14개월 후면 녹음테이프의 존재가 밝혀지고, 불과 4년 후에는 녹음 내용이 공개되기 시작하며, 11년 후에는 한 번의 클릭으로 그 녹음테이프에 기록된 자신의 목소리가 인터넷에서 흘러나올 것이라는 사실을 상상이나 했을까.

아카이브 II
└ 아무나, 언제나, 원하는 대로

국립문서고라고 해서 현관에 묵중한 철문이 달려 있는 요새 같은 곳이라고 생각할 필요는 전혀 없다. 비밀스러운 곳도, 범접하기 어려운 곳도 아니다. 드나들기 번거로울 것 하나 없고, 뭣하러 왔느냐고 문간에서 까다롭게 구는 사람도 없다. 공공 도서관 가듯이 그냥 들어가면 된다. 누구에게나 언제나 열려 있는 곳이다. 신분증만 가지고 가면 누구든 그 자리에서 출입증을 만들 수 있고, 검색대 하나, 유리문 세 개만 통과하면 바로 열람실 자리에 가 앉을 수 있다. 단, 남의 자리는 안 된다. 빈자리를 찾아가 앉아야 한다.

열람실은 세계 인종 전시장 뺨친다. 일본어가 유창한 러시아 유학생, 영국 케임브리지 대학에서 온 중년의 사학자, 독도 문서를 찾으러 온 일본의 한국 문제 전문가, 2차 세계대전 때 독일한테 빼앗긴 집안 재산을 찾겠다고 문서 뒤지러 온 오스트리아 귀족 출신의 금발 청년, 프랑스어 악센트 섞인 영어로 아키비스트에게 '나치 문서'에 대해서 물어보는 파리에서 온 여대생 등. 한국말로 인사를 나누는 목소리도 심심찮게 들리고, 2년 전부터는 중국인들도 눈에 띄게 늘었다.

미국인뿐 아니라 이런 이들이 전 세계에서 아카이브를 찾아와 미국 문서를 뒤진다. 짧게는 사나흘에서 길게는 1~2년씩도 머문다. 이용자더러 어느 나라에서 뭘 찾으러 왔느냐고 묻는 아카이브 직원은 없다. 어디에서 왔든 상관없고 얼마나 있든 내몰지 않는다.

입장료? 그런 것 없다. 정부 기록물은 공공의 재산이고 국민의 것이다. 기록물 열람에 관한 한 아카이브는 외국인과 자국민 사이에 차이를 안 둔다. 똑같이 대한다. 내 창고에 내가 가서 내 문서 보겠다는데…… 돈을 내라니? 큰일 난다. 자기 집에 들어갈 때 입장료 내고 들어간다는 사람은 본 적도 들어 본 적도 없다. 단, 입장료가 없는 대신 지켜야 할 규칙은 있다. 자기 집에 진흙 발로 들어가 집 안을 난장판으로 만들어 놓아서는 안 되는 것과 마찬가지다. 문서를 훼손시켜서는 안 된다. 나만 보는 게 아니다. 남도 봐야 한다. 내 자식도, 내 손주도 본다.

지켜야 할 규칙이라고는 하지만, 알고 보면 그리 까다로운 것도 아니다. 지극히 상식적인 것들이다. 열람실에는 마실 것, 먹을 것은 못 가지고 들어간다. 질겅질겅 껌을 씹었다가는 열람실 문전에서 창피당한다. 씹는 즐거움은 문서 보는 동안에는 잠시 보류해 놔야 한다. 필기구? 걱정하지 마라. 빈손으로 가도 된다. 열람실 곳곳에 메모지가 놓여 있고, 그 옆에 연필이 수북하게 쌓여 있다. 공짜다. 행여 문서에 볼펜 자국, 사인펜 흔적을 묻히는 것보다는 연필값이 훨씬 싸게 먹힌다.

모자는 쓸 수 없다. 모자 속에 문서를 꿍쳐 가지고 나오는 사람, 아주 없지 않다. 앞자락에 지퍼 달린 잠바 같은 옷도 보관함에 맡겨 두어야 한다. 문서를 감출 수 있는 이런 옷은 입지 못하게 하는 대신, 열람실에서 나올 때 몸수색은 하지 않는다.

문서에 혹시 저작권 같은 것이 있지 않느냐고 묻는 사람도 간혹 있다. 다시 한 번 말한다. 아카이브 문서는 공공의 영역(public domain)에 속한 것이다. 내 것도 네 것도 아니다. 우리의 것이다. 복사도 원하는 만큼 마음대로 한다. 복사비가 조금 비싸긴 하지만(1장에 25센트, 280원꼴) 열람실에 설치되어 있는 복사기로 얼마든지 복사할 수 있다. 조명기만 쓰지 않는다면, 플래시만 터뜨리지 않는다면 들고 온 카메라로 문서를 찍어도 되고, 평판 스캐너(flat bed)로 스캔해 갈 수도 있다. 천 장을 복사해 가든 만 장을 찍어 가든 이용자의 수집 능력, 주머니 사정, 하드 드라이브의 용량에 달렸을 뿐, 아카이브 규정에 수집 매수 제한 같은 건 일절 없다.

미 연방정부에서 생산된 기록물은 내셔널 아카이브의 문서고로 이관되기 전에 워싱턴 시내에서 가까운 메릴랜드 주 수틀랜드의 워싱턴 국립기록센터(WNRC, Washington National Record Center)로 먼저 옮겨진다. 흔히 '레코드 센터'라 불리는 WNRC는 내셔널 아카이브 시스템 속에 속해 있는 문서 보관소다.

레코드 센터에서 문서를 보관하는 기간은 평균 5년에서 25년이다. 물론 문서의 종류에 따라 보관 기관이 다르다. 아카이브로 최종적으로 이관할 문서, 즉 영구 보관할 문서는 행정 부처에서 문서 이관을 담당하는 프로그램 책임자(Program Manager)와 기록물 책임자(Records Mana-ger), 아카이브 소속 아키비스트의 협동 작업으로 선별되며, 레코드 센터가 보관하는 문서 가운데 1~2퍼센트, 많을 경우 약 3퍼센트만이 매년 아카이브로 이관된다. 양으로 치면 매년 평균 3만~3만 5000입방피트(cubic feet)에 달한다. 최소 9000만 장에서 1억 장 안팎이다. 2005년에 레코드 센터에서 아카이브로 이관된 문서의 양은 총 5만 7000입방피트(약 1억 7000만 장)였고, 2004년에는 4만 6000입방피트, 2003년에는 3만 5000입방피트였다.

소득세 증빙 서류처럼 일정 기간 보관 후(7년) 폐기할 문서들은 아카이브로 이관되지 않고 레코드 센터에 임시로 보관해 두었다가 폐기한다.

내셔널 아카이브로 이관된 후부터는 아키비스트가 문서 관리의 책임을 진다. 아카이브 문서고로 넘어온 문서들이 영구적으로 문서고에 머물러 있는 것은 아니다. 문서고에 비치되어 일반에 공개되는 기간은 평균 25년 정도다. 아카이브의 문서고 공간이 한정되어 있기 때문에 이 기간이 지나면 펜실베이니아 주의 지하 보관소 같은 영구 보관 장소로 다시 이관된다. 아카이브에서 자동차로 다섯 시간 거리에 있는 이 지하 문서고는 지하 소금광산을 문서고로 개조한 곳으로 실내 온도가 섭씨 13~16도로 유지된다. 일부 문서는 캔자스 주의 르넥사(Lenexa) 연방기록물센터로 영구 이관되기도 한다.

정부 부처 가운데 아카이브로 이관하는 문서의 양이 가장 적은 곳은 국방부다. 보안이 그 이유임은 당연하다. 예를 들어 미 합동참모부(JCS)의 경우, 아카이브로 이관하는 문서는 전체 생산량의 극히 일부일 뿐이다. 군사 문서를 담당하는 한 아키비스트는 이관되는 문서는 합참 전체 기록물의 "0.000000퍼센트 정도"밖에 되지 않을 것이라고 말한다. 합참에서 생산되는 기록물의 양은 상상을 초월할 만큼 많으며, 그에 비해 이관하는 문서의 양이 너무 적다는 것을 상징적으로 표현한 말이다. 군사 관련 문서 가운데 많은 양은 아카이브로 이관되지 않고 펜실베이니아 주에 있는 미 육군군사연구소(USAMHI, US Army Military History Institute)로 바로 보내진다.

공개된 문서 90억 장, 열어 보지도 못한 문서 2억 장

이쯤에서 궁금해지는 게 하나 있다. 내셔널 아카이브에 보관되어 있는 문서는 양이 도대체 얼마나 되느냐는 것이다. 즉답을 하기 전에 일단 숨을 한번 고르자. 내셔널 아카이브의 조직을 먼저 알아 둘 필요가 있다.

내셔널 아카이브는 세 개의 시스템을 가동한다. 본부 구실을 하는 워싱턴의 아카이브I과 메릴랜드 주 칼리지 파크의 아카이브II가 한 시스템으로 움직인다. 다음은 대통령 도서관들이다. 전국 열세 곳의 도서관이 하나의 시스템으로 묶여 있다. 또 하나는 미 전역 열일곱 곳에 있는 연방기록물센터(FRC, Federal Records Center)라는 시스템이다. 그러니 크게 보아 내셔널 아카이브라는 한 지붕 밑에 세 식구가 동거를 하는 셈이다. 미주리 주 세인트 루이스에 있는 국립인사기록물센터(NPRC, National Personnel Records Center) 등 산하 문서고들도 내셔널 아카이브의 식구이긴 하지만, 아카이브I과 아카이브II, 대통령 도서관, 연방기록물센터 FRC가 아카이브의 주요 시스템이다.

이 중에서도 아카이브I과 아카이브II는 굳이 역할을 나눈다면 자웅동체 같은 관계다. 통념상 아카이브라고 하면 이들을 말하는 것이다. 대통령 도서관을 내셔널 아카이브라고 부르지 않는 것처럼 연방기록물센터도 FRC라고 부르지 내셔널 아카이브라고 부르지는 않는다.

이젠 대답할 준비가 되었다. 아카이브, 즉 아카이브 I과 아카이브 II 에 소장되어 있는 문서는 대략 90억 장 정도다. 정확하지는 않다. 정확할 수가 없다. 지금 이 순간에도 400개가 넘는 연방정부 기관이 하루에 억 단위의 문서를 생산해 내고 있고, 아카이브 문서고에는 아직 뜯어보지도 못한 문서 상자 속에 2억 장 가량 되는 문서가 아키비스트의 손길을 기다리고 있기 때문이다.

문서만이 아니다. 1900만 장의 사진과 640만 장의 지도도 어림잡은 추산일 뿐이다. 마이크로필름이나 마이크로피시 등 판독 기계를 통해 볼 수 있는 기록물만도 수십억 점이 넘는다. 마이크로필름의 경우 총 36만 릴(reel)이고, 비디오테이프는 11만 개가 넘는다.

기록물의 양을 구체적인 숫자로 표시하는 것은 사실 큰 의미가 없다. 아카이브의 규모를 나타내는 것으로 족하다. 굳이 숫자를 밝히려 드는 것은 아마존 밀림에 나무가 몇 그루 있으며, 양쯔 강에 물고기가 몇 마리나 사는지 묻는 것이나 마찬가지다. 아카이브도 생태계와 같다. 문서도 태어나서 자라고 병들었다가 사라지기도 한다. 떼죽음을 당했다가 다시 또 태어나는 순환을 반복한다. 생태계의 개체 수를 파악하는 것도 물론 중요한 일이긴 하겠지만, 개체 수만 알았다고 해서 생태계 자체를 알 수 있는 것은 아니다. 생태계에 대한 이해가 우선이다. 개체 수는 그 생태계를 알아 가는 한 수단일 뿐이다.

24미터 지하의 석회암 문서고

아카이브 얘기를 하면서 아카이브와 한 식구인 연방기록물센터

FRC를 빼놓을 수는 없다. 정부 살림살이에 대한 모든 기록물, 즉 정부의 행정 문서를 모아 둔 곳이다. FRC는 대문에 자물쇠를 채워 놓은 '죽은' 문서고가 아니다. 24시간 문이 열려 있다. 연방정부라는 심장에 행정의 피를 공급해야 하기 때문이다.

미 국적의 민항기가 외국에서 추락하는 사고가 일어났다 치자. 탑승객들 대부분은 미 시민들이다. FRC에 가장 먼저 전화를 걸어오는 곳이 있다. 국무부 여권과다. 추락기 탑승자 명단을 FRC에 알려 주고 승객들의 여권 신청서를 찾아 달라고 요청한다. FRC는 보관하고 있던 여권 신청서를 뒤진다. 최근 사진, 거주지 주소, 친인척 정보 등이 적혀 있는 문서다. FRC가 아니면 해낼 수 없는 일이다.

공직자 인사 파일을 가지고 있는 곳도 FRC다. 대통령이 대법관 후보자를 발표하고 나면 백악관 참모들은 물론 후보자 청문회를 열어야 하는 의회, 보도를 해야 하는 언론 등이 후보자와 관련된 정보를 얻으려고 동분서주한다. 후보자는 사법부 최고 법원의 종신직 판사가 되려는 특A급 법조인이다. 그런 자리에 앉을 자격이 있는 사람인지, 낙태나 동성애 등 논란이 되는 이슈에 대한 후보자의 생각은 어떤지, 지금까지 어떤 판례를 남겼는지 등 알아야 할 것이 한두 가지가 아니다.

이런 궁금증에 대한 답을 가지고 있는 곳이 FRC다. 백악관에서, 의회에서, 언론사에서 FRC를 찾아 댄다. 후보자가 담당했던 과거의 모든 재판 기록을 뒤져야 하기 때문이다. 해당 지역의 FRC 직원들은 문서고로 달려간다. 대법관 후보자쯤 되는 거물급 판사라면 뒤져야 할 문서 상자는 족히 1000개는 된다.

FRC는 1950년부터 연방정부의 모든 행정 기록물을 모아 놓고 관리하기 시작했다. 미 전역 아홉 개 지역에 열일곱 개의 FRC가 가동되고 있다. 총 직원 수만 1100명이다. 보관하는 문서가 어찌나 많은지 해마다 폐기 처분하는 문서의 양만 해도 1만 8000톤에 달한다. 보관 기간이 다된 것들이다.

보관하고 있는 문서의 종류도 다양하기 이를 데 없다. 개인 세금 보고서(보관 기간 7년), 기업 세금 보고서(영구 보관으로 지정되지 않았을 경우 보관 기간 75년), 설계도 및 운항 기록 등 항공기 관련 파일(항공기의 엔지니어링 파일은 100년 보관), 퇴역 군인들의 연금 신청서, 연방정부 건물 청사진, 법원에 접수된 파산 신청서, 연방 교도소의 재소자 인사 기록, 국립공원 지도, 군 인사 기록물, 여권 신청서, 사회보장번호 신청서 등이다. 한마디로 주정부가 아닌 연방정부(사법부 포함)의 행정 업무에 관련된 것이라면 모두 FRC로 이관이 된다.

그러다 보니 연방정부의 모든 기관이 국무부 여권과나 백악관처럼 필요할 때마다 FRC에 문서를 신청하게 된다. 400곳이 넘는 연방정부 기관의 1년 평균 문서 신청 건수는 1300만 건에 달한다. 한 시간당 평균 6000건이다. 1분에 100건, 1초에 1.6건이 접수되는 셈이다.

FRC의 놀라운 기록은 이뿐이 아니다. 보관하고 있는 문서의 양은 어느 국가의 정부 행정 기록물도 못 따라올 세계 최대 규모다. 얼마나 되길래? 1입방피트 상자로 무려 2700만 개다. 장 수로 따지면 810억 장이다. 이 문서 상자를 한 줄로 쌓아 올린다면, 쌓아 올릴 수만 있다면, 에베레스트 산 높이의 900배가 되고, 옆으로 늘어놓는다면 서울과 부산을 열 번이나 왕복하는 거리다. 서울 시청에서 도쿄 도청까지 거리의 일곱 배에 달한다.

지도와 차트 220만 장, 건축물 및 시설물 도면 280만 장, 항공사진 920만 장, 동영상필름 12만 3000릴, 비디오테이프 3만 3000개, 오디오 테이프 17만 8000개, 사진 740만 장이 FRC 문서고에 들어가 있다.

FRC 시설물 중에는 지하 문서고도 두 군데나 있다. 24미터 지하의 자연 석회암 광산을 개조한 문서고다. 하나는 미주리 주 리스서밋(Lee's Summit) FRC다. 뉴욕, 뉴저지, 푸에르토 리코, 미국령 버진아일랜드 지

　　　　　　　　　　　1. 미국의 이야기가 시작되는 곳, 내셔널 아카이브

역을 담당한다. 또 하나는 캔자스 주의 르넥사(Lenexa) FRC로, 아이오
와, 캔자스, 미주리, 네브라스카 지역을 담당한다. 르넥사 FRC는 특별
제작된 냉동고에 필름 자료를 보관하고 있다. 미국이 최초로 도입한 위
성 감시 시스템 코로나(CORONA) 프로젝트의 영상 기록, 1,2차 세계대
전을 비롯해 한국전, 베트남전, 걸프전 등 미군이 참전했던 1900년대의
모든 전쟁을 영상으로 기록한 필름 등이다.

리스서밋에 있는 지하
석회암 문서고 내부.
ⓒFRC, Lee's Summit

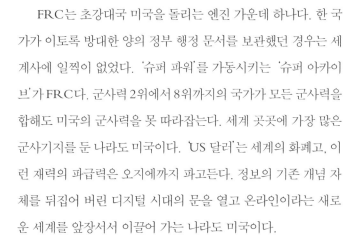

르넥사에 있는 지하
석회암 문서고 내부.
ⓒFRC,Lenexa

FRC는 초강대국 미국을 돌리는 엔진 가운데 하나다. 한 국
가가 이토록 방대한 양의 정부 행정 문서를 보관했던 경우는 세
계사에 일찍이 없었다. '슈퍼 파워'를 가동시키는 '슈퍼 아카이
브'가 FRC다. 군사력 2위에서 8위까지의 국가가 모든 군사력을
합해도 미국의 군사력을 못 따라잡는다. 세계 곳곳에 가장 많은
군사기지를 둔 나라도 미국이다. 'US 달러'는 세계의 화폐고, 이
런 재력의 파급력은 오지에까지 파고든다. 정보의 기존 개념 자
체를 뒤집어 버린 디지털 시대의 문을 열고 온라인이라는 새로
운 세계를 앞장서서 이끌어 가는 나라도 미국이다.

미국의 이야기가 시작되는 곳

슈퍼 파워는 야심이나 전략은 감출 수 있을지 몰라도 슈퍼 파워를
가동시키는 '문서기지'의 존재까지 숨길 수는 없다. 아카이브 I과 아카
이브 II, FRC, 대통령 도서관이라는 세 축으로 구축된 내셔널 아카이
브가 그 문서기지다. 미국이 어떻게 돌아가는지, 어디를 향해 어떻게 가
고 있는지를 알고 싶으면 내셔널 아카이브라는 이름의 이 기지를 들여
다보는 것도 한 방법이다.

미국은 이 기지를 자국민에게 자신만만하게 공개해 놓았다. 이 기지를 구상하고 만든 사람들은 처음부터 이 기지를 비밀 요새처럼 지하에 구축할 생각이 아예 없었다. 지상 위의 기념물로 생각했다. 모든 사람이 사방에서 볼 수 있도록 애초부터 그렇게 설계했고 그렇게 만들었다. 선배들의 처음 생각은 시대 상황에 맞게 진화되었을 뿐 크게 변질되거나 심하게 뒤틀리지 않은 채 지금도 원형 그대로 유지되고 있다.

아카이브 II의 현관 한구석에 대수롭지 않게 걸어 놓은 현판에는 이런 말이 쓰여 있다. "아카이브 II: 미국의 이야기가 시작되는 곳(A Prologue for America)." 누군가가 아카이브에 네 정체가 무엇이냐 물었을 때, 주저 없이 아카이브의 입에서 나올 대답은 바로 이 말이 아닐까 싶다. 미국의 이야기가 시작되는 곳.

아카이브와 '프롤로그'는 동의어로 쓰인다. '프롤로그'라는 말은 1935년 워싱턴 시내 한복판에 첫 번째 아카이브 건물을 짓고 건물 네 귀퉁이에 수호신상을 하나씩 세워 아카이브의 역사를 출발시켰을 때 이미 등장했다. 아카이브 동북쪽에 앉힌 '미래'의 수호신상 발 아래 석판에 새겨져 있다. "과거의 것이 이야기의 시작이다(What is past is prologue)"라고. 윌리엄 셰익스피어의 《폭풍우(The Tempest)》에서 따온 말이다. 의자에 앉아 있는 젊은 여인이 앞으로 올 일들을 응시하고 있는 모습을 조각해 놓은 이 미래의 수호신상은 무릎 위에 큼지막한 책 한 권을 펼쳐 놓고 있다. 아직 쓰이지 않은 미래를 상징하는 것이다.

내셔널 아카이브가 발행하는 계간지의 제목도 《프롤로그》다. '서막(序幕)'이라는 이 말은 아무리 봐도 아무나 할 수 있는 말이 아니다. 역사란 어디에서 시작되는지, 그 기원은 어떻게 시작되어야 하는지를 뼈에 새기고 있는 사람들이나 할 수 있는 말이다.

전자기록물 아카이브(ERA)의 탄생

아카이브는 80년 가까운 아카이브의 역사에서 한 번도 시도해 보지 않았던 전혀 새로운 형태의 아카이브를 또 하나 구상하기 시작했다. 불과 15년 전인 1998년의 일이다. 1930년대 중반에 내셔널 아카이브라는 국가 정책을 실천에 옮겼던 것과 마찬가지로 20세기 후반에 또 하나의 국가 프로젝트를 시작한 것이다. 이 도전은 인류사에 존재하지 않았던 새로운 형태의 기록을 상대하는 일이었다. 전자기록물(electronic records)이다.

아카이브를 움직이게 한 동력은 위기의식이었다. 전자기록의 보관이라는 숙제를 풀지 못하고 있었던 것이다. 과거의 문서라는 것은 양피지거나 종이였다. 보관하기 쉬웠고, 세월이 흐른 뒤에도 언제든 쉽게 읽을 수 있었다. 그러나 컴퓨터의 등장 이후 모든 문서는 종이가 아닌 컴퓨터 안에 존재하게 되었다. 파피루스의 발견 이후 인간이 처음 접하게 된, 이 형체도 없고 냄새도 없고 손으로 만질 수도 없는 신종 문서를 제대로 보존하고 관리하는 적절한 방법을 찾아내는 일이 시급한 상황이었다. 기록물에 대한 개념 자체를 바꾸지 않으면 안 되었다. 위기였다.

아카이브가 첫 전자기록물을 접하기 시작한 것은 1971년부터다. 전자기록물은 등장과 동시에 기하급수적으로 양이 늘어났다. 위성 이미지 같은 지리 공간 정보(geospatial data), 음성 정보가 입력되어 있는 텍스트, 음성 메일, 이메일, 정보가 수시로 바뀌는 웹페이지 등이었다.

거의 무한정에 가까운 양으로 매일 생산되는 연방정부의 전자기록물을 어디에 어떻게 보관하고 어떤 방식으로 열람하게 할 것인가 하는 문제의 해답을 찾는 데 아카이브는 8년이라는 시간이 필요했다. 그동안 아카이브는 컴퓨터 과학, 정보기술(IT), 기록학(archival science), 기록물 관리(record management), 정보과학, 법률, 역사, 족보학, 교육학 등 전자 및 기록물 분야의 최고 전문가들을 모아 자문위원회를 구성했다. 전자기록물 시스템 디자인도 공모했다. 이는 록히드마틴 사가 맡기로 했다. 샌디에이고 대학, 메릴랜드 대학, 일리노이 대학, 조지아 공대의 컴퓨터 연구소들도 파트너로 참가했다.

전자기록물의 보관과 관리는 내셔널 아카이브만의 숙제가 아니었다. 다른 정부기관들도 똑같은 숙제를 앞에 놓고 머리를 싸맸다. 잠정적인 결론이 나왔다. 어느 한 곳의 정부기관이 독자적으로 해낼 수 있는 일은 아니라는 것이었다. 그렇게 해서도 안 될 일이었다. 공조 체제를 구축하는 것이 우선이었다. 아카이브는 미 항공우주국(NASA), 국방부 등과 먼저 손을 잡았고, 2000년에는 국립과학재단(NSF, National Science Foundation)과 함께 '전미 선진 컴퓨터화 토대 구축을 위한 파트너십(NPACI, National Partnership for Advanced Computational Infrastructure)'도 지원하기로 했다. NPACI는 지금도 캘리포니아 샌디에이고 주립대학의 슈퍼컴퓨터센터에서 진행되고 있다.

2005년 가을, 아카이브는 마침내 새로 구축된 미래형 아카이브 시스템을 탄생시켰다. '전자기록물 아카이브(ERA, Electronic Records Archives)'였다.

ERA의 목적은 단 하나였다. 누구든, 언제 어디서든, 시간이 아무리 흐르고 정보 기술이 아무리 변한다 해도, 인터넷을 통해 모든 형태의 전자기록물을 볼 수 있게 한다는 것이었다.

ERA는 2007년부터 가동되기 시작했다. ERA 구상에서 가동까지는 10년 가까운 시간이 흘렀다. 그 10년 사이에 전자기록물은 종이문서의 증가 속도보다 100배나 빠른 속도로 양을 늘렸다.

아카이브는 온라인도 상대해야 했다. 문서 목록과 문서 이미지를 온라인으로 서비스하는 것이었다. 그렇게 해서 태어난 것이 아크(ARC,

Archival Research Catalog)다. 아카이브가 소장하고 있는 영구 보존 기록물 가운데 65퍼센트에 가까운 문서에 대한 정보(description)와, 문서 12만 6000여 장에 대한 디지털 이미지 파일이 이 아크 안에 들어 있다. 아크는 이세 일반 이용자들뿐만 아니라 아카이브의 아키비스트들도 애용하는 훌륭한 검색 도구가 되었다.

이젠 디지털, 그러나 앞으로 1800년 더

문서의 디지털화(digitizing)야말로 내셔널 아카이브가 직면한 거대한 장벽이다. 90억 장의 문서를 모두 디지털 파일로 만드는 것이 과연 가능하기는 한 일일까?

〈국가 보물의 디지타이징(Digitizing the Nation's Treasures)〉이라는 흥미로운 제목이 달린 《뉴욕 타임스》의 그래픽 뉴스(2007년 3월 10일 자)는 내셔널 아카이브 문서의 디지타이징을 주제로 한 훌륭한 기사 가운데 하나다. 디지타이징이 얼마나 힘겨운 작업인지를 한눈에 알아볼 수 있게 그래픽으로 잘 정리해 놓았다. "과연 불가능한 임무일까?(Mission Impossible?)"라는 소제목 밑에 2007년 당시 아카이브의 디지타이징 현황도 도표로 깔끔하게 만들어 실었다.

	디지털 파일로 만들 기록물	디지털 파일 5년 예상 작업량	디지털 작업 완료 기간
종이문서	90억 장	500만 장	1800년
다른 기록물	4610만 건	8만 건	576년

지도, 사진, 오디오테이프, 비디오테이프, 영상필름은 잠깐 미뤄 두고 종이문서만 보자. 1년에 문서를 500만 장씩 디지털 파일로 만든다 치면 1800년이 걸린다. 이 기사가 보도된 2007년에 아카이브는 90억 장의 문서 가운데 미국 헌법의 기초자인 조지 워싱턴, 존 애덤스, 벤저민 프랭클린의 문서 등 500만 장을 이미 디지털 파일로 만들어 놓은 상태였다. 전체 문서의 1800분의 1에 해당하는 양이다. 사진의 경우는 전체 소장량 1000만 장 가운데 5만 8000장, 지도는 800만 장 가운데 고작 398점만 디지타이징이 되어 있었다.

디지타이징이 내셔널 아카이브에서만 유독 진척이 느린 것은 아니다. 대학이나 도서관 등 다른 기관도 마찬가지다. 미 의회 도서관의 경우 소장하고 있는 문서 및 문건 1억 3200만 건 가운데 장기 계획하에 디지털 파일로 만들 분량은 고작 10퍼센트밖에 되지 않는다.

디지타이징은 흔히 생각하듯 간단한 일이 결코 아니다. 문서 스캔만 한다고 해서 디지타이징이 되는 게 아니다. 그다음에 해야 할 일이 훨씬 더 많다. 뭐니 뭐니 해도 디지타이징의 가장 큰 골칫거리는 비용이다. 문서 스캔에 드는 비용(A4 용지 한 장 크기의 스캔 비용은 7~9달러 정도)은 전체 비용의 극히 일부일 뿐이다.

아카이브는 디지타이징을 이제 겨우 시작했다. 각 대학 연구소나 구글 등 민간 업체와 파트너십을 맺고 추진하는 5단계 전략의 첫 관문을 이제 막 지난 셈이다.

비밀문서 수거 통지문
└ 어느 사학자의 항의

아카이브는 보관 문서의 95퍼센트를 비밀 해제해 공개하고 있다는 사실을 기회가 될 때마다 자랑한다. 하지만 아카이브 문서 열람자들은 문서 서류철 속에서 불쑥불쑥 나타나곤 하는 종이 한 장에 난감해할 때가 종종 있다. '수거 통지문(withdrawal notice)'이라는 것이다. 비밀 해제가 되어 이미 공개가 되었으나 어떤 이유에선지 다시 문서를 수거하고 그 문서 자리에 끼워 놓은 일종의 통지서다. 그 자리에 있던 문서가 메모인지, 보고서인지, 편지인지, 즉 어떤 종류인지를 적게 되어 있고, 언제 누가 어떤 이유로 수거했는지를 적는 항목이 있으나, 수거 통지서에는 대부분 이런 항목들이 간략하게, 거의 시늉만 하듯이 적혀 있다. 비밀로 재지정하는 이유는 밝혀져 있지 않기 일쑤다.

문서 열람자라면 누구나 문서 한 장, 한 장을 꼼꼼히 들여다보기 마련이다. 꼼꼼할 정도가 아니라 문장 한 구절, 단어 하나까지 조심스럽고 세심하게 읽어 내야 하는 게 국가 기록물이다. 문서 열람하는 사람 치고 수거 통지문을 무덤덤하게 대하는 사람은 한 명도 없다. 미간에 주름을 잡아 가며 별별 생각을 다 한다. 무슨 문서일까, 무슨 내용이 담겼기에 공개했던 것을 도로 가져갔을까, 언제 다시 공개가 될까. 이렇게 생각만 하고 끝내면 문제는 간단하다. 하지만 생각이 행동으로 옮아가면 그때부터 이야기는 달라진다. 비밀 재지정의 이유를 따지기 시작하는 것이다.

리서처(researcher)라고 통칭되는 열람자들 대다수는 수거 통지문에 불평을 털어놓는다. 간혹 항의 수준까지 나아가기도 한다. 그때마다 아카이브 측에서 내놓는 비밀 재지정의 이유는 여러 가지가 있지만 새겨

들어 보면 대략 두 가지다. 하나는 국가 안보다. 미국의 적대국이 공개된 문서 안의 정보를 이용해 미국에 피해를 줄 수 있는 정보는 공개되어서는 안 된다는 것. 이해된다. 둘째는 사생활 보호다. 특정 개인의 사생활을 침해할 가능성이 있는 내용이 담긴 문서 역시 일반에 공개되어서는 안 된다는 것. 이것도 이해된다.

그렇다면 처음에 공개했을 때는 국가 안보에 전혀 해가 되지 않았던 문서가 어느 순간부터 안보 저해의 요인이 되는 문서로 둔갑을 했단 말인가. 어떻게 사생활 침해 가능성이 없던 문서가 이제는 사생활을 침해할 수 있게 됐단 말인가.

아카이브는 이런 질문에 우물쭈물하기 일쑤다. 대답하기 곤란한 질문이어서가 아니다. 아카이브가 대답할 성질의 질문이 아니기 때문이다. 문서의 비밀 지정, 해제, 비밀 재지정은 아카이브가 하는 일이 아니다. 아카이브는 이관된 문서를 보관하고 관리하는 일을 할 뿐이고, 문서의 비밀 지정 여부는 해당 문서를 생산한 정부 부처가 하는 일이다. 그러니 이런 질문을 받는 아카이브 직원들은 대부분 아무 말 없이 문서 한 장을 내주곤 한다. 정보공개 신청서다. 정보공개법(FOIA, Freedom of Information Act)이 있으니 문서가 정 보고 싶으면 정보공개를 요청하라는 뜻이다.

정보공개 요청은 사실 꼭 정해진 신청서 양식에 써야만 하는 것은 아니다. 정해진 양식이 아니더라도 자기가 원하는 문서가 어떤 것인지 설명만 잘하면 된다. 하지만 정보공개 요청은 끈덕지고 치밀하고 참을성이 있지 않으면 원하는 문서 얻어 내기가 쉽지 않은, 아무나 할 수는 있지만 아무에게나 성공을 보장하지는 않는 고약한 작업이다.

아무튼 리서처와 아카이브의 줄다리기는 대개의 경우 이 단계에서 아무 일도 없었던 것처럼 슬그머니 잠복해 버리곤 하는 것이 늘 보게 되는 평범한 광경이다. 정보공개 요청을 했든 안 했든 수거 통지문 때문에 아카이브가 시끄러워지는 일은 없다. 하지만 예외는 있기 마련이다. 툭 하면 튀어나오곤 하는 수거 통지문에 넌더리를 낸 열람자 중에는 매튜 에이드(Matthew Aid)라는 사학자도 있었다. 나중에 언론이 '워싱턴의 한 개인 리서처', '미스터 에이드', '한 사학자(a historian)' 등으로 지칭한 뚝심 있는 미국 시민이다. 2005년 매튜라는 인물의 등장으로 아카이브의 수거 통지문 이야기는 지금까지 봐 왔던 평범한 광경과는 전혀 다른 모습이 된다.

수거 통지문의 다른 피해자들과 매튜 사이에는 다른 점이 하나 있었다. 그 차이점이 그를 움직이게 했고, 그가 움직이는 순간부터 내셔널 아카이브의 역사는 물줄기가 바뀌기 시작한다. 그는 50여 건이 넘는 수거 통지문의 목록과 수거 문서에 대한 정확한 정보를 가지고 있었다. 그가 이미 오래전에 똑같은 문서 서류철에서 꺼내 이미 복사해 간 문서들이었던 것이다.

그는 자기처럼 아카이브 문서를 이용하는 동료 사학자들이 최근 몇 년 들어 수거해 가는 문서가 부쩍 늘었고, 정보공개 요청에 대한 회답이 점점 더 늦어지고 있으며, 무엇보다 행정부의 정보 통제가 눈에 띄게 심해졌다고 불평하는 것을 이미 자주 듣고 있었다. 그의 생각도 그들과 같았다.

매튜는 먼저 아카이브의 '정보보안감독실(ISOO, Information Security Oversight Office)'의 문을 두드렸다. 이미 공개되었던 문서를 비밀로 재지정하게 된 배경을 캐묻고 항의하기 위해서였다. 감독실은 그에게 비밀 재지정 건에 대한 브리핑을 해 주었다.

1995년 빌 클린턴 대통령이 서명한 행정명령(EO, Executive Order) 12958에 따라 초기에 대량의 문서를 비밀 해제하는 과정에서 많은 실수가 있었다는 것을 아카이브는 인정했다. 따라서 문서 수거는 비밀 재지정이라기보다는 부주의한 공개를 바로잡는 행위라는 게 아카이브의 입장이었다.

EO 12958은 비밀 지정이 된 지 25년이 지난 문서는 특별한 경우가 아닌 한 비밀 해제해 공개한다는 내용을 담은 것으로, 정부 투명화를 위한 클린턴의 획기적인 작품 중 하나였다. 하지만 행정 부처의 비밀 해제 및 공개 작업은 처음에만 반짝했을 뿐 2001년 조지 W. 부시 행정부가 들어선 이후 오히려 역방향으로 진행되었고, 오바마 대통령이 다시 한 번 대통령 행정명령으로 국가 기록물의 비밀 해제 및 공개를 밀어붙였으나 이마저도 기대했던 만큼 큰 효과는 보지 못했다.

아카이브는 또 기록물은 아카이브가 법적으로 보관하고 있긴 하지만, 문서를 비밀로 지정하고 해제하는 일은 문서를 생산한 해당 행정 부처의 관할이라는 점을 강조했다. 즉, 아카이브가 문서를 실제로 보관하면서(physical custody) 법적으로 보호(legal custody)하기는 하지만, 문서의 비밀 지정 등 법적 관할권(legal control)은 해당 정부기관에 속해 있다는 말이었다. 평소 입장을 되풀이한 것이었다. 실망스러웠다.

하지만 아주 소득이 없었던 건 아니었다. 중앙정보국(CIA), 국방정보국(DIA)을 비롯한 정부기관 대여섯 곳이 최근 들어 집중적으로 아카이브의 문서고에서 문서를 수거해 갔다는 사실을 확인했고, 수거해 간 문건 및 문서의 양을 기록한 아카이브 자료를 얻어 냈기 때문이다. 아카이브 자료는 국무부 문서군을 비롯한 17개 문서군에서 9500건의 문서가 비밀로 재지정되었음을 보여 주었다. 문서 장수로는 5만 5500장에 달했다. 비밀로 재지정된 문서는 국무부 것이 가장 많았다. 7711건이나 되었다. 2만 9000장이 넘는 양이었다. 문서 재검토 작업은 아카이브 소장 문서 4340만 장을 대상으로 표본조사(survey)를 한 후, 610만 장의 문서를 한 장씩 검열(audit)하는 과정을 거친 대규모 비밀 프로그램이었다.

이제 비로소 싸움의 목표물이 압축되었음을 매튜는 알았다. 문서 생산자이자 비밀 재지정권을 행사하는 행정 부처였다. 아카이브는 그 목표물을 싸움판에 등장시키기 위한 통과의례였다.

그는 차근차근 전력을 다져 갔다. 혼자의 힘으로 감당하기에는 버거운 싸움이었다. 버팀목과 응원군이 필요했다. 정부 문서 공개의 주창자로 워싱턴에서 수년 간 그 존재의 위력을 발휘해 온 비영리 민간단체 국가안보기록 아카이브(NSA, National Security Archive) 사람들과 전략을 상의했고 몇몇 사학자 그룹과도 만났다. 매튜 자신이 NSA의 객원 연구원이기도 했다.

매튜의 상대는 비밀주의로 무장한 거대 정부였고 관료주의로 무장한 관료들이었다. 그의 손엔 이런 싸움에 꼭 필요한 강력한 화기가 들려 있었다. 수거해 간 문서의 목록과 문서에 대한 정확한 정보였다. 그는 열다섯 개를 뽑아 문서 목록을 작성했다. 우선, 수거 문서가 비망록인지 편지인지 보고서인지 그 문서의 종류를 적었고, 제목과 날짜는 물론 1급인지 2급인지 비밀 등급까지 적었다. 각 문서 항목 밑에는 문서 정보의 출처를, 즉 이미 수거해 간 문서에 대한 정보를 어떻게 알게 되었는지 밝혀 놓았다.

이전에 국무부 문서군의 Entry 1561, Lot File 58D776 안에 들어 있던 문서임. INR Subject Files 1945–1956, Box 4, File : MacArthur Dismissal, Document No. 349. 참고: 본인이 1996년 5월 NARA에서 복사해 간 문서임.

그가 고른 다른 수거 문서의 참고란에는 "국무부 간행물 FRUS (Foreign Relations of the United States)에 이미 게재되어 출판된 문서임"이라고 적었고, 또 다른 문서에는 "국무부 웹사이트에 이미 공개되어 있는 문서임"이라고도 적었다. 사실이었다. 리서처가 이미 복사해 간 문서뿐 아니라 이미 출판되었거나 공개되어 여러 사람의 손에 들어가 있는 문서마저도 무더기로, 조용하게, 아무런 통보 없이 수거되었던 것이다. 문서 수거 시점은 주로 1999년 이후에 집중되어 있었다.

그 뒤로 매튜는 자신의 계획대로 차근차근 움직였다. 다음은 대정부 문서 공개를 촉구하는 매튜의 투쟁 일지를 시간대별로 정리한 것이다. 정부기관을 상대로 한 개인이 벌이는 국민의 알 권리 쟁취 투쟁에서 매튜는 전형적이고 모범적인 사례를 유감없이 보여 준다.

● **2006년 2월 17일**: 아카이브의 정보보안감독실장에게 편지를 썼다. "우리는 이미 공개되었던 미 외교 문서에 대한 비밀 재지정 프로그램이 비밀리에 수행된 결과, 5만 5500여 장의 문서가 수거되었다는 사실에 대해 정보보안감독실에 주의를 환기하고자 이 편지를 씀. 리서처들은 일부 문서의 비밀 재지정을 위한 재검토 작업이 2001년 9·11 테러 공격 이후에 이루어졌으며, 이 작업은 그 어떤 문서도 테러 분자들을 지원하는 데에 활용될 수 없도록 하기 위한 프로그램의 일환이었음을 알게 되었음. 하지만 리서처들은 그 문서 재검토 작업이 1948년에 생산된 문서에까지 적용되어야 한다고는 생각하지 않음. NARA는 문서 재검토 작업이 지난 7년간 비밀리에 진행되어 왔으며 내년에야 완료된다는 사실을 인정했음."

NSA의 명의로 된 이 문서에는 매튜 외에도 NSA 등 네 곳 대표의 서명이 들어가 있었다. 힘을 모은 것이었다. 매튜가 앞장서긴 했지만, 이후 모든 문서는 NSA의 웹사이트를 통해 NSA의 명의로 발행된다.

매튜는 이 편지를 아카이브의 대표 아키비스트인 앨런 와인스타인(Allan Weinstein)과 미 상하원 의원 네 명에게도 참고용으로 발송했다. 이는 이제 싸움이 본격적으로 시작됐음을 의미했다. 강자가 약자를 상대로 싸움을 할 때는 음침한 뒷골목이 더 좋지만, 약자가 강자를 상대할 때는 여러 사람이 지켜보는 광장이 유리하다는 대결의 기초 상식을 매튜와 NSA는 잘 알고 있었다.

● **나흘 후, 2월 21일:** 지금까지 NARA를 상대로 펼쳐 온 문서 공개 촉구 활동
을 정리해 NSA 웹사이트에 공개했다. 〈거꾸로 가는 비밀 해제(Declassifi-
cation in Reverse)〉라는 제목의 대국민 보고서였다. 행정부 비밀주의의 감시
견(watchdog) 역할을 하는 NSA의 웹사이트는 국가 비밀문서에 관심 있는 사
람이라면 누구나 '즐겨찾기'의 상단에 올려놓는 유명 사이트였다.

매튜 보고서를 통해 CIA 등 최소 여섯 개 정부기관이 국가 문서의
비밀 재지정 프로그램을 1999년 가을 이후 가동해 왔다는 충격적인 내
용이 비로소 언론과 일반에 알려졌다. 아카이브 관리의 말을 인용해,
NARA와 정부기관 사이에 체결된 비밀 양해각서(MOU, Memorandum of
Understanding)가 존재한다는 사실도 이 보고서를 통해 처음 알려졌다. 양
해각서 자체도 비밀 지정이 되어 있는 문서였는데, NSA는 이미 정보공
개법을 통해 이 양해각서의 공개를 요청해 놓은 상태였다.

이 보고서에서 매튜는 또 부시 행정부가 출범한 2001년부터 비밀
재지정 프로그램이 확대되는 과정을 기술하면서 "짜 놓은 치약을 다시
튜브 안에 집어넣으려는 짓"이라고 비꼬았다.

이날 발표된 매튜 보고서는 비밀 프로그램의 정체를 밝히는 최종 완
결판 같은 것이었다. 3년 전 비공개로 진행되었던 국무부의 외교기록자
문위원회 회의에 CIA 대표로 참석한 '수 케이(Sue K)'의 발언 내용까지
적혀 있었다. "만약 CIA의 문서가 CIA의 실수로 비밀 해제되었다면
CIA가 그 결정의 책임을 지겠다. 그러나 만약 다른 정부 부처가 CIA가
검토해 볼 기회가 전혀 없었던, CIA의 핵심 정보가 담긴 문서를 비밀
해제했다면, 해당 부처는 문서를 재검토해서 비밀로 재지정하는 것을
고려해 봐야 한다."

- 같은 날, 2월 21일: 《워싱턴 포스트》, 《뉴욕 타임스》 등 언론이 정부의 비밀 재지정 프로그램에 대해 보도한다. 매튜 보고서를 바탕으로 한 것임은 물론이다. 매튜를 비롯한 사학자들의 인터뷰도 실렸다.

- 이튿날, 2월 22일: 아카이브가 대표 아키비스트 앨런 와인스타인 명의로 〈문서 비밀 재지정에 대한 내셔널 아카이브의 입장〉을 발표한다. '부적절한 비밀 지정(및 재지정)이 정보의 자유로운 흐름을 불필요하게 방해했으며, 정부가 하는 일을 국민이 잘 알고 있어야 한다는 민주주의의 원칙을 손상시켰다'는 내용이었다. 정보보안감독실이 몇 주 전에 비밀 재지정에 대한 감사를 시작했으며, 감사 결과를 60일 안에 공개하겠다는 내용도 들어 있었다.

- 사흘 후, 2월 23일: 내셔널 아카이브의 정보보안감독실장 윌리엄 레너드가 매튜 에이드에게 편지를 보낸다. 매튜가 엿새 전인 2월 17일 레너드에게 썼던 편지에 대한 답장 형식이었다. "2월 17일 자 편지에 감사한다"는 말로 시작된 이 편지는 아카이브가 감사를 시작했음을 매튜에게 통보했다. 매튜가 싸움을 시작한 지 엿새 만에 날아든 희소식이긴 했지만, 아직 승리를 장담하긴 일렀다.

- 나흘 후, 2월 27일: 《워싱턴 포스트》가 사설을 통해 아카이브에 결정타 한 방을 날린다. "아카이브는 수거한 문서를 검토해 '비밀 재지정 행위가 적절한 것이었는지를 감사하겠다'고 했다. 좋다, 하지만 이건 알아야 한다. 비밀 재지정이라는 건 단순히 부적절한 행위에 그치는 일이 아니라 그야말로 터무니없는 일이다. 이 명백한 사실을 알기 위해 비밀 전문가를 찾을 필요는 없다."

- 44일 후, 4월 10일: 아카이브와 미 공군 사이에 체결되었던 비밀 양해각서를 아카이브가 공개한다. 매튜가 보고서를 통해 밝혔던 비밀 양해각서의 존재가 마침내 그 모습을 드러낸 것이다. 첫 승전보였다.

- 일주일 후, 4월 17일: 미 공군의 양해각서를 공개한 지 일주일 만에, 이번에는 대표 아키비스트 앨런 와인스타인이 아카이브와 CIA 사이에 체결되었던

비밀 양해각서도 공개한다. 2001년 10월에 작성된 것이었다. 와인스타인은 나흘 전인 13일에 양해각서의 존재를 알았고, 즉시 양해각서의 비밀을 해제해 공개하게 되었다면서 "CIA, 미 공군과 체결한 양해각서 같은 비밀 합의서는 앞으로 더 이상 없을 것"이라고 선언했다.

매튜에게는 두 번째이자 마지막 승전보였다. 한 개인의 끈덕진 뚝심이 내셔널 아카이브를 비밀 합의서 없는 독립기관으로 재탄생시키는 순간이었다. 아카이브를 어두운 역사 속에서 끄집어냈고, 아카이브 문서 상자 안에 들어 있는 '수거 통지문'을 수거한 것이다.

● 이틀 후, 4월 19일: NSA가 한 장의 보도자료를 내놓는다. 앨런 와인스타인의 비밀 양해각서 공개에 대한 NSA의 입장을 알리기 위한 것이었다.

"와인스타인 씨가 양해각서를 비밀 해제해 공개하기로 CIA와 신속하게 합의를 이끌어낸 것에 대해 NSA는 박수를 보내는 바입니다."

NSA는 매튜와 더불어 싸움을 벌인 당사자이기도 했다. NSA의 배려 깊고 품위 있는 이 한마디의 답례는 패자도 승자로 만들었다. 와인스타인의 설득은 정부의 비밀주의와 관료주의에 패자의 굴욕 대신 명예 회복이라는 선물을 안겼다. 이 싸움에서 진 자는 아무도 없다. CIA의 비밀 양해각서마저 '역사적인 문서' 대접을 받으며 아카이브의 문서고에 모셔졌다.

하지만 비밀의 세계에는 늘 새로운 비밀이 꼬리를 물기 마련이다. 매튜 보고서가 아카이브뿐만 아니라 국무부와 국방부, CIA 등을 뒤흔든 지 7년이 흐른 지금도 아카이브의 문서 상자 속에는 여전히 곳곳에 수거 통지문이 꽂혀 있다. 풀고 열려는 자의 주먹만 불끈 쥐어지는 게 아니다. 어떻게 해서든 막고 닫으려는 자도 그만큼 이를 악물어 가며 애를 쓴다. 내셔널 아카이브는 국가 기록물을 어깨에 짊어진 채 이 두 힘의 중간 어디쯤인가에 서 있다.

감쪽같이 사라진 '클린턴 하드 드라이브'

　가지 많은 나무에 바람 잘 날 없듯이 귀중품 그득한 초대형 창고인 내셔널 아카이브도 무풍지대는 아니다. 숨 돌릴 만하면 불거져 나오는 기록물 도난 사건이나 자료 실종 사건으로 언론의 먹잇감이 되곤 한다.

　2010년 가을에는 아카이브에서 갓 퇴직한 간부 직원 한 사람이 절도죄로 구속되는, 아카이브의 얼굴에 먹물을 들이붓는 사건이 터졌다. 구속된 사람은 66세의 웨슬리 와펜. 아카이브에서 37년간이나 근무했고, 퇴직할 당시에는 메릴랜드 주 칼리지 파크에 있는 아카이브II의 시청각 자료실 실장으로 일했던 사람이다. 소장 기록물이 9만 점이 넘는 아카이브 시청각 자료실의 책임자로 일했던 사람이 알고 봤더니 자료실의 기록물을 훔친 도둑으로 밝혀진 것이다.

　와펜의 절도 사실을 연방 수사관들은 어떻게 알았을까. 와펜은 음성 기록물(sound recording) 수집을 취미로 가진 사람이었다. 집에 6000점이 넘는 음성 기록 자료를 모아 두었다. 직장인 아카이브의 시청각 자료에도 손을 댔다. 연방 수사관들에게 뒷덜미를 잡히기 9년 전부터였다. 이렇게 슬쩍한 자료가 955점이나 되었다. 값으로 치면 7만 달러어치는 족히 될 양이었다. 와펜은 아카이브 기록물 일부를 온라인 경매 사이트인 이베이(eBay)에 올려놓고 한두 점씩 팔기 시작했다. 야구 선수 베이브 루스의 목소리가 담긴 1937년의 음성 기록은 34.74달러에 팔았다. 그렇게 9년 동안 재미를 보았다.

　2010년 가을, 코네티컷 주에 사는 퇴직한 어느 무선통신 기술자가 이베이에 올라와 있는 한 경매품을 눈여겨보게 된다. 자신이 40년 전에 내셔널 아카이브에 기증한 음성 기록물이었다. 연방정부 재산이 매물로 둔갑해 있었던 것이다. 이 무선통신 기술자의 신고로 와펜의 긴 꼬리는 결국 밟히고 말았다. 아카이브에서 막 퇴직한 직후였다. 와펜은 2011년 유죄를 인정했고, 2012년 5월에 18개월 징역형을 선고받고 수감되었다.

와펜 사건이 보도되면서 아카이브는 고개를 똑바로 들 수가 없었다. 아카이브에 누가 침입을 했던 것도 아니고 한집 식구였던 사람이 집 안에서 저지른 짓이었다. 그야말로 개망신이었다. 와펜 사건은 아카이브에 엎친 데 덮친 격이었다. 1년여 전 같은 장소인 칼리지 파크의 아카이브에서 발생한 기록물 실종 사건으로 후유증에 시달리고 있을 때였기 때문이다. 언론이 가만있을 리 없었다. 아카이브 사정을 잘 아는 언론은 아카이브의 1년 전 '전과'를 들먹이면서 불난 집에 부채질을 해 댔다. '하드 드라이브 분실' 사건을 꼬집은 것이다.

아카이브 작업실 선반에 놓여 있던 2테라바이트짜리 컴퓨터 외장하드 드라이브 한 개가 감쪽같이 사라진 사실을 아키비스트가 알게 된 것은 2009년 3월이었다. 그저 그런 하드 드라이브가 아니었다. 클린턴 행정부에서 넘겨받은 이관 기록물 가운데 하나였다. 그 안에는 10만 개에 달하는 개인 사회보장번호와 주소, 백악관과 대통령 경호실의 관리 운용 규정 등 민감한 정보가 담겨 있었고, 사회보장번호 중에는 앨 고어 부통령 딸의 것도 포함되어 있었다.

사건을 조사한 아카이브 감사관은 하드 드라이브 분실 사실을 의회에 통보했고 청문회에 참석해 자초지종을 설명했다.

아키비스트를 비롯한 아카이브 직원들은 이관된 클린턴 행정부 기록물의 디지털 파일 전환 작업을 하던 중이었다. 안전 구역 보관실에 보관되어 있던 외장하드 드라이브를 작업장으로 꺼내 왔다. 파일 전환 작업을 하기 위해서였다. 작업이 어느 정도 진행되었을 때 다른 급한 일이 생겼다. 하드 드라이브를 작업장 선반 위에 올려놓고 다른 일에 매달렸다. 5개월 동안 하드 드라이브 작업은 하지 않았다. 5개월 후 중단되었던 파일 전환 작업을 하기 위해 하드 드라이브를 찾았으나 선반 위의 하드 드라이브는 온 데 간 데가 없었다. 사라진 것이다.

외부인이 침입해 훔쳐 갔는지, 내부 직원의 소행인지, 실수로 쓰레기더미에 묻혀 나갔는지, 의도적인 범행인지, 우발적인 분실인지, 언제 없어진 것인지 아무런 단서도 찾을 수가 없었다. 분명히 알 수 있는 건 오직 한 가지뿐이었다. 작업장 안에 있던 2.5파운드짜리 '클린턴 하드 드라이브'는 더 이상 존재하지 않는다는 사실이었다.

하드 드라이브는 작업이 잠시 중단된 2008년 10월에서 분실 사실을 알게 된 2009년 3월 사이에 없어졌다는 것, 작업장에는 아카이브 직원뿐 아니라 청소부와 관리인, 심지어 방문객 등도 드나드는 공개된 공간이라는 점이 하드 드라이브의 행방을 유추해 볼 수 있는 실마리의 전부였다. 그나마 다행스러운 점은 아카이브 직원이 하드 드라이브의 모든 내용을 작업 전에 복사해 놓았다는 사실이었다.

연방수사국의 수사가 진행되는 동안 아카이브는 내부 직원과 방문객을 상대로 5만 달러의 사례금을 내걸었다. 아예 아카이브 로비에 사례 공고문까지 게시했다. 하드 드라이브를 찾거나 찾는 데 도움을 주는 사람이 나타날 수 있다는 희망이 아주 없지는 않았겠지만, 하드 드라이브를 들고 간 사람이 혹시 돈푼을 바라고 한 일이라면 5만 달러와 하드 드라이브를 맞바꿀 수 있지 않을까 하는 기대심도 작용한 고육지책이었다. 하지만 5만 달러의 주인이 나타났다는 소식은 아직도 들리지 않는다.

국가안보보좌관, 문서를 훔치다

　바람 잘 날 없는 내셔널 아카이브에서 최근 10년 사이에 가장 화제가 되었던 사건은 클린턴 대통령 시절 국가안보보좌관을 지낸 샌디 버거의 아카이브 문서 절도 사건이다. 아카이브 문서를 훔친 사람이 클린턴 행정부 외교 안보 분야의 방향타를 잡았던 유명 인사였다는 사실 하나만으로도 샌디 버거 사건은 뭇사람의 시선을 사로잡기에 충분했다.

　사건의 발단은 2003년 7월, 샌디 버거가 워싱턴 시내의 아카이브 본부 건물의 열람실을 찾으면서부터다. 클린턴 퇴임과 함께 2001년 백악관 국가안보보좌관 자리에서 물러난 지 2년이 훨씬 지난 뒤였다. 코넬 대학 출신으로 하버드 로스쿨에서 법학 박사를 따고 국제무역 변호사를 하다가 클린턴 행정부에 참여했던 세칭 일류 정치인이었다. 워싱턴의 평판도 나쁘지 않았고, 민주당 안에서도 외교 안보 분야에 관한 한 선두였다.

　샌디 버거는 9·11 조사위원회 청문회에 증인으로 나가 클린턴 행정부의 테러 위협 대처 실패에 대한 증언을 하기로 되어 있었다. 위원회의 추궁을 당하는 자리인 만큼 답변을 제대로 하기 위해서는 자기가 국가안보보좌관으로 일했을 때의 구체적인 자료가 필요했다. 그 자료는 아카이브로 이관이 된 뒤였고, 그 문서를 보려면 아카이브를 찾아가야 했으며, 문서 내용을 훤히 알고 있는 자신이 직접 찾아가 열람해 보는 것 외에는 달리 방법이 없었다.

　아카이브 직원은 이 특별한 열람자를 맞아 문서 상자를 내주었다. 여느 열람자와 달리 대할 만한 의전이 필요한 것도 아니었고 그럴 필요도 없었다. 샌디 버거도 다른 열람자처럼 문서를 뒤져 본 뒤 돌아갔다. 7월에 이어 9월에도 샌디 버거는 아카이브를 찾았다.

그리고 10월 2일 목요일, 샌디 버거가 아카이브를 세 번째 찾아가는 날이었다. 저녁 늦게까지 그는 허둥지둥 문서를 뒤졌다. 바람이라도 쐬려는지 한 차례 혼자 건물 밖으로 나갔다가 열람실로 돌아와 다시 문서를 들춰 보았고, 저녁 여덟 시가 다 되어서야 돌아갔다.

이날 아카이브 직원이 자신의 일거수일투족을 의심의 눈초리로 눈여겨 보고 있었다는 사실을 샌디 버거는 전혀 눈치채지 못했다. 그가 돌아간 뒤 아카이브 직원은 샌디 버거가 열람했던 문서 상자 속의 문서들을 한 장씩 면밀히 조사하기 시작했다. 그 문서 상자의 문서들에는 별도의 표시가 되어 있었다. 샌디 버거가 열람하기 전에 아카이브 직원이 특별 코드를 표시해 둔 것이다. 그는 샌디 버거가 열람하고 난 후에 문서 네 부가 없어졌다는 사실을 알게 되었다.

아카이브 직원은 샌디 버거가 9월에 왔을 때 이미 문서 한 부가 없어졌다는 사실을 알고 있었다. 하지만 확신이 없었다. 의심만 갈 뿐이었다. 10월에 그가 다시 열람실을 찾을 계획이 있다는 걸 알고 이번에는 문서에 표시를 해 두었던 것이다.

아카이브는 이날 문서가 없어졌다는 사실만 안 것이 아니었다. 샌디 버거가 문서를 접어 양말 안에 집어넣는 모습을 아카이브 직원이 직접 목격하기까지 했다. 하지만 이날 아카이브가 놓친 부분도 하나 있었다. 샌디 버거가 열람 도중 한 차례 건물 밖으로 나갔다가 다시 열람실로 돌아온 일에 대해서는 별 의심을 하지 않았던 것이다.

나중에 밝혀진 사실이지만 샌디 버거는 열람실에서 문서를 양말 안에 집어넣은 다음 안내자 없이 슬그머니 건물 밖으로 나갔다. 문서를 건물 밖 어딘가에 잠깐 숨겨 둘 요량이었다. 인근 공사장에서 트레일러를 발견하고는 슬그머니 다가가 양말에서 문서를 꺼내 트레일러 밑에다가 밀어 넣어 두었다. 열람실로 다시 돌아갔다가 나온 그는 트레일러 밑에서 문서를 끄집어내 워싱턴 시내의 자기 사무실로 돌아갔다.

아카이브를 다녀온 이틀 뒤인 토요일, 샌디 버거는 할 말이 있다면서 자기를 찾아오겠다는 아카이브 직원의 전화를 받는다. 무슨 일일까. 만나서 얘기하겠다는 대답만 들었을 뿐이다. 그는 사무실에서 아카이브 직원을 만난다. 아카이브 직원은 찾아온 용건을 담담하게 말했다. 문서가 없어졌다, 염려스럽다, 비난하려고 찾아온 것은 아니다, 문서가 제자리로 돌아갔으면 한다. 상대방을 배려한 점잖은 방문이었다.

이튿날인 일요일, 아카이브 직원은 다시 샌디 버거의 사무실을 방문한다. 이번 방문은 할 말이 있어서가 아니었다. 샌디 버거의 전화를 받고, 그가 건네주는 문서를 받기 위해 온 것이었다. 샌디 버거가 토요일 저녁에 사무실을 뒤져 보고 나서야 아카이브에서 가져온 문서가 있다는 사실을 알았다면서 문서를 돌려주겠다고 아카이브 직원에게 전화를 했기 때문이다.

하지만 일요일에 아카이브 직원에게 돌려준 것은 훔친 문서의 전부가 아니었다. 며칠 후 샌디 버거는 변호사를 고용한다. 7월 이후 세 차례에 걸쳐 아카이브 문서를 열람하면서 40~50장의 메모 노트도 가지고 나왔다는 사실을 변호사에게 밝혔다. 이 메모 노트를 샌디 버거는 자진해서 아카이브에 돌려주었다.

아카이브와 샌디 버거 사이의 '사적인' 관계는 여기에서 끝난다. 그리고 샌디 버거의 아카이브 문서 도난 사건은 두 달 후인 2004년 1월부터 범죄 사건이 된다. 연방수사국 FBI가 수사를 시작한 것이다. 샌디 버거의 이름은 이후 21개월 동안 끊임없이 언론 지면을 장식한다.

지루한 법정 공방 끝에 2005년 9월 샌디 버거는 비밀문서 은닉 및 파기 죄로 사회봉사 100시간, 보호관찰 2년, 벌금 5만 달러를 선고받았다. 보호관찰의 행정 비용 6905달러는 따로 내야 했고, 비밀취급인가증은 3년간 정지당했다.

샌디 버거 사건은 역설적으로 아카이브의 존재 의미를 재증명하는 계기가 되었다. 전임 대통령의 국가안보보좌관이라 할지라도 문서를 보려면 아카이브로 가는 것이 상식에 속한다는 사실이 입증된 셈이었다. 국가 기록물은 아카이브에 두는 것이고, 그 기록물을 보관하는 아카이브는 기록물을 보여 주는 곳이기도 하다는 점을 재확인시킨 것이다.

샌디 버거는 벌금형 선고를 받고 난 뒤 2년 후 변호사 자격을 포기했다. 그리고 이듬해인 2008년에는 민주당 대통령 후보로 출마한 힐러리 클린턴 상원 의원의 외교 담당 자문역으로 워싱턴에 다시 모습을 드러냈다. "자리에서 물러난 사람이라고 절대 괄시하지 마라. 그 사람은 반드시 돌아온다. 그게 워싱턴이다." 도널드 럼스펠드 전 국방장관이 말한 워싱턴 게임의 생존 규칙 가운데 하나다.

2:

숫자로 읽는 NARA 80년사

역사가 주는 교훈에서 많은 것을 배우려 들지
않는 것이야말로 역사가 주는 모든 교훈 중에서
가장 중요한 교훈이다.

—올더스 헉슬리 Aldous Huxley

루스벨트가 승리한 해, 1934년

루스벨트 대통령. ⓒNARA

1934년 7월 19일, 이날 저녁 루스벨트 대통령은 코네티컷 주 뉴헤이븐으로 1박 2일 여행을 떠났다. 이튿날 예일 대학에서 명예박사 학위를 받기 위해서였다. 뉴헤이븐으로 가는 동안 잠시 머리를 식히면서 그날 한 일들을 되새겨 보았다. 바쁜 하루였다.

그날도 여러 개의 새로운 법안에 서명했다. 우표를 붙이지 않았거나 덜 붙인 편지를 우체국이 어떻게 처리할지 규정한 법안도 있었던 것 같다. 연방통신위원회(FCC) 신설 법안도 있었다.

또 하나, 이날 루스벨트가 서명한 법안 중에는 내셔널 아카이브 창립 법안도 포함되어 있었다. 이 법안에 반대하는 학계 인사들과 의원들을 상대로 얼마나 많은 토론과 갑론을박이 있었던가. 결국은 루스벨트가 이겼다. 국가 기록물을 한곳에 모으기로 한 국립문서보관소법이 만들어진 것이다. 루스벨트는 해군부 차관도 해 봤고 뉴욕 주지사도 해 봤

대통령의 욕조

다. 하지만 그런 경력보다도 루스벨트는 자신이 건축가이자 아키비스트라는 데 더 큰 자부심을 가지고 있었다. 전임 대통령 후버가 초석을 놓고 3년 전에 첫 삽을 뜬 워싱턴 시내의 아카이브 건물 공사는 이제 막 바지 단계에 들어서 있었다.

1921년, 의회로 이사 간 독립선언서

건축 중인 내셔널 아카이브 상단부. ⓒNARA

국무부가 보관하고 있던 '독립선언서'와 '헌법' 등 주요 연방 기록물이 의회로 넘어간 해다. 이전에는 정부 기록물이 국무부에 보관되어 있었다. 국무부가 비공식으로 국립문서보관소의 역할을 하고 있었던 셈이다.

1200만 달러짜리 건물

워싱턴 시내에 세워진 내셔널 아카이브 건물의 총 건축비. 의회가 1926년 처음 지출 승인을 했던 건축비보다 훨씬 많아진 액수다. 1935년 완공이 된 뒤에도 돈은 더 들어갔다. 이 액수는 완공 6년 후인 1941년에 계산된 것인데, 지금으로 따지면 1억 7700만 달러나 된다.

100일 목록에는 없었다

대통령에 취임했을 때 루스벨트의 머릿속에는 이미 내셔널 아카이브의 설립 구상이 있었다. 대통령이 가장 야심차게 추진할 일들은 대부분 취임 100일 안에 결정된다. 우선순위 목록이 작성되는 것이다. 하지만 내셔널 아카이브 건립 건은 이 목록 안에 들지 못했다. 우선순위에서 밀려난 것이다. 왜? 이때 미국은 대공황이 악화되던 시기였다. 길거리에는 노숙자와 실직자들이 넘쳐났다.

첫 입고 문서 1억 7640만 장

내셔널 아카이브 건물이 완공된 이듬해인 1936년 6월, 드디어 연방정부 기록물 첫 입고분(5만 8800입방피트)이 서고에 들어왔다. 입고된 문서는 대부분이 참전용사청과 식품청 문서들이었다. 문서 매수로 따지면 총 1억 7640만 장. 21개의 서가는 아직 꽉 차지 않았다. 들어올 문서는 아직도 남아 있었다.

역사의 신전(神殿)에 입주한 265명

내셔널 아카이브 건물이 완공된 후 아카이브에서 근무할 직원들이 처음으로 자기 자리를 찾아가 앉았다. 1935년 11월이었다. 새집에 첫 발을 들이민 영광의 주인공들은 모두 265명. 루스벨트는 노스캐롤라이나 주 출신 교육자이자 역사학자인 R. D. W. 코너를 제1대 미 대표 아키비스트로 임명하고 내셔널 아카이브의 열쇠를 맡겼다. 루스벨트는 아카이브의 주요 직원을 임명하는 일에도 직접 관여하는 열성을 보였으며, 흑인 관련 기록물을 담당할 직원으로 흑인을 고용할 것을 제안하기도 했다. 아카이브의 직원 충원이 완료된 것은 3년 후인 1938년에 와서였다.

펜실베이니아 애비뉴 700번지의 방탄 기지

일본의 진주만 공격으로 미국이 태평양전쟁에 뛰어들었을 때 미국 시민은 물론 연방정부의 그 어떤 관리도 워싱턴 시내 펜실베이니아 애비뉴 700번지의 내셔널 아카이브 건물을 눈여겨보지 않았다. 연방정부의 그저 그런 건물 가운데 하나려니 했다. 하지만 사실 아카이브 건물은 공습에도 끄떡없을 '방탄' 건물로 정부 문서를 보관할 최적지 가운

워싱턴 시내의 내셔널 아카이브 건물. ⓒNARA

데 하나였다.

　뒤늦게 이 사실을 깨달은 연방정부의 다른 부처 직원들은 부랴부랴 문서더미를 들고 와서 이 '방탄' 건물에 맡겼다. 언론은 이때 아카이브 건물을 군 기지라는 뜻의 '포트 아카이브(Fort Archives)'라고 불렀다. 아카이브 책임자들은 전쟁 같은 비상사태 때 과연 아카이브 건물 안에 얼마나 많은 문서를 보관할 수 있을 것인지 계산해 보았다. 아카이브 공간만으로는 턱없이 부족했다. 내륙 쪽에 별도의 보관소가 필요하다는 결론을 내렸다. 하지만 전쟁 기간에도 아카이브가 원래 보관하고 있던 문서들은 그대로 아카이브에 두었다. 단 한 종류만 예외였다. 질소 성분이 있는 영상필름은 화재 시 불에 가장 약하고 위험한 유독가스를 발생시킬 수 있기 때문에 다른 곳에 따로 보관할 필요가 있었다. 전쟁 중 아카이브 밖으로 피난을 갔던 기록물은 이 영상필름이 유일했다.

　나중에 알려진 일화 하나. 아카이브 직원들은 진주만 피습이 있기 몇 달 전부터 중요 정부 기록물에 대한 보관 대책을 이미 세워 놓고 있었다. 워싱턴이 적기의 공습을 받을 경우에 대비한 비상수단이었다.

30년 전 문서도 참전

전쟁 때 문서보관소가 피난만 다닐 거라 생각하면 큰 오산이다. 내셔널 아카이브는 2차 세계대전 때 소리 없이 전쟁을 치렀고 큰 공훈을 세웠다. 1944년 연합군의 노르망디 상륙작전을 승리로 이끈 주역들 중에는 내셔널 아카이브도 한자리를 차지한다.

상륙작전에 앞서 미군은 상륙 전략 지점에 대한 날씨 자료가 필요했다. 아카이브에는 유럽 전역에 대한 풍부한 지리 및 기후 정보가 보관되어 있었다. 전쟁부(War Department) 문서였다. 1789년부터 1918년까지의 전쟁부 문서 가운데 80퍼센트가 1차 세계대전 때 생산된 문서였는데, 태평양은 물론 유럽 전역의 정밀 지도와 기후 자료가 포함되어 있었다. 이 문서들은 1차 세계대전 종전 후 유럽에 근무하던 미 영사관 직원들이 본국으로 우송한 자료였다.

산길에서 지방도로에 이르기까지 지리 정보가 필요했던 군 지휘관들에게 이 정보를 제공한 것이 아카이브였고, 기후 조건이 작전 성패의 핵심 요소였던 노르망디 작전 때 전쟁부 문서에 들어 있는 기후 자료를 제공해 준 곳도 내셔널 아카이브였다.

아카이브가 '죽은 문서'를 보관하는 '기록물 묘지'라는 인식은 2차 세계대전을 계기로 재평가되었다. 아카이브야말로 '살아 있는 곳'이었고, '살아 있어야 하는 곳'이 되었다.

셋방살이 시작, 1949년

1945년 루스벨트 사망 후, 아카이브는 찬밥 신세가 된다. 든든한 후원자를 잃은 것이다. 시도 때도 없이 대표 아키비스트 방으로 날아들던 대통령의 쪽지도 더 이상 없었다. 연방정부는 점점 더 규모를 늘려 갔지만 아카이브의 위상은 나날이 위축되었다. 설상가상, 정부 조직법 개편으로 정부 재산과 기록물을 총괄하고 정부 물품을 공급하는 총무청(GSA, General Services Administration)이 1949년에 새로 생기면서 내셔널 아카이브는 총무청의 산하기관으로 전락하고 만다. 이름도 국립문서보관및기록서비스(NARS, National Archives and Records Service)로 바뀐다.

불길에 휩싸인 문서 2200만 장

1973년의 NPRC 화재.
ⒸNARA

1973년 7월 12일, 그럴 수만 있다면 내셔널 아카이브가 역사에서 지워 버리고 싶어 하는 날이다. 기억조차 하기 싫은 끔찍한 비극의 날. 미군 인사 기록물 보관소인 세인트루이스의 국립인사기록물센터(NPRC, National Personnel Records Center) 꼭대기 층에서 화재가 발생, 미 육군과 공군의 인사 기록 문서 2200만 장이 불길에 휩싸였다. 문서 일부만 겨우 건졌다. 불길에서 살아남은 문서는 400만 장도 안 되었다.

이 문서들은 원래 펜타곤이 관리했던 것들이다. 펜타곤은 모든 육해공군 전역자의 인사 및 건강 기록을 1950년부터 인사기록물센터 한 곳에 모아 통합 관리하다가 1960년에 이 기록물 관리를 내셔널 아카이

대통령의 욕조

브에 넘겼고, 인사기록물센터는 이때부터 내셔널 아카이브 소속이 되었던 것이다. 남의 자식을 데려와 키우다 실수로 죽인 꼴이니 그런 망신이 없었다.

NARA의 독립기념일은 1985년 4월 1일

내셔널 아카이브 문장.
ⓒNARA

NARS였던 내셔널 아카이브가 지금의 이름을 갖게 된 날이기도 하다. 1949년 총무청의 산하기관이 되었던 아카이브는 36년 만에 독립기관으로 부활한다. 아카이브 직원들은 이 날 '드디어 자유(Free at Last)'를 외쳤다. 내셔널 아카이브의 문장(紋章)에 쓰여 있는 1985라는 숫자도 NARA라는 이름을 갖게 된 독립의 해 1985년을 기념하기 위한 것이다.

독립은 그냥 얻어진 게 아니다. 투쟁이 있었다. 이런 싸움은 벼르고 있던 준비된 리더가 앞장을 선다. 이번 싸움의 리더는 여섯 번째 대표 아키비스트인 로버트 워너였다. 1980년 아카이브를 맡자마자 워너는 조용히 그러나 치밀하게 아카이브 독립을 위한 2단계 작전 계획을 짰다. 힘은 은밀하게 모으되, 때가 되면 공개적으로 과감하게 치고 나간다는 것이었다.

계획을 세운 워너가 움직이기 시작했다. 사학자들, 아키비스트들, 문서 전문가들을 만나 설득하고 조언을 들었다. 모든 회동은 비밀리에 이루어졌다. 총무청이 아카이브의 독립을 극구 반대했기 때문이다. 상하원 의원들 중에서 우군도 만들었다. 《뉴욕 타임스》 등 주요 언론사에도 발이 닳도록 드나들었다. 언제나 여론은 중요한 것이다. 언론 사설에서 아카이브 독립을 위한 법령 제정의 필요성을 말하기 시작했다. 아카이브 독립이라는 현안이 드디어 수면 위로 떠오른 것이다. 이제부터는 공개적으로, 과감히 밀어붙여야 한다. 이제부터는 지치지 않아야 하고, 물러서지 말아야 한다. 워너를 중심으로 아카이브는 뚝심으로 버텼다.

마침내 의회와 백악관이 귀를 열었다. 그리고 1984년 의회는 총무청으로부터 아카이브를 독립시키는 법안을 통과시켰고, 로널드 레이건 대통령은 법안에 서명을 했으며, 아카이브는 다시 그렇게 바라던 독립을 얻었다. 대표 아키비스트는 이제 대통령에게만 보고를 하고 다른 누구의 간섭도 받지 않는 아키비스트가 된 것이다.

5만 평짜리 새집
└ 아카이브 II

메릴랜드 주 칼리지 파크의 내셔널 아카이브 II 건물. ©NARA

위싱턴 시내의 아카이브 건물 하나만으로는 넘쳐나는 정부 기록물을 감당할 수가 없었다. 1980년대 후반에 이르러 내셔널 아카이브는 더

대통령의 옥조

이상 머뭇거릴 여유가 없었다. 새로운 공간 마련이 시급했다. 메릴랜드 대학으로부터 캠퍼스의 일부인 칼리지 파크 땅 4만 평을 기증받았다. 아카이브를 캠퍼스 내에 유치하는 대학이 누이라면, 대학 같은 교육기관과 공동으로 조사 연구 프로젝트를 하게 되는 아카이브는 매부였다. 누이 좋고 매부 좋고, 서로에게 이로웠다. 미국의 실용주의가 이런 협상을 가능하게 했다. 1989년 아카이브 II 건물 착공식이 있었고, 1993년 드디어 입주가 시작되었다. 문서를 보관할 수 있는 5만 평의 공간이 더 생긴 것이다.

아카이브 II에는 열람자만이 아니라 전 세계에서 아카이브 전문가가 찾아온다. 문서를 들여다보기 위해서가 아니라 현대식 아카이브의 모델이 된 건물 자체가 흥미로워서다. 문서 보관은 어떻게 하며 서가는 어떤 구조로 되어 있는지, 비상시 대피 계획은 어떤 게 있으며 열람실에서 위급 환자가 생겼을 때 구급차는 얼마나 빨리 올 수 있는지, 최대 수용 가능한 이용자 수는 얼마고 열람실은 과연 이용하기 편한지 등등.

(사족: '문서를 열람하기가 행여 불편하고 까다롭지는 않은가'라는 마지막 질문에 대한 글쓴이의 확신에 찬 대답은 이렇다. 이렇게 해도 될까 싶을 만큼 편하다. 국적? 안 따진다. 남녀, 노소, 인종, 학력, 재력, 지위 …… 아무것도 안 가린다. 출입증만 만들면 1년 열두 달 아무 때고 가서 1급 비밀이든 2급 비밀이든 원하는 시간에 원하는 만큼 신청해서 마음대로 볼 수 있다. 단, 아카이브가 문 열었을 때만 가야 하고, 비밀 해제되어 공개된 문서에 한해서다.)

30억 장에 도전하다

연방정부가 해야 하는 일, 새로 손대는 일은 날이 갈수록 많아지고

아카이브 II의
문서고 내부.
ⓒNARA

그만큼 문서는 쌓여만 간다. 하지만 정작 이 문서를 관리하는 아카이브의 사정은 정반대다. 일손이 늘 부족하다. 아키비스트는 정원의 3분의 2도 채 못 된다. 1995년부터 2005년 사이에 정부가 생산해 낸 문서는 급증했다. 아키비스트들은 클린턴과 부시 행정부 때 문서의 양이 '로켓처럼 치솟았다'고 말한다. 쌓아 놓기만 하고 미처 손을 대지 못한 문서가 — 설마 하고 놀라지 말자 — 무려 30억 장이었다. 가로, 세로, 높이가 각각 30.5센티미터(1피트)인 1입방피트의 문서 상자 100만 개가 봉인된 채 그대로 문서고에 쌓여 있었던 것이다.

더 이상 밀어 둬서는 안 되겠다 싶었던지 2007년, 아카이브가 소매를 걷어붙인다. 이런 일에도 늘 앞장서는 사람이 있기 마련이다. 2005년에 대표 아키비스트가 된 앨런 와인슈타인이다. 그는 재임 내내, 한글로는 번역하기가 참 난감한 'civic literacy'라는 깃발을 들었던 사학자다. 교육자이기도 했던 그는 '시민들이 알게 한다'는 뜻이 담긴 이 'civic literacy'를 위해 모든 정부 부처가 지켜야 할 공문서의 비밀 등급 부여와 비밀 해제의 기준을 마련했고, 밀려 있던 문서 30억 장에 대한 목록 작성과 해제 작업에도 손을 댔다. 2년 후, 30억 장 가운데 37퍼센트에 대한 목록 작성과 해제가 완료되었다.

손을 못 댄 문서가 밀려 있을 경우에는 어느 문서에 먼저 손을 댈 것인지 우선순위를 정해야 한다. 입고된 순서에 따라 작업을 하지는 않는다. 대개의 경우 특정 문서군을 선별해 집중 처리하는 방식을 택한다. 어느 해에는 재무부 문서에만 집중적으로 달라붙고, 또 어느 해에는 국무부 문서군을 선택해 처리하는 식이다. 예를 들면, 2009년에는 직원을 추가 고용해 레이건, 부시, 클린턴 등 세 명의 대통령 기록물에 달라붙어 적체량을 해소하기도 했다.

'처리(process)' 또는 '진행'이란 이용자가 이용할 수 있도록 하는, 즉 열람용으로 만드는 작업의 전체 과정을 일컫는 말이다. 이 과정에는 개

대통령의 욕조

별 문서 또는 문서철의 목록을 만들고, 그 문서 또는 문서철이 언제 어디에서 생산된 어떤 내용의 문서인지 간단한 설명을 붙여 주는 약식 해제 작업도 포함된다. 특정 문서에 '참고 사항(reference)'을 부여해 주는 작업, 즉 문서에 '신분증'을 달아 주는 일이다.

검색 목록, 아직은 65퍼센트

아카이브에 가는 즉시 원하는 문서를 찾을 수 있으리라고 생각한다면 다시 생각해 보는 것이 좋다. 운이 억세게 좋다면 모를까 '문서의 미로' 속에 무턱대고 들어갈 생각은 처음부터 하지 말아야 한다. 그렇지만 다행히 이 '미로'의 입구에는 목록이라는 지도가 있고, 아키비스트라는 안내자도 있다.

아카이브 웹사이트도 훌륭한 지도 노릇을 톡톡히 한다. 1994년 5월에 내셔널 아카이브는 처음으로 인터넷에 자기 집을 가진 이후 이용자들을 위한 검색 지원 자료 구축에 애를 많이 썼다. 어떤 문서가 어디에 있는지 간단한 참고 정보를 담은 '문서 조사 목록(ARC, Archival Research Catalog)'도 만들었다. 아카이브가 소장하고 있는 전체 문서의 65퍼센트 정도는 이 ARC로 검색이 가능하다.

오해하지 말아야 할 것 세 가지. 왜 65퍼센트밖에 안 되느냐고 묻기 전에 내셔널 아카이브가 소장하고 있는 문서가 어느 정도인지를 먼저 자문해야 한다. 소장 문서의 한 장, 한 장에 대한 제목까지 기대하는 것도 곤란하다. 문서가 들어 있는 문서철(folder) 이름까지만이다. 또 ARC는 문서 정보 검색용이지 문서 이미지를 올려놓은 사이트가 아니다.

3:

백악관 문서의 정권 교체

– 대통령 도서관 이야기

신神은 과거를 바꾸지 못하지만 역사학자들은
바꿀 수 있다.

— 새뮤얼 버틀러Samuel Butler

백악관 만찬 메뉴

　미국은 18세기 후반에 인류 역사에 처음으로 대통령제를 도입한 나라다. 그 미국이 20세기 중반에는 대통령제의 후속 제품 같은 전대 미문의 기발한 시스템 하나를 또 도입한다. 대통령 도서관이다. 미 정치사에 자신의 이름을 새겨 넣은 걸출한 정치가 프랭클린 루스벨트의 머릿속에서 기본 설계도가 그려졌고, 워싱턴의 정치 두뇌들이 정착시킨 현대판 '왕립 도서관'이다.

　루스벨트의 고안품인 대통령 도서관은 미국식 대통령제를 채택한 다른 나라에서는 볼 수가 없다. 국가 대표이자 행정부 수반이었던 전직 대통령의 기록물과 기념품을 싹싹 긁어모아 한자리에 모아 놓은 나라는 미국밖에 없다. 문서 보관소와 박물관을 한데 묶어 네트워크를 만들어 놓은 것이 미국의 대통령 도서관 제도다. 권력과 명예와 재력을 한데 버무려 역사라는 성의(聖衣)를 입혀 놓은 미국의 대통령 도서관이야말로 어쩌면 가장 미국다운 산물이며, 긍정적이든 부정적이든 미국이니까 작동이 가능한 미국의 상징적 기념물이기도 하다.

　네트워크니 기념물이니 시스템이니 하는 단어들은 사실 미국의 대통령 도서관을 설명하는 데 크게 도움이 되지 않는다. 설명을 붙이고 해

석을 하려니까 군더더기처럼 붙게 된 말들일 뿐이다. 대통령 도서관을
한마디로 말해 보라면 무슨 말이 가장 적당할까. 망설일 필요 없다. 주
저할 필요도 없다. 그 도서관에 보관된 문서 중 아무거나 한 장 꺼내서
직접 들여다보면 안다.

한 가지 예. 1975년 10월 일본의 왕과 왕비가 미국을 방문했다. 제
럴드 포드 대통령이 국빈을 맞아 이들에게 저녁를 대접하면서 잔치를
베풀었다. 이른바 백악관 만찬이다. 이런 자리에 초대되는 사람은 가문
의 영광이다. 하지만 영광에도 서열이 있다. 만찬장에서 어느 자리에 앉
느냐 하는 것이야말로 서열 게임이다.

1975년 10월 27일 백악관 만찬장의 자리 배치도(Seating Chart)가 보
고 싶다면, 포드 대통령 도서관에 가면 된다. 1분 안에 찾아볼 수 있다.
가기 귀찮으면, 홈페이지에서 찾아보면 된다. '1975년 State Dinner'의
목록이 1월부터 죽 나와 있다.

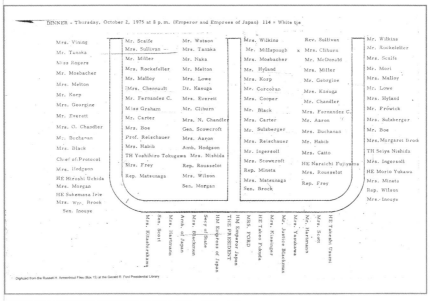

1975년 10월 27일 백악관의 만찬장 자리 배치도. ⓒGerald Ford Library

3. 백악관 문서의 정권 교체 - 대통령 도서관 이야기

DINNER

Gazpacho

Robert Mondavi
Cabernet
Sauvignon
1971

Filet of Beef
Bouquet of Vegetables

Bibb Lettuce Salad
with Watercress
Bel Paese Cheese

Vanilla Ice Cream
with Strawberries Flambé

Mirassou
Brut
1970

Demitasse

THE WHITE HOUSE
Thursday, May 8, 1975

1975년 5월 8일의 백악관 만찬 메뉴. ⓒGerald Ford Library

     이런 얘기를 하면 이날의 만찬 손님 명단이 어떻게 작성되었는지 알고 싶어 하는 사람이 꼭 한두 명쯤 생긴다. 포드의 1975년 10월 2일 자 일기를 보라. 참모들이 작성해서 올린 초대 손님 명단에 포드가 직접 갈매기 표시를 해 가며 확정지은 명단이 나온다. 어떤 사람이 이 명단에서 제외되었는지도 물론 알 수 있다. 대통령이 6시 45분에 아침을 먹고, 7시 29분에 집무실에 도착해서, 7시 40분부터 5~10분 간격으로 참모와 손님들을 만나는 하루 일정을 적어 놓은 일기다. 이게 진짜일까 의심하지 않아도 된다.

     1975년 5월 8일, 백악관에서 싱가포르의 리콴유(李光耀) 수상과 포

대통령의 욕조

드 대통령이 저녁으로 무얼 먹었는지도 알 수 있다. 만찬 메뉴를 보면 된다.

대통령 도서관의 문서들이란 게 대충 이런 것들이다. 국무부 장관을 불러서 나눈 대화록, 국방부 장관이 급하게 메모지에 달랑 써서 보내 온 쪽지, 외국 대통령과 면담하기 전에 대통령이 참고하라고 백악관 참모가 작성해서 책상 위에 올려놓은 외국 대통령의 인사 기록철 같은 문서에 재미있어하는 사람도 있지만, 저녁으로 무얼 먹었고, 손님들은 어떤 순서로 앉아 있었는지를 더 궁금해하는 사람도 있지 않을까. 궁금하지 않은 사람들은? 안 보면 된다.

정권 교체, 백악관 문서 이관으로 시작

4년에 한 번씩 치러지는 미국의 대통령 선거일은 11월 2일과 8일 사이에 있는 목요일이다. 취임일도 날짜가 정해져 있다. 대통령에 당선된 이듬해 1월 20일이다. 그러니 당선에서 취임까지는 채 80일이 못 된다. 재선에 실패한 현직 대통령이나 두 번째 임기를 마치는 대통령은 무슨 일이 있어도 이 80일 사이에 이삿짐을 싸야 한다.

대통령과 백악관 참모들만 이삿짐 싸기에 매달리는 게 아니다. 대통령 기록물을 넘겨받아 이관해야 하는 NARA도 정신 못 차릴 만큼 바빠진다. NARA 직원으로 구성되는 기록물 인수반은 신임 대통령이 취임 선서를 하고 백악관에 새 주인으로 들어오기 전에 퇴임하는 대통령의 모든 기록물을 — 말 그대로 '모든' 기록물이다 — 백악관에서 빼내 미리 마련해 놓은 임시 보관소로 옮겨야 한다.

임시 보관소는 퇴임하는 대통령의 도서관이 지어질 부지 근처에 있기 마련이고, 도서관 자리는 대개의 경우 퇴임 대통령의 고향에 터를 잡는다. NARA가 넘겨받는 대통령 기록물에는 대통령 부인의 공무 파일은 물론 부통령의 문서도 포함이 된다.

퇴임하는 대통령이 기록물 이삿짐을 싸서 NARA에 넘기는 순간, 정확히 말하면 정권 교체가 이루어지는 법적 시간인 취임식 당일 정오를 기해 퇴임 대통령의 모든 기록물은 연방정부의 소유물이 된다. 대통령 기록물의 소유권이 연방정부로 넘어가면서 정권 교체, 권력 교체의 대미를 장식하는 셈이다.

이런 일이 4년 또는 8년마다 일어난다. 닉슨처럼 임기 중에 물러나거나 케네디처럼 임기 중에 사망하는 등 대통령 유고 시는 물론 예외이다. 기록물 인수반 입장에서는 재선에 실패한 대통령을 상대로 기록물 이관을 재촉하는 일이야말로 다른 어떤 작업보다 버거운 일이다. 재선을 목표로 선거운동을 하는 현직 대통령이 재선 실패에 대비해 미리 문서 보따리를 싸 놓고 뛰어다닐 리가 없고, 그렇게 원했던 재선에 실패한 마당에 문서 보따리를 넘겨 달라고 백악관에 들이닥치는 인수반을 쌍수 들어 환영할 대통령도 없기 때문이다.

대통령의 심사가 뒤틀려 있든 말든 정치 상황이 어떻게 돌아가든 대통령 기록물은 어쨌든 퇴임하는 순간 정부 소유가 된다. 그렇게 하도록 법이 강제하고 있다. 그렇게 안 하면? 위법이다. 법의 테두리 바깥에서 제멋대로 놀아나고도 정치 생명을 유지한 대통령은 최소한 미국 정치사에는 없다. 물러나는 대통령 또는 물러난 대통령이 백악관 문서를 제대로 넘기지 않았느니 제멋대로 가져갔느니 하는 따위의 남사스러운 언사도 1978년 대통령 기록물법이 생긴 이후에는 들리지 않는다. 미국의 대통령제는 대통령 기록물법이나 대통령 도서관법 같은 관련 법률과 함께 지금도 진화하는 중이다.

대통령제 초창기만 해도 대통령 문서는 귀한 대접을 받지 못했다.

그렇게 대접하지도 않았다. 1700년대 후반부터 시작된 미 대통령제의 초기 기록물은 그 양이 많지도 않았을 뿐더러 공문서의 법적 소유권에 대한 개념이 뚜렷하지도 않았다. 대통령 재임 중에 작성된 문서라는 이유 하나만으로 모든 기록물은 그냥 대통령의 사유물로 취급되었을 뿐이다. 중요 직책에 있는 관리들의 문서는 개인 재산이라는 영국의 전통도 당시 대통령들의 사고방식을 지배하고 있었다.

초대 대통령 조지 워싱턴도 마찬가지였다. 조지 워싱턴이 1797년 8년간의 임기를 마치고 자신의 농장이 있던 버지니아 주의 마운트 버넌으로 돌아갔을 때 그가 들고 간 문서들은 고작 마차 서너 대 분량이었다. (워싱턴의 백악관과 미 의회 건물은 조지 워싱턴 재임 기간에 지어졌기 때문에 조지 워싱턴은 역대 미 대통령 가운데 백악관에서 살아보지 못한 유일한 대통령이다.)

조지 워싱턴은 자신이 집으로 들고 간 문서를 "내 손에서 태어난 성(聖)스러운 공적 재산"이라고 평가했다. 워싱턴 곳곳에 틀어박혀 있는 정적(政敵)의 손이 닿지 못하는 곳에 잘 보관해 둘 필요도 있었을 것이다.

조지 워싱턴 이후 서른한 명의 대통령도 전임 대통령의 관행을 따랐다. 퇴임하면서 백악관의 문서를 싸 들고 나온 것이다. 그로버 클리블랜드(Grover Cleveland) 대통령은 몇 가지 연락 문서를 좀 들여다보자는 상원 의원들의 요청마저도 거절했다. 문서는 자신의 소유물이므로 언제든 찢어 버릴 수도 있다는 것이 클리블랜드의 주장이었고, 실제로 참모에게 문서를 파기하라는 지시를 내리기까지 했다.

백악관에서 나온 문서의 운명은 천차만별이었다. 운이 좋으면 살아남았고 운이 없으면 사라져 버렸다. 문서 관리자가 의도적으로 찢어 버리기도 했고, 미망인이나 가족이 곳간에서 태워 버리는 경우도 있었다. 자필 서명 수집가나 기념품 수집광의 사냥감으로 대통령 문서만 한 것은 없었고, 도둑떼가 눈독을 들이는 약탈감이기도 했다.

이 와중에 예외가 있긴 했다. 19대 대통령이었던 러더퍼드 헤이스

(Rutherford B. Hayes)의 문서 대부분은 살아남은 것이다. 헤이즈 대통령의 가족들이 고향인 오하이오에 퇴임 대통령의 이름을 딴 도서관을 마련하고 문서를 보관한 덕이다.

19세기 말에 와서야 대통령 문서들은 그나마 대접을 받는다. 미 의회 도서관에 필사본과(Manuscript Division)가 새로 생기면서 대통령 문서를 보관하기 시작한 것이다. 의회 도서관이 문서를 보관해 줄 테니 맡겨 달라고 퇴임 대통령에게 요청하는 형식이었다.

문서가 대통령 개인 집에서 공공기관으로 장소를 옮긴다는 것은 제한적이나마 학자나 연구자 등 다른 사람들도 그 문서를 볼 수 있음을 뜻했다. 시어도어 루스벨트 대통령이 의회의 이 요청을 받아들여 1917년에 처음으로 자신의 문서를 의회 도서관에 갖다 놓았고, 후임인 하워드 태프트 대통령도 뒤를 따랐다. 그다음은 우드로 윌슨 대통령 차례였으나 윌슨은 자신의 문서를 의회 도서관에 갖다 놓기를 꺼렸다. 결국 윌슨 문서는 윌슨이 죽고 15년이 지난 후 미망인이 의회로 옮겨다 놓긴 했으나, 아주 엄격하게 문서 접근을 제한시키는 조건이 붙었다.

어쨌든 의회 도서관이 대통령 기록물의 공식 보관처가 되었다. 아무나 열람이 가능한 것은 아니었지만 안전한 보관처가 마련됐다는 사실 하나만으로도 큰 진전이었고, 비록 일부이긴 하지만 링컨, 루스벨트 등 몇몇 대통령의 문서가 더 이상 흩어지지 않게 된 것이다.

내 돈으로 짓고, 관리는 정부가
└ 대통령 도서관의 탄생

서른두 번째 대통령이 된 프랭클린 루스벨트(Franklin D. Roosevelt)는 대통령 기록물 보관에 대한 생각이 전혀 달랐다.

대통령에 취임한 이듬해인 1934년 가을, 루스벨트는 자신의 문서를 비롯한 모든 대통령 기록물은 국립문서보관소, 즉 내셔널 아카이브로 가야 한다는 생각을 하게 된다. 내셔널 아카이브가 막 설립되었을 때였다. 하지만 얼마 지나지 않아 이 생각은 바뀐다. 바뀔 수밖에 없는 상황이었다.

루스벨트 행정부에 들어서면서 대통령 기록물의 양은 그 이전과는 비교가 안 될 만큼 늘어나기 시작한다. 전임 대통령인 허버트 후버는 하루에 400여 통의 편지를 받았던 반면 루스벨트가 받은 편지는 하루에 4000통을 넘었다. 필사본 문서를 비롯해 장서와 기념품의 양도 마찬가지로 부쩍 늘었다. 의회 도서관이나 아카이브가 도맡아 관리하기에는 턱없이 많은 양이었고, 그렇다고 루스벨트 자신이 직접 그 많은 양의 문서와 기념품을 관리하기에는 막대한 비용을 감당할 길이 없었다.

그는 내셔널 아카이브 대신 새로운 구상을 하기에 이른다. 도서관이었다. 고향인 뉴욕 하이드 파크에 있는 자기 소유의 땅에 자신의 도서관을 짓기로 한 것이다. 건축 비용은 모금으로 충당하고, 건립 이후의 도서관 관리는 내셔널 아카이브가 한다는 구상이었다. 도서관이 운영 기금을 자체적으로 마련할 수 있는 방안도 생각해 냈다. 입장료를 받으면 가능할 것 같았다.

루스벨트는 자신의 구상을 놓고 역사학자들과 아키비스트들에게 자문을 구했고, 의회와도 상의를 했다. 루스벨트의 도서관 아이디어를 반대하는 의원은 거의 없었다. 단 한 사람만 빼 놓고. 공화당 소속 하원의원이자 루스벨트의 오랜 정적이었던 해밀턴 피시(Hamilton Fish) 의원만이 반기를 들었다. 자기 고향에 개인 도서관을 짓고 정부한테 관리를 해 달라는 사람이 어디 있느냐, 공화당 출신 대통령 중에는 감히 그런 생각을 하는 사람은 없을 것이라는 반박이었다.

루스벨트는 도서관 건립에 박차를 가했다. 뉴욕에 정착한 네덜란드 이민들의 건축 양식을 본 딴 도서관 건물의 외형에서 설계에 이르기까지 자신이 직접 관여했다. 40만 달러라는 거금도 어렵지 않게 모았다. 건물은 자기 땅에 자기 돈으로 짓고, 완공된 다음에는 연방정부에 기증하며, 연방정부는 도서관과 기록물을 모두 기증받아 정부 예산으로 운영한다는 루스벨트의 아이디어가 실현 단계에 접어든 것이다.

재임 중이었던 1940년 7월, 그는 드디어 자신의 이름을 딴, 미 역사상 첫 번째 대통령 도서관이 자신의 고향에 세워지는 감격의 순간을 맞이했고, 자신이 탄생시킨 또 하나의 자식을 연방정부에 기증했다.

루스벨트는 이렇게 자신의 재임 중에 도서관을 갖게 된 미국 최초이자 유일한 대통령이 되었다. 누구도 시도해 보지 못한 기발한 아이디어가 씨를 뿌렸고, 한순간도 주저하지 않는 정치력이 그 씨를 발아시켰다. 대중의 높은 지지도도 루스벨트가 자신의 구상을 실행에 옮기는 데 추진력을 제공했다.

그는 2차 세계대전을 치르는 중에도 하이드 파크의 도서관에 자주 들렀다. 예고 없이 불쑥불쑥 찾아가기도 했다. 언론은 그가 백악관을 비운 채 도서관에 가 있다는 사실을 모르기 일쑤였다. 훨씬 나중에 측근 참모들은 도서관에 올 때마다 루스벨트의 웃음소리가 들렸다고 증언했다. 도서관이 건립된 1940년부터 1945년 사망할 때까지 도서관은 제2의 대통령 집무실(Oval Office)이었고 '작은 백악관'이었다.

루스벨트는 자신이 직접 기록물과 기념품을 분류하기도 했다. 자신의 소유물과 가족 소유물을 나누고, 정부 재산으로 등록된 것은 도서관에 보관하도록 지시했다. 도서관을 스스로 구상했고, 자신이 앞장서서 건축 비용을 모았으며, 도서관 건물의 주춧돌을 자신의 손으로 놓은 사람이었던 만큼 도서관에 대한 애착도 남달랐던 것이다.

대통령 도서관이 가져온 가장 큰 변화는 대통령 기록물 공개가 이

전에 비해 훨씬 빨라졌다는 것이다. 루스벨트 사후 2년 되던 해인 1947년 이른 봄에 열람자들은 루스벨트 기록물의 일부를 볼 수 있었다. 뉴욕 주지사 때의 문서 등 대통령직 이전 시기의 문서 대부분은 그때 이미 공개가 되어 있었고, 1950년에는 루스벨트 문서철의 85퍼센트가 비밀 해제되어 일반의 접근이 가능해졌다.

대통령 문서가 이처럼 빠르게 공개된 것은 전에 없던 일이었다. 그 이전에는 사학자들이라 하더라도 대통령 유족 가운데 상속인으로 지정된 사람의 허락을 얻은 후에야 겨우 일부 문서를 열람해 볼 수 있었다. 개인 소유였던 탓이다. 링컨 부인은 링컨이 암살당했을 때 빅토리아 영국 여왕이 보내온 조의 편지조차도 공개하지 않았다. 여왕은 그 편지가 공개되기를 바랐지만 그마저도 비밀에 붙인 것이다. 링컨의 첫째 아들로 전쟁부 장관을 지낸 로버트 링컨이 의회 도서관에 기증한 링컨 문서는 루스벨트 기록물이 일반에 공개된 지 3년이 지난 1950년에야 열람이 가능했다.

루스벨트는 대통령 기록물이 중요한 국가적 자산이며 일반에게도 공개가 되어야 한다는 신념을 가지고 있었다. 1941년 자신의 도서관 헌정식에서 루스벨트는 "도서관 헌정은 그 자체가 신념에 따른 행동(an act of faith)"이라고 했다.

도서관 헌정은 믿음이 있었기에 가능했습니다. …… 우리나라는 세 가지 믿음이 있어야 합니다. 과거에 대한 믿음, 미래에 대한 믿음, 우리 국민의 능력에 대한 믿음입니다.

지금까지도 루스벨트 어록의 한 부분을 장식하는 말이다. 루스벨트는 둘째가라면 서러워했을 정도로 미국의 어느 대통령 못지않게 정치적 야망이 강했던 사람이다. 그런 정치인의 말이니 입에 발린 겉치레 언사로 들릴 수도 있다. 그러나 겉치레라도 이 정도 입심이면 대통령 할 만하다. 이 세 가지 믿음 중 하나라도 빠진다면 대통령 도서관은 태어나질 못했을까? 태어나지 못했을 것이다. 대통령 도서관은커녕 제대로 된 기록관 하나도 만들기 힘들었을 것이다.

루스벨트가 도서관 건물과 함께 연방정부에 기증한 루스벨트 문서는 얼추 1700만 장이었다. 미 역사상 유일무이한 4선 대통령으로 재임 기간이 12년이나 되는 대통령이었던 만큼 문서의 양도 이전 대통령들과는 비교가 안 될 정도로 방대했다. 문서 1700만 장을 300쪽짜리 책으로 묶는다고 단순하게 가정해 보면 무려 단행본 5만 7000권에 달하는 문서를 남긴 셈이다.

이 문서 속에는 1943년의 카이로 회담과 1945년 얄타 회담에 관련된 기록물도 물론 포함되어 있다. 루스벨트는 한국의 운명을 논의한 두 국제 회담의 주역 가운데 한 명이었다. 루스벨트가 남긴 1차 사료가 없다면 한국 현대사 연구는 절름발이 신세가 될 수밖에 없다. 루스벨트 기록물은 미국의 자산인 동시에 한국 현대사 해석의 한 축을 이루는 기둥뿌리나 마찬가지다.

재임 중에 이미 자신의 도서관을 완공한 덕분에 루스벨트 문서의 이관 작업은 큰 어려움을 겪지 않았다. 임기 중에 백악관의 문서를 조금씩 도서관으로 옮겨 놓았던 것이다. 이관 문서 1차분이 하이드 파크로 옮겨진 때는 1940년 8월이었다. 도서관이 완공되자마자 한 달 만에 문서 입고가 시작된 셈이다.

백악관에서 나온 루스벨트 문서는 바로 도서관으로 직행하지 못했다. 살균 작업을 위해 먼저 내셔널 아카이브의 문서 소독실을 거쳐야 했다. 루스벨트의 후임인 트루먼 대통령이 1948년부터 4년에 걸쳐 백악관을 전면 보수하기 전까지만 해도 백악관은 해충 문제로 골머리를 앓고 있었기 때문에 살균 소독은 필수적인 절차였다.

루스벨트 사망 후, 백악관에 그대로 남아 있던 문서 잔여분은 바로 도서관으로 이관되지 못했다. 임기 중 갑작스러운 사망이었던 탓에(그는 조지아 주에서 휴가를 보내던 중 뇌졸중으로 사망했다) 루스벨트 소유의 사유지와 백악관 기록물에 대한 법적 처리 문제가 마무리될 때까지 모든 기록물은 임시로 NARA에 보관할 수밖에 없었던 것이다. NARA가 루스벨트 기록물을 대통령 도서관으로 이관하기 시작한 것은 루스벨트 사후 1년 8개월이 지난 1946년 12월부터였고, 1947년 말에야 이관 작업은 완료됐다.

루스벨트 도서관은 미국 대통령 도서관 제도의 모델이 되었다. 전례가 만들어진 것이다. 이후 대통령 도서관제는 대통령제와 더불어 진화를 거듭한다.

트루먼

ㄴ 도서관 복도에서 만난 대통령

먼저 후임 트루먼이 루스벨트의 전례를 따랐다. 트루먼은 1950년 자신의 모든 문서를 내셔널 아카이브에 기증하겠다고 공표하고 대통령 도서관도 짓겠다고 했다. 한편으로는 대통령 도서관 건립의 법적 토대를 마련하라고 의회를 몰아붙였다.

5년 후인 1955년, 드디어 대통령 도서관법이 의회에서 제정된다. 도서관 건물은 대통령이 개인적으로 짓고(privately erected), 도서관 운영은 연방정부가 맡는다(federally maintained)는 법적 시스템이 비로소 구축된 것이다.

트루먼은 재임 시 루스벨트 문서의 일부를 그대로 사용했다. 2차 세계대전을 지휘하면서 루스벨트가 이용했던 백악관 지도실(地圖室, Map Room)의 군사지도들이었다. 트루먼은 전쟁 지휘를 위해 루스벨트가 이용했던 지도가 필요했다. 이 지도들은 루스벨트 사망 후에도 도서관으로 이관되지 않은 채 백악관에 남아 있었다. 지도까지 전부 루스벨트 대통령 도서관으로 이관된 시기는 2차 세계대전이 끝난 후인 1951년이다. 트루먼 대통령의 특명에 따른 것이었다.

트루먼은 2차 세계대전을 핵전쟁으로 마무리 짓고 이어서 한국전쟁까지 치렀다. 1953년 1월, 트루먼이 퇴임하면서 백악관에서 가지고 나온 문서의 양도 엄청났다. 미군 수송용 트럭으로 열두 대 분량이었다. 하지만 트루먼은 문서를 퇴임 즉시 정부에 기증하지는 않았다. 대통령 도서관이 건립된 다음에 추후 기증하겠다는 뜻만 밝혔다. 정부도 그 뜻을 받아들였다. 즉시 이관이 아니라 추후 이관이었던 셈이다.

트루먼 기록물은 도서관 건립 예정지인 미주리 주 캔자스시티 부근의 임시 보관소로 옮겨졌고, 트루먼은 퇴임 4년 후인 1957년 자신의 모든 백악관 기록물을 도서관과 함께 정부에 공식 기증했다.

캔자스시티에 있는 트루먼 대통령 도서관은 전 세계 한국 현대사 연구자들의 발길이 잦은 곳 가운데 하나다. 한국전쟁 관련 문서가 그득하고, 트루먼과 맥아더의 웨이크 섬 회담 등 귀중한 사료가 대부분 비밀 해제되어 일반에 공개되어 있기 때문이다. 한국 현대사 자료의 보물 창고인 셈이다.

트루먼 역시 루스벨트 못지않게 도서관에서 많은 시간을 보냈다. 루스벨트는 재임 중에 도서관을 자주 찾은 반면, 트루먼은 퇴임 후 도서관이 건립된 다음에 아예 도서관으로 출근을 할 정도였다. 도서관을 찾아온 연구자들은 물론이고 일반 관람객들, 대학생들과 도서관 복도에서 마주치면 그 자리에서 이런저런 얘기를 나누었다. 칠십 중반 나이의 퇴임 대통령이 젊은 학생들과 도서관 한구석에 옹기종기 모여서서 담소를 나누는 모습은 미주리 시골 출신으로 '촌뜨기'라는 별명을 가졌던 트루먼이었기에 가능했을지도 모를 일이다.

후버 연구소에서 후버 도서관으로

루스벨트의 전임이었던 허버트 후버 대통령도 뒤늦게 도서관을 짓고 문서를 기증했다. 후버는 아이오와 주 농촌에서 태어나 아홉 살 때 고아가 되었고 상무부 장관을 거쳐 미 대통령 자리에 오른 인물이다. 대통령 문서를 비롯한 기록물과 공문서 보관에 대해 대단한 관심과 열정을 가졌던 대통령이기도 했다.

1933년 대통령직에서 퇴임하면서 후버는 자신의 문서를 두 곳에 분산시켰다. 캘리포니아의 스탠포드 대학 안에 있는 후버 연구소(Hoover Institution)와 뉴욕에 있는 자신의 사무실이었다. 내셔널 아카이브가 설립되기 1년 전의 일이라 연방정부는 후버 기록물의 처음 이관할 때는 개입할 여지가 전혀 없었다.

후버 도서관이 현재 위치인 아이오와 주 웨스트 브랜치에 건립된 것은 후버가 사망하기 4년 전인 1960년이고, 후버는 이때 자신의 모든 기록물을 연방정부 기관인 내셔널 아카이브가 관리한다는, 즉 정부에 기증한다는 문서에 서명했다. 내셔널 아카이브는 이 서명식이 열린 다음에야 비로소 후버 문서에 접근할 수 있었다. 캘리포니아의 후버 연구소와 뉴욕의 개인 사무실에 보관되어 있던 후버 기록물을 아이오와 주의 새 도서관으로 옮기는 이관 작업이 개시됨으로써 후버 도서관도 내셔널 아카이브의 한식구가 된 것이다.

개인 도서관은 후버 개인으로서도 필요한 것이었다. 자신의 문서 일부를 보관하고 있던 스탠포드 대학 측과 문서 관리와 열람 문제로 심심찮게 갈등을 빚어 왔기 때문이다. 루스벨트는 처음 도서관 건립을 구상했을 때 후버와 스탠포드 대학 간의 이런 불가피한 마찰을 알고 있었고 이런 말썽의 씨앗을 미연에 방지하기 위해서라도 도서관이 필요하다는 생각을 이미 하고 있었다. 후버에게도 도서관이 생긴다면 스탠포드 대학과의 갈등 같은 것은 말끔하게 해결할 수 있었다. 도서관을 지을 돈만 마련하면 될 일이었다. 결국 후버는 퇴임한 지 27년 만에 자신의 도서관을 마련하고 두 명의 후임 대통령인 루스벨트와 트루먼에 이어 도서관을 가진 대통령 명단에 세 번째로 자신의 이름을 올렸다.

케네디
└ 주인 잃은 문서들

아이젠하워 대통령은 대통령이 되기 8년 전부터 고향인 캔자스 주 애빌린에 도서관과 박물관과 지을 계획을 이미 가지고 있었다. 퇴역 장성 아이젠하워의 기념관이었다. 1953년 아이젠하워는 대통령이 되었고, 임기 중인 1955년에는 대통령 도서관법이 만들어졌으며, 퇴임 이듬해인 1962년에 도서관을 개관했다.

트루먼 문서와 마찬가지로 아이젠하워 기록물의 일부도 퇴임과 동시에 즉각 정부 소유물이 되지는 못했다. 아이젠하워 문서는 대부분 퇴임하던 해인 1961년 1월 말 미군의 호위를 받으면서 캔자스 주 애빌린으로 옮겨졌으나, 아이젠하워가 자신의 개인 기록물이라고 지정한 일부 문서는 펜실베이니아 주 게티스버그에 있는 아이젠하워 개인 사무실로 옮겨졌다. 자신의 회고록 집필을 위해 가져간 것이다.

이 문서들도 나중에는 애빌린에 있는 아이젠하워 도서관으로 이관되긴 했지만, 회고록 집필이라는 사적인 이유로 퇴임 대통령이 개인 자격으로 일정 기간 공문서를 점유하고 있었던 셈이다. 기록물이 대통령 개인 소유로 취급되었던 때라 가능했던 일이다.

후버, 루스벨트, 트루먼, 아이젠하워까지 4대에 걸쳐 대통령 도서관 제도가 차츰 자리를 잡아 가던 1963년, 대통령 도서관 시스템은 전에 겪어 보지 못했던 귀중한 경험을 하게 된다. 아이젠하워에 이어 마흔네 살에 백악관 집무실을 차지했던 존 F. 케네디 대통령이 임기를 1년 여 남겨 놓고 1963년 11월 암살을 당한 것이다. 루스벨트 대통령에 이은 또 한 번의 대통령 유고 사태였다.

케네디 사망 직후 백악관의 케네디 문서는 일단 워싱턴 시내의 NARA 건물로 임시 이관되었다. 사망 한 달 만에 케네디 집안은 대통령 도서관 건립을 위한 사설 비영리 회사를 설립하고 케네디 도서관에서 일할 직원들도 고용했다. 이 회사는 도서관 부지 선정에서 설계, 건축과 운영에 이르기까지 도서관과 관련된 모든 행정 업무를 총괄할 본부였다. 케네디 대통령의 동생이자 문서가 임시 보관되어 있는 NARA 건물 맞은편 법무부 청사에서 근무하던 로버트 케네디 법무장관이 대통령 도서관 건립 작업의 실질적인 총책임자로 나섰다.

케네디 이전의 대통령들이 대통령 도서관 건립에 얽힌 일화에서 한결같이 우여곡절 많은 뒷이야기들을 들려주듯이 케네디 대통령 도서관도 건립 과정이 역시 순탄치만은 않았다. 케네디 대통령 도서관이 지금의 보스턴 강가에 1979년 그 모습을 드러내고 문을 열게 되기까지는 케네디 사후 16년이라는 오랜 세월이 흘러야 했다.

케네디는 사망하기 한 달 전에 자신의 도서관이 들어설 부지를 선정하기 위해 매사추세츠 주 케임브리지를 방문했었다. 자신의 모교인 하버드 대학과 사전 상의를 한 끝에 하버드 대학 옆자리가 후보지로 떠

올랐을 때였다. 이때 케네디는 직접 도서관 후보지를 둘러보았고 그 자리에 도서관을 짓기로 결심을 했다. 그리고 한 달 만에 세상을 떠나 버렸다.

케네디 도서관 건립 회사는 케네디 가문의 열성적인 활동과 막강한 재력에 힘입어 2000만 달러가량의 기금을 조성했다. 하지만 12년이 지나도록 도서관 건립 프로젝트는 제자리걸음이었다. 하버드 대학 옆으로 결정했던 도서관 부지 문제가 해결되지 않았기 때문이다. 결국 하버드 대학 옆에 짓기로 했던 도서관 건립 계획은 1975년에 무산되고 만다. 도서관이 들어설 경우 예상되는 혼잡을 이유로 케임브리지 주민들이 도서관 건립을 반대했던 까닭이다. 도서관 부지는 매사추세츠 보스턴 대학과 협의를 거쳐 현재 위치인 보스턴으로 재선정되었고, 1977년 6월에야 건물 터를 파기 시작해 2년여의 공사 끝에 1979년 10월 완공되었다.

존슨 "이관 작업은 밤 아홉 시 이후에만"

케네디 도서관이 부지 선정 문제로 난항을 겪었던 것에 비해 후임 린든 B. 존슨 대통령은 일찌감치 자신의 대통령 도서관 자리를 확정 지었다. 텍사스 오스틴의 텍사스 대학 캠퍼스 안에 도서관을 건립하겠다는 계획을 재임 3년째 되던 해에 발표한 것이다.

존슨 대통령은 문서 이관 또한 일찍 시작했다. 일찍이라고는 하지만 재임 중인 대통령의 문서를 퇴임 수개월 전부터 미리 빼낼 수는 없는 노릇이고, 미리 준비한 계획에 따라 퇴임 두세 달 전부터 이관 작업이 순조롭게 진행되었음을 뜻할 뿐이다.

예나 지금이나 백악관 참모들은 임기 마지막 순간까지도 언제든 필요할 때 즉시 문서를 볼 수 있기를 바라며, 임기가 끝나기도 전에 백악관 근처가 아닌 멀리 떨어져 있는 지역으로 문서가 옮겨지는 것을 원할리가 없다.

존슨의 백악관 참모들도 마찬가지였다. 문서 이관 작업에 투입된 내셔널 아카이브의 문서 이관 책임자들과 백악관 참모진 사이에 신경전이 펼쳐졌다. 조금이라도 빨리 이관 작업을 시작해 작업 시간을 최대한 많이 확보하려는 쪽과 이관 작업 시간을 최소한으로 줄여 가능하면 업무에 방해를 받지 않으려는 쪽의 시간 싸움이었다. 양측 사이에 협상이 이루어긴 했으나 그 결과는 보나마나였다. 끝까지 뻗대며 버틴 존슨 참모들의 승리였다. 이관 작업반에는 하루에 딱 한 차례, 그것도 밤 아홉 시부터 이튿날 오전 한두 시까지 하루 네다섯 시간만 문서 짐 꾸리기가 허용된 것이다.

이관 작업반은 비상 계획을 짰다. 최대한 많은 인원을 동원하는 수밖에는 별 뾰족한 방법이 없었다. 하루에 한 번씩 밤 아홉 시만 되면 백악관에 들어가 문서를 끄집어냈다. 결국 별 탈 없이 이관 작업이 완료되긴 했으나 이관 작업반은 존슨의 퇴임일 하루 전까지도 문서 출고 작업에 매달려야만 했다.

이렇게 이관된 백악관 문서를 포함해 존슨 도서관에는 무려 4500만 장에 달하는 존슨 파일이 보관되었다. 문서뿐인가. 65만 장의 사진, 5000시간 분량의 음성 기록을 담은 오디오테이프도 모두 도서관으로 옮겨졌다. 전화 통화 내용이 녹음된 통화 기록만 643시간 분량이었다.

닉슨 "내 문서는 내가 가져간다"

회색의 도시 워싱턴은 권력투쟁의 검투장이다. 처절한 정치 게임의 명암이 하루에도 몇 번씩 바뀐다. 그 한복판에 서 있는 사람이 대통령이다. 게임에서 진 자는 현역 대통령이라 할지라도 검투장에서 끌려 나올 수밖에 없다. 닉슨이 그중 한 사람이다.

도청이라는 불법의 덫에 걸려 닉슨은 워싱턴 게임에서 패배자가 되었다. 워터게이트 사건으로 1974년 8월 닉슨이 사임했을 때 그는 백악관의 문서조차 가지고 나올 수가 없었다. 대통령직에서 사임하던 날 쫓기듯이 백악관을 빠져나오면서 닉슨은 헬기에 오르다 말고 두 팔을 번쩍 치켜들고 알듯 말듯 한 승리의 브이(V) 자를 그려 보였다. 그러나 승리의 손가락 사인을 보였음에도 닉슨은 사임 직후 또 한 번 더 굴욕적인 패배를 당한다. 기다리기라도 했다는 듯이 의회가 워터게이트 녹음테이프를 포함한 닉슨의 모든 대통령 문서를 압류하는 법을 통과시킨 것이다. 녹음테이프를 비롯해 4200만 장에 달하는 모든 문서를 백악관에 고스란히 놔둔 채 닉슨이 캘리포니아로 낙향한 뒤였다.

닉슨이 누구인가. 정치적 야심으로 똘똘 뭉친 사나이고, 실패라는 단어의 존재 자체를 인정하지 않았던 듀크 대학 로스쿨 출신의 법률가이며, 아이젠하워 밑에서 8년이나 부통령을 지낸 정치 게임의 프로였다. 닉슨은 즉각 연방정부를 고소했다. 백악관 문서는 자신의 개인 소유물이라 대들었다. 틀린 말은 아니었다. 조지 워싱턴 대통령 이래 미국 역대 모든 대통령이 닉슨과 똑같은 생각을 하고 있었으니까.

닉슨 문서의 소유권은 누구에게 있는가? 닉슨의 사유물인가 아니면 연방정부의 재산인가? 닉슨은 이 게임에서도 지고 만다. 3년 후인 1977년 대법원이 연방정부의 손을 들어 준 것이다.

사임한 대통령의 문서 소유권 분쟁이라는 숨 막히는 정치 드라마가
펼쳐지는 동안 닉슨 문서는 어디에 있었을까? 누가 가지고 있었을까?

4000만 장이 넘었던 닉슨의 백악관 기록물은 그가 백악관을 떠난
직후 백악관 옆의 행정청사인 OEOB(Old Executive Office Building) 건물로
옮겨졌다. 돌발적인 정치 스캔들과 급작스러운 대통령 사임으로 문서
임시 보관소가 마련되어 있지 않은 상황에서 궁여지책으로 선택된 곳
이 행정청사였다. 행정청사라고 해서 대통령 사임을 대비해 따로 공간
을 마련해 놓았을 리는 만무했다. 결국 닉슨 파일은 행정청사의 계단 밑
공간에 쌓아 둘 수밖에 없었다.

미 헌정사상 최초의 현직 대통령 사임이라는 각본 없는 대형 정치
극에 워싱턴의 모든 눈과 귀가 쏠려 있는 상황에서 닉슨 문서의 행방을
캐묻는 사람은 없었다. 엉겁결에 이삿짐을 싸 가지고 백악관에 들어온
포드 행정부도 예외가 아니었다. 포드를 따라 백악관에 들어간 참모 가
운데 닉슨 문서가 백악관 바로 옆 행정청사의 계단 밑에 쌓여 있다는 사
실을 아는 사람은 불과 몇 명뿐이었다.

그렇게 1년이 흘렀다. 닉슨 문서를 행정청사에 더 이상 방치할 수는
없었다. 닉슨 사임 1년 후인 1975년, 닉슨 문서는 워싱턴 국립기록물센
터(Washington National Records Center)가 있는 메릴랜드 주 수틀랜드로 옮
겨진다. 하지만 WNRC도 닉슨 파일의 안식처는 되지 못했다. 보안 문
제 때문이었다. 닉슨의 문서 상자는 또 한 번 화물 트럭에 실린다. 이번
에는 워싱턴 시내의 NARA 건물로 옮겨졌다.

닉슨은 사임 후 재기의 발판을 마련하는 데 실패했고 끝내는 워싱
턴으로 돌아오지 못했다. 고향인 캘리포니아 주 요바 린다에는 개인 단
체가 운영하는 닉슨 도서관이 간판을 내걸고 있었으나 선임 대통령들
의 도서관과는 비교할 만한 것이 못 되었다. 닉슨의 백악관 문서는 워
싱턴 시내에서 메릴랜드 주 칼리지 파크에 있는 내셔널 아카이브 건물

로 또 옮겨져 '닉슨 페이퍼' 또는 '닉슨 파일'이라는 이름표를 달고 있었다.

숱한 뒷이야기를 남기면서 요바 린다의 닉슨 대통령 도서관이 내셔널 아카이브의 대통령 도서관 시스템에 편입된 것은 2007년의 일이다. 사임 후 33년, 사망 후 13년 만에야 미 대통령 도서관 클럽의 회원이 된 것이다.

─── 포드
└ **퇴임 하루 전의 마지막 문서 트럭**

포드 대통령은 닉슨의 대통령직뿐만 아니라 너덜너덜해진 정치 유산도 함께 떠넘겨 받았다. 닉슨이 안겨 준 정치 유산은 아무리 갚으려 애를 써도 끝내 청산이 되지 않는 악성 빚 같은 것이었다. 이 빚은 포드의 발목을 잡았고, 백악관에는 임기 내내 닉슨의 그림자가 서성거렸다.

포드는 백악관의 새 주인이 되는 순간부터 '닉슨 문서'라는 골칫덩이와 씨름을 해야 했다. 이뿐이 아니었다. 동시에 대통령 기록의 가이드를 제시할, 즉 문서 생산의 초기 단계에서부터 '포드 문서'의 기본 설계도를 안내해 줄 내셔널 아카이브의 담당자들도 상대해야 했다. 하지만 포드의 백악관 참모들에게는 아직 생기지도 않은 '포드 문서'보다는 민감한 정치 현안인 '닉슨 문서'의 처리가 선결 과제였다. 참모들은 자연히 바깥사람인 내셔널 아카이브의 대통령 기록물 관리 팀과 사이가 벌어질 수밖에 없었다.

결국 내셔널 아카이브의 대통령 문서 팀은 포드 임기 내내 백악관 근처에는 얼씬도 하지 못했다. 포드 문서의 이관 계획이 실행에 옮겨지기 시작한 시기는 퇴임을 불과 두 달여밖에 남겨 놓지 않은 1976년 12월 중순이었고, 기록물 인수 팀이 백악관의 중앙 파일 담당 참모와 처음 얼굴을 맞댄 것은 보름이 더 지난 1977년 1월의 첫째 주였다. 퇴임까지는 50여 일밖에 남아 있지 않았다.

문서 인수 팀은 우선 이관할 전체 문서의 정확한 분량을 파악해야 했다. 옮겨야 할 문서는 2500만 장에 가까웠다. 문서를 상자에 담고, 각 상자에 운송 번호를 매겨 화물 운반대에 쌓는 작업만 밤새도록 해도 정해진 시간 안에 완료하기는 불가능했다.

포드의 퇴임일, 즉 새 대통령 당선자인 지미 카터의 취임식을 2주 남겨 놓고서야 이관 상자에 문서를 옮겨 담는 작업이 끝이 보이기 시작했다. 한편에서는 상자에 담은 문서를 화물 운반대인 팔레트에 옮기고 한편에서는 대형 화물차로 이를 실어 내는 작업을 동시에 진행하기로 했다. 비상수단이었다.

백악관에 들어온 대형 화물 트럭이 문서 상자를 실어 나르기 시작했다. 일단 백악관에서 20분 거리에 있는 앤드류 공군기지로 상자들을 옮겼다. 공군기지에 문서 상자가 다 모이면 도서관이 들어설 미시건 주 앤아버까지 육로로 장거리 운송을 한다는 게 당초의 수송 계획이었다.

마지막 화물 트럭이 백악관을 빠져나온 것은 포드의 퇴임일 하루 전인 1월 19일 저녁이었다. 마지막 트럭에는 가장 중요한 대통령 국가안보위원회(NSC, National Security Council)의 서류가 실려 있었다. 트럭이 공군기지에 도착했을 때 활주로 옆에는 이미 대형 화물차 열여덟 대가 시동을 건 채 나란히 줄을 맞춰 서서 출발 신호를 기다리고 있었다.

수송 호위를 맡은 미 육군의 책임 장교가 출발을 알렸다. 미국의 1급 비밀문서가 그득한 상자를 실은 채 대형 화물차 총 열아홉 대가 비상등을 켜고 줄줄이 공군기지를 빠져나갔다. 육군의 선도차를 뒤따르는 화물차 대열은 신임 대통령 취임식이 열리는 순간에도 북서쪽으로 육로를 달리고 있었다. 840킬로미터를 넘게 달려 목적지인 앤아버에 무사히 도착한 것은 대통령 취임식 당일인 1월 20일 저녁이었다. 문서 이삿짐의 주인이 백악관에 작별 인사를 한 날, 초를 다투어 가며 이루어진 숨 가쁜 이관 프로젝트가 대미를 장식하는 순간이었다.

이렇게 옮겨진 포드 기록물은 문서 2500만 장 외에 45만 장에 달하는 사진, 78만 7000피트에 달하는 동영상 필름 자료, 7500시간이나 되는 오디오와 비디오 테이프 등이다. 앤아버의 포드 대통령 도서관은 퇴임 2년 후인 1979년 1월에 첫 삽을 떴고, 1981년 4월에 문을 열었다.

카터 대통령 퇴임 때도 문서 이관으로 내셔널 아카이브는 또 한 번 곤욕을 치른다. 역시 촉박한 시간이 문제였다.

대통령 선거의 결과가 나오고 차기 대통령 취임까지는 평균 채 80일이 못 된다. 재선의 문턱을 넘지 못하고 이삿짐을 싸야 했던 카터의 경우는 77일밖에 없었다. 레이건이 차기 대통령으로 확정되던 순간, 내셔널 아카이브의 문서 이관 책임자는 퇴임할 카터의 대통령 도서관이 언제 어디에 들어서며 언제부터 기록물 이관 작업을 시작할 수 있는지 아무것도 알지 못했다. 내셔널 아카이브가 문서 이관 작업의 최종 승인을 받은 것은 12월 중순이 막 지났을 때였고, 카터 도서관이 조지아 주 애틀랜타에 건립되리라는 사실을 안 것도 그때였다.

포드 때와 마찬가지로 카터 문서도 임기 마지막 날까지 작업에 매달리고서야 출고를 마칠 수 있었고, 워싱턴에서 애틀랜타까지 삼엄한 경비 속에 먼 육로 여행을 해야만 했다. 백악관에서 고향 임시 보관소까지의 육로 이동은 카터 대통령 때가 마지막이었다.

레이건 파일, 처음 비행기를 타다

레이건 문서의 이관은 여러 면에서 전임 대통령들과는 달랐다. 무엇보다도 1978년에 새로 제정된 대통령 기록물법이 처음으로 적용된 이관 사례였기 때문이다.

대통령 기록물법은 대통령제와 더불어 진화를 거듭해 온 대통령 기록물 관리 제도의 유전자 자체를 바꾸는 대변혁이었다. 대통령 기록물의 소유권을 연방정부에 귀속시킨 것이다. 퇴임 대통령의 모든 기록물은 퇴임일 정오를 기해 자동으로 연방정부에 넘어가도록 되어 있었다. 대통령 문서는 더 이상 대통령 개인의 사유물이 아니었고, 내셔널 아카이브는 대통령이 연방정부에 문서를 기증할 때까지 눈치를 봐 가며 기다릴 필요가 없었으며, 닉슨처럼 문서 소유권을 놓고 재판관들이 모여 앉을 필요도 없었다. 레이건은 중임 임기를 마치고 기록물 기증서 같은 것에 서명하는 절차를 밟을 필요도 없이 백악관을 나와 고향인 캘리포니아로 돌아갔다.

레이건은 역대 대통령 가운데 기록물의 양이 가장 많은 대통령이기도 했다. 아이젠하워 대통령 이후 30년 만에 두 번의 임기를 무사히 다 마친 대통령이었던 만큼 문서의 양 역시 역대 최다일 수밖에 없었다. 기록물은 800만 장에 가까운 비밀문서를 포함해 메모, 편지 및 일반 문서가 총 4300만 장에 달했다. 기념품만 해도 수십만 점이 넘는 역대 최대의 양이었다. 결국 내셔널 아카이브의 문서 이관 팀이 작업해야 할 기록물과 기념품의 양 역시 역대 최대를 기록했다.

이메일을 공무에 처음 활용하기 시작한 것도 레이건 행정부였다. 이메일을 포함한 모든 전자기록(electronic records) 파일은 최상의 보안장치가 되어 있는 국가안보위원회 시스템 안에 보관이 되어 있었고 종이문서와 함께 이관되었다.

내셔널 아카이브는 이때부터 이전 대통령 때는 볼 수 없었던 전혀 새로운 형태의 공문서, 즉 전자파일을 이관하고 관리해야 하는 도전에 직면한다.

더욱 늘어난 기록물의 양, 전자파일이라는 신종 공문서의 등장, 미 대륙을 동쪽 끝에서 서쪽 끝까지 횡단해야 하는 수송의 위험성 등 전에 없던 도전을 맞아 내셔널 아카이브도 문서 이관 작업에 획기적인 변신을 꾀하지 않으면 안 되었다.

먼저 내셔널 아카이브는 문서 이관에 처음으로 컴퓨터 시스템을 도입한다. 문서 분류 및 출고에서 수송과 입고에 이르는 모든 단계에서 각 문서 상자에 대한 통제와 추적이 가능하도록 한 것이다. 백악관에서 문서를 이관 상자에 담을 때는 모든 상자에 고유 번호가 붙기 마련인데, 아예 이 번호에 문서 상자가 들어가 앉을 도서관 문서고의 선반 위치 정보까지도 포함시켰다.

화물 트럭으로 육로만 이용했던 운송 수단에도 획기적인 변화가 이루어졌다. 항공과 육로를 모두 이용하는 방식으로 바꾼 것이다. 시간을 최대한 단축하고 보안상 취약점을 최소화하기 위한 조치였다. 이관 팀은 연방보호국(FPS, Federal Protective Service)과 캘리포니아 고속도로 순찰대의 협조도 얻었다. 캘리포니아의 비행장에서 임시 보관소까지는 육로를 이용해야 했기 때문이다.

이처럼 레이건 문서부터 적용된 새로운 기록물 이관 방식은 이후 대통령 기록물 이관의 모델이 되었고, 아버지 부시, 클린턴, 아들 부시 대통령의 문서 이관도 레이건 모델을 따랐다.

아버지 부시
└ 걸프전의 용사들이 문서를 나르다

　　아버지 부시(41대)도 포드와 카터처럼 재임에 실패했다. 재선 실패는 문서 이관 팀에게는 또 한 번의 이관 전쟁을 의미하는 것이었다. 걸프전을 치른 대통령답게 이번에는 이관 작업에 군인들이 동원되었다.

　　아버지 부시의 도서관이 들어설 자리는 텍사스 A&M 대학의 캠퍼스 내였다. 이관 문서를 임시로 보관할 장소는 도서관 부지에서 3마일 떨어져 있는, 볼링장을 개조한 창고였다. 이관 팀은 텍사스의 군 기지인 포트 후드(Fort Hood) 소속 군인들을 이관 작업에 투입하기로 했다. 포트 후드의 병력은 1990~1991년에 부시 대통령이 치른 걸프전의 사막 방패(Desert Shield)와 사막 폭풍(Desert Storm) 작전에 참전했던 군인들이었고, 퇴임한 걸프전 대통령의 문서 이관 작업에 기다렸다는 듯이 기꺼이 동참하기로 했다.

　　미 공군의 대형 화물 수송기인 C-5 두 대도 동원되었다. 포드 때처럼 대형 화물 트럭이 활주로에 몰려들 필요가 없었다. C-5가 워싱턴을 이륙해 텍사스로 날아갔다. 텍사스의 공항 활주로에는 화물 트럭이 대기하고 있었다. 공항에서 임시 보관소까지 이동하는 동안에는 지역 보안관들이 화물 차량의 호위를 맡아 차량이 통과하는 지역마다 교통을 통제했다.

　　퇴임일을 닷새 앞둔 1993년 1월 15일 새벽 네 시, 부시 기록물의 첫 운송분이 텍사스의 임시 보관소 주차장에 들어섰다.

　　다음에는 대기하고 있던 포트 후드의 군인들이 움직일 차례였다. 화물 트럭에서 문서 상자들을 내려 보관소의 정해진 선반에다 갖다 놓는 작업이었다. 군인들 사이에 경쟁이 붙었다. 누가 가장 많이, 가장 빨리 옮기느냐. 사막 작전에 이은 베테랑들의 두 번째 전투였다.

　　C-5 수송기가 텍사스에 도착할 때마다 걸프전의 용사들은 문서 상자에 들러붙었다. 그러기를 몇 차례, 부시 문서의 마지막 상자가 문서고 선반의 제자리에 가 앉은 시간은 부시의 퇴임 이튿날인 1월 21일이었다.

클린턴의 신기록 행진

클린턴 대통령의 문서를 이관 작업 중인 백악관 뜰의 화물 트럭. ⓒBill Clinton Presidential Library

　　클린턴 문서는 역대 대통령들의 모든 기록을 깡그리 갈아엎는다. C-5 수송기가 워싱턴과 아칸소 주를 여덟 번이나 왕복한 끝에 막을 내린 역대 최대의 수송 작전이었다. 펜타곤까지 동원되었다. 백악관에서 출발한 이삿짐은 NARA 빌딩, 앤드류 공군기지, 아칸소 주 리틀록 공군기지 등을 거쳐 최종 목적지인 도서관 부지의 임시 보관소로 옮겨야 했다. 국방부의 협조 없이는 불가능한 작업이었다.

　　펜타곤까지 나서지 않으면 안 되었던 문서의 양은 얼마나 되었을까? 수송기로 실어 나른 문서와 기념품의 총 중량이 835톤에 달했다. 1

클린턴 문서를 실어 나른 공군 수송기 C-5. ⓒBill Clinton Presidential Library

톤 화물 트럭 835대가 한 줄로 늘어서 있다고 상상해 보라. 문서 상자의 총 길이만 무려 20.4킬로미터였다. 종이문서는 약 7500만 장, 기념품이 7만 5000점, 오디오와 비디오 테이프는 수백만 점이 넘었다.

이메일과 전산 기록 등 전자파일도 전임 대통령의 물량과는 비교가 안 될 만큼 늘어나 있었다. 이관 작업에서 전자파일 형태의 기록물이 가장 핵심적인 자료로 인식되기 시작한 것도 클린턴 때부터다. 이때 문서와 파일은 대부분 컴퓨터로 작성된 것들이었다.

열세 개 도서관, 문서 4억 장

내셔널 아카이브가 관리 책임을 맡고 있는 대통령 도서관은 모두 열세 곳이다. 후버 대통령에서 조지 W. 부시 대통령에 이르기까지 열세 명의 역대 대통령이 자기 이름으로 된 도서관을 가지고 있다.

열세 개 대통령 도서관이 소장하고 있는 문서는 4억 장이 넘는다. 사진만 해도 1000만 장에 가깝다. 필름으로 보관되어 있는 동영상 자료의 필름 길이는 5000킬로미터로 서울과 부산을 여섯 번 왕복하는 거리에 맞먹는 양이고, 오디오와 비디오 테이프는 10만 시간 분량이다. 대통령 박물관에 보관되어 있는 기념품은 50만 점에 육박한다.

대통령 기록물의 양은 시간이 흐르면서 점점 더 많아졌고 기록물의 종류도 훨씬 더 다양해졌다. 종이문서만이 아니라 필름, 오디오테이프, 비디오테이프 등 시청각 자료도 갈수록 양이 늘어난다. 사진은 말할 것도 없다. 전자기록물까지 언급하자면 따로 책 한 권 분량의 이야기가 필요할 정도다.

기록물의 종류가 점차 다양해지듯이 대통령의 기록물 가운데 일반인이 관심을 갖는 분야도 시간이 흐르면서 변하기 마련이다. 국가 안보, 국방, 외교 등 '딱딱한' 문서들만이 대통령 기록물의 전부가 아니다. '말랑말랑한' 기록물에 대한 관심도 그에 못지않게 높다. 1988년 여름, 닉슨이 백악관 참모들과 나눈 대화가 녹음되어 있는 이른바 닉슨 테이프를 포함해 닉슨 기록물의 일부가 공개되었을 때다. 녹음 기록 열람을 문의하는 요청 건수도 많았지만 그보다 요청 건수가 더 많았던 건 닉슨이 엘비스 프레슬리와 악수하는 사진의 사본이었다. 불과 며칠 만에 무려 1만 2000건이 접수되었다.

트루먼 대통령 때부터 본격적으로 생산되기 시작한 대통령 구술사(口述史) 자료(Oral History Interviews)도 대통령 도서관에서는 빼놓을 수 없는 귀한 사료다. 인터뷰 자료는 문어체 기록이 끌어 내지 못하는 세밀한 정보를 더 많이 담고 있는 경우가 많다. 물론 일부 내용은 신뢰성이 떨어진다는 단점이 있긴 하지만 트루먼이 말했던 것처럼 "인터뷰는 늘 다른 기록과 대조해 봐야 하는 것"인 만큼, 구술사 자료 역시 이용자가 어떻게 써 먹느냐에 달려 있는 셈이다.

예우 보관

└ 한 시간 안에 찾아 드립니다

정권 교체기의 채 석 달도 안 되는 짧은 기간에 물러나는 대통령의 기록물을 일시에 이관한다는 것은 역대 대통령들의 사례에서도 보았듯이 사실상 불가능하다. 그래서 궁리 끝에 고안해 낸 제도적 장치가 하나 있다. '예우 보관(courtesy storage)'이라는 것이다. 꼭 백악관 경내에 두지 않아도 되는 문서들을 미리 반출해 NARA가 임시 보관하는 제도다. NARA가 기록물을 물리적으로 점유하긴 하지만 법적 관리권(legal custody)은 임기 종료 때까지 대통령이나 부통령에게 있으며, 백악관이 업무상 필요한 문서의 반환을 요구할 경우에는 NARA의 담당 아키비스트가 한 시간 내에 백악관에 돌려주도록 되어 있다. 단, 예우 보관되어 있을지라도 기록물이 들어 있는 모든 상자는 봉인 상태를 유지해야 한다.

대통령 도서관의 문서고를 채우는, 수백만에서 수천만 장에 이르는 기록물은 도대체 어떤 것들인가? 백악관 안에서 무슨 일을 어떻게 하기에 퇴임하는 대통령의 문서 이삿짐이 수천만 장이나 된단 말인가?

대통령 기록물은 우선 백악관 때의 문서만이 아니다. 대통령 재임 시 나온 문서는 물론 대통령이 되기 전 공직 재임 기간에 쓴 문서와 대통령 퇴임 후 활동하면서 생산된 문서가 모두 포함된다. 아버지 부시의 경우 레이건 행정부에서 부통령을 8년이나 했고, 이어 대통령이 되었다. 따라서 아버지 부시의 도서관에는 8년간의 부통령 재임 시 문서와 4년간의 대통령 재임 시 문서가 다 포함되어 있다.

이뿐이 아니다. 개인 편지나 가족 관련 기록 등 대통령 개인의 문서도 대통령 도서관에 보관된다. 공공 도서관인 동시에 사설 도서관인 셈이다.

　수천만 장에 달하는 백악관 문서를 총괄하는 핵심 부서는 백악관 기록물 관리실(ORM, White House Office of Records Management)이다. 스물다섯 명 규모인 기록물 관리실은 '중앙 파일(Central Files)' 시스템으로 문서를 관리한다. 이 문서 관리 시스템은 해마다 수정 보완되긴 하지만 기본 골격은 크게 변하지 않는다. 문서 분류의 기준이 되는 주제별 영역이 워낙 다양하고 복잡하긴 하지만 미 행정부의 다른 기록물 관리 시스템과 마찬가지로 열람자가 이용하기 쉽도록 주제 영역을 단순화한 것이 가장 큰 특징이다.

　생산되는 문서의 양이 많은 순서로 주제별 영역을 몇 가지 예로 들면 이렇다. 조직별 연방정부(국내 현안), 대통령 개인 문서, 공보(Public Relations), 외국 관련(국가별), 수발신 통지문(Messages), 국가 안보 및 국방, 외교, 무역, (대통령) 연설, 자원, 비즈니스 및 경제, 민간 항공, 보건, 인권, 초청, 공무 여행 등이다.

　연방정부의 직무 영역이 모두 포함되어 있다. 하지만 연설, 편지, 노트 등 문서 종류에 따라서도 분류해 놓았다. 경제, 자원, 보건, 인권도 비중이 큰 문서 분류의 주제이지만, 백악관의 기록물 관리 시스템에서는 대통령 연설이나 편지(개인 문서)보다 우선순위가 뒤로 밀린다. 연방정부가 아닌 대통령실의 문서이기 때문이다.

　백악관의 중앙 파일링 시스템은 대통령 도서관으로 문서가 이관된 뒤에도 큰 뼈대는 그대로 유지되지만 똑같지는 않다. 대통령마다 도서관을 통해 강조하려는 업적이 다르고, 도서관에서 내세우는 특징이 모두 다르니 기록물 관리도 영향을 받을 수밖에 없다.

　미국의 대통령 도서관 제도는 인류가 전에 경험해 본 적이 없는 실험이다. 대통령 도서관이라는 건축물 역시 20세기 중반 미국사에서 처음으로 등장했다. 이 집은 단순히 나무와 돌과 돈으로만 세운 것이 결코 아니다. 신생 미국이 채택한 대통령제라는 최초의 정치 시스템, 유럽의 군주 못지않게 대통령을 떠받드는 시민 문화, 짧은 역사를 풍부하게 살찌우고 전통을 쌓아 가려는 치밀한 국가 전략, 기록과 보관의 중요성을 망각하지 않는 잘 훈련된 국민 의식, 합리성을 바탕으로 한 실용주의 등이 한데 어울려 탄생된, 미국 냄새가 물씬 나는 아메리카의 유산이 바로 대통령 도서관이다.

대통령을 역사 속으로 호위해 가다

겉만 봐도 속까지 훤히 들여다보이는 것이 있는 반면, 겉만 봐서는 잘 모르겠는 것, 속을 들여다봐야 비로소 진면목이 보이는 것들이 있다. 국가도 마찬가지다. 중국이나 미국은 후자에 속하는 나라다.

미국의 대통령 도서관 역시 그렇다. 겉만 봐서는 모른다. 그 안에 뭘 쌓아 놓았는지 들어가서 속을 들여다봐야 비로소 도서관의 진면목이 보인다. 대리석으로 치장한 집 그 이상이다. 뚝배기보다 장맛이다. 내용물 없는 도서관은 벽 쌓고 지붕 얹은 창고일 뿐이다. 미국의 대통령 도서관은 겉치레가 아니라 알배기다. 속살이 꽉 차 있다. 대통령 기록물 한 장, 한 장이야말로 길지 않은 미국의 역사를 쌓아 가는 주춧돌 같은 보물들이고 국보급 대접을 받아 마땅한 국가의 영원한 자산이며 다른 어떤 것으로도 대체가 불가능한 유일무이한 물건이라는 사실을 대통령 자신이 잘 알고 있다. 임자가 아끼는 것은 주변 사람들도 아끼기 마련이다. 주인이 푸대접하는 물건은 다른 사람들도 중히 여기질 않는다.

대통령 자신을 포함해 도서관을 잘 아는 사람들의 품평을 들어 보면 이 사람들이 대통령 기록물을 어떻게 보고 있는지, 어떻게 대하는지를 알 수 있다.

　대통령 기록물은 대통령 재임 시 미국과 세계에 영향을 끼친 여러 정책들의 성공(success)과 실패(tragedy), 문제점(problem), 그리고 정책의 진화 과정(evolution)을 담고 있는 역사적인 자료들이다.

　내셔널 아카이브의 대통령 자료 담당 책임자로 35년 동안 일해 온 아키비스트 낸시 키건 스미스(Nancy Kegan Smith)가 《프롤로그(Prologue)》 2008년 겨울 호에 쓴 글의 일부다. 《프롤로그》는 내셔널 아카이브가 발행하는 40년 된 계간 정보지다. 이 글에는 왜 미국이 대통령 도서관이라는 것을 만들었는지 그 이유를 한눈에 알 수 있게 하는 제목도 달려 있다.

　대통령이 한 일을 역사 속으로 호위해 가다(Escorting a Presidency into History).

　존슨은 자신의 기념 도서관 헌정식에서 "이 도서관은 우리들에게 무엇이 사실(facts)이었는지를 보여 준다. 기쁨과 승리만이 아니라 슬픔과 실패 또한 보여 주는 것이다"라고 했고, 부인 레이디 버드 존슨은 도서관을 "과거의 결정과 행동에 대한 수많은 해답을 간직하고 있는 곳"이고 "먼 훗날 역사의 각주(脚註, footnotes)를 찾을 수 있는 곳"이라 했다.
　도서관은 공공의 유형 재산물인 동시에 무한한 가치를 창출해 내는 무형의 자산이기도 하다. 유무형의 자산이 공존하는 이런 조형물은 아이디어만 가지고 있다고 해서 아무나 만들어 낼 수 있는 것이 아니다. 실행에 옮길 의지와 능력, 재간과 추진력이 있어야 한다. 처음으로 대통령 도서관을 구상하고 행동으로 옮겨 성공시킨 루스벨트는 그런 재간을 지닌 사람이었다.

루스벨트는 링컨, 조지 워싱턴과 더불어 미국의 가장 훌륭한 대통령 세 사람의 명단 속에서 빠져 본 적이 없는 인물이다. '낙관주의'와 '애국주의'라는 두 개의 깃발을 번갈아 들면서 '정치적 이상을 실현할 줄 알았던 궁극적인 실용주의자'이고, '자신의 정책 구상을 국민들에게 파는 정치 기술이 탁월했던 판매의 천재'였다. 그는 의회를 설득하고 관료들을 압박해 가면서 대통령 도서관을 만들어 냈다. 권력과 재력과 명예의 삼박자를 조화시켜서 '늙은 유럽(old Europe)'은 해 낼 수 없는, '젊은 미국(young America)'만이 해 낼 수 있는 미국형 기념물을 세운 것이다.

없던 것이 하나 새로 생기면 기대가 손을 잡아 주기도 하지만 눈총이 발목을 잡기도 한다. 루스벨트 도서관이 등장할 때부터 대통령 도서관이라는 신생아에 보냈던 곱지 않은 시선들은 70여 년이 지난 지금도 여전하다. 업적을 기리는 기념물이라기보다는 허영의 상징물이라는 비난이다. 대통령 권력을 영구화한 요새고, 대통령 클럽의 값비싼 회원권이라는 것이다.

2013년 4월 25일, 조지 W. 부시 대통령이 텍사스 댈러스 메소디스트 대학 내에 건립된 자신의 도서관 개관식을 열었다. 아들 부시는 대통령 도서관을 건립한 미국의 열세 번째 대통령이 되었다. 카터, 아버지 부시, 클린턴 등 전직 대통령 세 명과 현직 대통령 오바마가 모두 참석해 개관을 축하했다. 현직 대통령과 생존해 있는 전직 대통령 네 명 전원이 한자리에 모인다는 건 흔한 일이 아니다. 도서관 헌정식이 대통령 취임식만큼이나 중요한 행사라는 걸 '대통령 클럽' 회원들은 잘 알고 있었다.

이라크 침공, 카트리나 재난 등으로 임기 내내 따가운 눈총을 받았던 부시는 도서관 헌정식사에서 "우리 조국의 미래에 대한 흔들림 없는 신념으로 이 도서관을 헌정한다"고 했다. 눈에는 눈물이 고였다. 부시를 '역대 최악의 대통령'이라고 비판하는 미국의 진보 인사들이 부시의 이 눈물을 어떻게 해석했을지는 쉽게 짐작이 가지 않는다. 하지만 이들은 부시의 대통령 도서관을 "전쟁 범죄의 장황한 이야기를 전시해 놓은 수억 달러짜리 감방"이라고 대놓고 혹평을 한다. 부시 대통령 도서관의 건축비는 5억 달러였다.

오바마 대통령도 도서관을 준비하고 있다. 부지 선정을 놓고 고민 중이다. 자신이 태어난 하와이냐, 정치 고향인 시카고냐. 시카고와 하와이의 대학 총장들이 발 벗고 나서서 오바마 도서관 유치를 위해 치열한 로비 전쟁을 펼치고 있다.

오바마 역시 도서관을 건립하더라도 비판의 눈총은 피할 길이 없어 보인다. 대통령 도서관에 대한 비판은 대통령 기록물 보관소라는 도서관의 본래 기능을 폄하하기보다는 공공 도서관으로서의 기능을 제대로 못하고 있다는 점에 초점이 맞추어져 있다.

우선 도서관 이용자가 많지 않다. 도서관마다 규모가 다르긴 하지만 대부분 도서관의 열람실에는 고작 서너 명이거나 많아야 여남은 명의 이용자만이 자리를 차지하고 있다.

도서관 위치도 여느 도서관과는 다르다. 기록물을 보려면 대통령 고향까지 먼 여행을 해야 한다. 찾아 가서도 문제다. 도서관들이 외지다 못해 틀어박혀 있다. 도서관 근처에는 머물 만한 숙소가 마땅치 않거나 아예 없다.

도서관 유지비도 천문학적인 액수다. 한 해 2000만 달러가 넘는 돈이 대통령 도서관의 관리 및 유지비로 국고에서 지출된다. 연방정부의 재정 적자가 쌓여가는 마당에 대통령 도서관을 계속 지원하는 게 과연 옳은 일이냐고 핏대를 세우는 사람들이 한둘이 아니다.

이런 비판은 루스벨트가 자기 도서관을 지을 때부터 있었다. 루스벨트 도서관 건축 현장에서 못질 소리가 요란했을 때 미국은 대공황의 늪에 빠져 허우적거리고 있었다. 안으로는 재정 적자가 심각했고 바깥에서는 전쟁의 먹구름이 몰려들었다. 유럽에서는 히틀러가 프랑스를 접수하고 영국을 넘보고 있을 때였다. 그래도 루스벨트는 대통령 기록물을 보관하고, 국민에게 열람할 수 있게 해야 한다는 자기 생각을 끝내 꺾지 않았다.

4:

NARA의 한국 문서

- 'X파일'은 없다

미 비밀문서, 흔한 오해 다섯 가지

내셔널 아카이브가 소장하고 있는 한국 관련 문서에 대해 흔하게 하는 오해가 몇 가지 있다. 모든 기록물이 비밀문서일 거라는 오해에서부터 내셔널 아카이브의 문서야말로 모든 사건의 전모를 낱낱이 밝혀낼 수 있는 만능 해결사일 거라는 오해에 이르기까지, 내셔널 아카이브 문서에 대한 잘못된 이해 탓에 벌어지는 웃지 못할 일들이 한두 가지가 아니다. 특히 정부 문서들을 비교적 자유롭게 접하고 자연스럽게 이용하며 자주 인용하는 관습에 익숙하지 않은 사람들이 이런 오해를 많이 한다. 내셔널 아카이브를 찾는 일부 한국인 열람자들도 예외는 아니다. 가장 흔한 오해 다섯 가지를 꼽아 본다.

미 비밀문서는 사실과 진실만을 기록한다?

꼭 그런 것은 아니다. 그렇다고 생각하는 사람들이 그런데 의외로 꽤 된다. 미 정부의 비밀문서에 대한 맹신 때문이다. 내셔널 아카이브의 문서들은 미 행정부의 기록물이다. 특히 미 외교나 안보 관련 문서들은 미국의 입장에서 미국의 국익 보호를 위해 일하는 미국 시민, 즉 미 행정부 공무원들이 작성한 문서다. 따라서 모든 시각이 미국 중심적일 수밖에 없다. 당연한 일이다. 영국의 정부 기록물이 일본이나 독일의 시각을 대변해 줄 수는 없는 노릇이다.

그러나 미 비밀문서들이 미국 중심적인 시각으로 작성되었다고 해서 객관적 사실을 의도적으로 왜곡한다고는 말할 수 없다. 대사나 서기관 등 해외 공관에서 근무하는 미 외교관들이 미 국무부로 보내는 주재국 현황 보고서를 보면, 전문(電文)을 쓴 외교관들의 객관적인 시각과 날카로운 통찰력, 풍부한 취재력에 절로 감탄사가 튀어나오곤 한다. 주재국의 역사를 해석해 내는 안목과 사회 분위기를 탐지해 내는 직관도 나무랄 데가 없다. 정책 결정자들의 올바른 판단을 위한 1차 자료로서는 훌륭한 셈이다. 하지만 미국의 이해관계가 얽히게 되면 이후의 이야기는 달라진다.

외교 현안을 국내 정치에 이용하는 정파적 판단, 특정 그룹의 이득을 위한 의도적 사실 은폐, 외국 지도자에 대한 이중적 잣대 적용 등으로 미 외교나 안보 정책이 실패로 귀결된 사례는 얼마든지 있다. 미 외교 문서를 읽을 때 특히 조심해야 할 부분이고, 어쩌면 이 때문에 외교 문서 읽는 맛이 더 짜릿할 수도 있다. 미 비밀문서를 '바이블'로 떠받들 수는 없다. 미 비밀문서들도 그런 대접 받길 원하지 않을 것이다.

'X파일'을 찾겠다?

글쎄. 미국을 빼놓고는 한국 현대사를 제대로 풀어 갈 수 없기에 여전히 숱한 의문점을 남기고 있는 굵직굵직한 사건들의 궁금증을 미 비밀문서 몇 장이 단숨에 풀어 줄 수 있지 않을까 하는 심정은 이해 못 하는 바 아니다. 일부 한국인 열람자들이 그토록 오매불망 원하는 이른바 한국 현대사의 'X파일'이란 것은 그 목록이 빤하다. 목록 맨 윗줄에 있는 것이 '박정희 대통령 시해 배후'다. 더 좁혀 말하면 박정희 살해에, 즉 김재규 뒤에 미국이 있었느냐는 것. 다음으로는 '백범 암살의 배후'

또는 '1980년 광주항쟁의 미국 개입 여부' 등이 X파일 목록의 두 번째나 세 번째 줄을 차지한다. 북방한계선(NLL) 문제가 불거진 후로는 'NLL X파일'을 찾으려는 사람이 많아지면서 X파일의 기존 목록 순위가 뒤바뀌었다. 'NLL X파일'이 맨 윗자리를 차지한 것이다. '천안함 사태' 관련 X파일을 찾는 이는 그리 많지 않다. 어딘가에 있긴 있겠으나 아직 비밀 해제가 되지 않았다는 사실을 익히 알고 있기 때문일 것이다.

미국의 베트남전 개입의 진상을 밝힌 1971년의 '펜타곤 페이퍼'가 굳이 따지자면 X파일의 반열에 오를 수 있다. 하지만 펜타곤 페이퍼는 대니얼 엘즈버그(Daniel Ellsberg)라는 내부 고발자의 존재, 문서의 핵심 내용을 정확하게 해석한 문서 입수자의 전문가로서의 안목 등이 있었기에 가능했다. 펜타곤 페이퍼라는 것은 7000매가 넘는 방대한 분량의 문서철이고, "United States - Vietnam Relations, 1945-1967 : A Study Prepared by the Department of Defense"라는 평범하기 짝이 없는 제목만 봐서는 이 문서 안에 미국의 베트남전 개입의 배후를 밝힐 만한 핵폭탄급 내용이 들어 있으리라고는 쉽게 짐작하기 힘들다.

NARA에서 한국 관련 문서를 찾는 작업은 소문난 맛집을 찾아가는 식도락가의 취미 기행이 아니다. 가서 주문만 하고 앉아 있으면 원하는 음식을 받아먹을 수 있는 곳이 아니다. NARA 열람실을 찾아가는 사람들을 '구매자'라 부르지 않고 '리서처'라 부르는 것은 이 때문이다. 완제품 X파일을 사겠다고 NARA 열람실을 기웃거리는 사람은 없다. 뒤져서 골라내고 조각들을 맞춰 가면서 자기가 원하는 그림을 문서로 완성시켜야 한다. X파일은 찾아내는 게 아니라 만들어 내는 것이다. 식당 차림표 보고 주문해서 사 먹는 밥이 아니라 자기가 자기 손으로 빚어내는 증류주 같은 것이다.

최초 공개, 독점 발굴, 단독 입수?

제발! 미술품 전시장 다녀와서 "나만 보고 왔다"고 하는 말이나 마찬가지다. NARA 문서는 이미 공개된 것들이다. 누구나 다 본다. 그런 문서들을 자기 손에 넣었다고 해서 "내가 처음으로 봤다", "나만 봤다"고 말하면 대꾸할 말이 없어진다. 말문이 막힌다. 심지어 똑같은 문서가 1년 사이에 반복해서 국내 언론에 소개되는 경우마저 있었다. 두 번 다 '최초 발굴'이었다.

왜 이런 어처구니없는 표현을 쓸까? NARA 열람실에 앉아 있는 사람들이 어떤 사람들인지 모르는 탓이다. 누가 NARA의 문서를 이용하는지 모르는 탓이다. 사학자들만, 언론인들만, 연구자들만 내셔널 아카이브의 단골 이용자라고 생각했다간 큰코다친다. 재판 계류 중인 사건과 관련된 자료를 찾는 로펌 직원, 참전 용사나 유가족, 가계보를 만들려고 조부모의 입국 기록을 뒤지는 손주, 땅 소유권을 증명하려는 유산 상속자 등 각양각색이다. 모두 공개되어 있는 기록물을 뒤지는 사람들이다. 아무도 '최초로, 독점적으로, 단독으로' 문서를 찾았다는 말은 하지 않는다.

미국 내 한국 연구자가 펴낸 저서 중에는 NARA 문서를 1차 자료로 활용한 책들이 꽤 많다. 그러나 어느 구석에라도 최초 공개니 독점 발굴이니 이런 말을 써 놓은 책은 단 한 권도 본 적이 없다. 수십 년 동안 아카이브 문서를 뒤적여서 완성한 소중하기 짝이 없는 저작물의 머리말에도 기껏해야 쓰는 표현이 "찾아냈다"거나 "문서에 따르면" 정도다.

NARA에서 찾아서 읽어 본 이미 공개된 문서가 아니라, 정보공개법(FOIA)으로 신청해서 얻어 낸 문서라면 최초, 독점, 단독 같은 표현 쓸 수 있다. 하지만 이런 경우라 하더라도 FOIA로 처음 공개되는 문서라는 점을 증명해야 한다. 다른 사람한테는 단 한 번도 해당 문서가 공개된 적이 없다는 사실을 문서 생산 부처의 FOIA 담당자 입을 통해 입증해야 한다. FOIA 문서 요청은 자기만 하는 것이 아니기 때문이다.

'척' 가면 '착' 찾을 수 있다?

그럴 수도 있다. 몇 번의 우연이 겹치는 행운만 따라 준다면. 하지만 열람자들은 대부분 자신이 원하는 문서를 찾기 위해 몇 주, 몇 달, 몇 년의 시간과 어마어마한 돈을 투자한다. 하와이에서, 영국에서, 러시아에서, 중국에서, 일본에서 문서 몇 장을 복사해 가기 위해 장거리 여행을 마다치 않고 워싱턴으로 날아간다. 한국에서 NARA를 찾아가는 연구자들은 한번 움직이려면 항공 요금과 체제비로 최소 300~400만 원의 경비 지출을 각오하지 않으면 안 된다. 이런 연구자들은 NARA를 잘 아는 사람들이다. 어떤 문서가 어느 문서군(RG, Record Group)에 얼마나 있으며 어떻게 찾아야 하는지를 아는 것이다.

하지만 유경험자와 무경험자의 차이가 실제로는 그리 크지 않다. 찾아본 경험 있는 사람이 '검색 기술'을 약간 더 발휘할 수 있고 전문 지식을 갖춘 사람이 시야가 조금 더 넓고 깊긴 하겠지만, 이들도 하나하나 목록 뒤져서 열람 신청을 해야 하고, 일일이 문서 상자 열어 봐야 하고, 문서 한 장, 한 장을 읽어 보지 않으면 안 된다. 유경험자나 전문인이라고 해서 이런 과정을 면제받는 건 결코 아니다. 문서 찾기란 결국 시간 싸움이고 예산 싸움이다.

내셔널 아카이브의 명성과 권위가 열람자의 문서 찾는 시간과 노력을 단축시켜 주지도 않는다. 아카이브 컴퓨터에 검색어를 몇 단어 넣기만 하면 원하는 문서가 검색창에 나타나리라고 생각하는 사람도 없지 않다. 없지 않은 게 아니라 사실은 많다. NARA가 자판기가 아니듯 NARA의 문서 역시 돈만 넣으면 나오는 자판기가 결코 아니다.

남의 도움, 물론 받을 수 있다. 한 분야의 문서를 수십 년 동안 들여다봤고 누구보다도 특정 분야의 문서에 대해 훤히 꿰뚫고 있는 아키비스트들이 언제든 미로의 길잡이가 되려고 열람실에 앉아 있다. 하지만 이 안내자들이 목적지까지 동행하는 것은 아니다. 가는 길만 알려 줄 뿐이다. 물을 건너고 산을 넘는 것은 열람자 개개인에게 달렸다.

'중요한 문서'는 따로 있다?

그렇지 않다는 것, 너도 나도 다 안다. 중요한 건지 중요하지 않은 건지는 이용자가 판단한다. 내게는 중요한 것이 다른 사람한테는 중요하지 않을 수도 있고, 다른 사람한테는 소중할지 몰라도 내겐 아무런 소용이 없을 수도 있다. 상대적일 뿐이다.

국방, 외교, 안보 문서만 중요한 것이 아니다. 교육, 문화, 사회도 그에 못지않게 중대한 사안들이다. 미 군정청이 작성한 남한 내 좌익 활동가들의 동향 보고서만 보관할 가치가 있는 '중요 문서'가 아니라, 해방 직후 남한의 열악한 위생 상태를 리나 동 단위까지 세밀히 조사한 미 군정청 보고서도 꼭 들여다보고 싶어 하는 사람이 있기 마련이다. 딱딱하고 묵직한 주제를 다루어야만 대접받고, 가벼워 보이는 주제를 다루면 평생 천덕꾸러기 신세를 면치 못했던 시절의 못된 관행이 여전히 사라지지 않은 탓이다.

5~6년 전까지만 해도 아카이브에서 한국 관련 문서라고 하면 외교나 안보 분야의 문서를 일컫는 것으로 인식이 되었다. 열람자들 대부분이 외교, 군사, 안보 분야에만 치중했다. 이제는 상황이 많이 바뀌었다. 한 줄기뿐이던 물줄기가 여러 갈래로 나뉘었다. 해방 직후 남북한의 전력 상황, 통신 시설, 남한 경제개발기의 미 차관 도입 현황, 미 군정기의 교육 정책 등 연구 주제가 훨씬 다양해졌고, 범위는 보다 더 넓어졌으며, 소재는 더 잘게 세분화되었다. 큰 흐름이 이렇다. '내가 가져간 문서만 중요'하고 '남이 가져가는 건 무용지물'이라고 강변하는 '나홀로주의'는 더 이상 통하지 않는다.

비밀의 3등급
└ 1급 비밀과 극비

비밀문서 들여다보기 전에 명심해야 할 말이 하나 있다. 아는 만큼만 보인다. 아무리 시력 좋아도 소용없다. 말 그대로 딱 아는 만큼만 보인다. 손에 들고 있는 것이 1급 비밀문서라 해도 어두운 눈에는 아무 소용이 없다. 까막눈에게는 그저 흰 바탕에 까만 글자일 뿐이다. 반대로 사전 정보가 풍부하고 아는 게 넉넉한 눈이라면 어떨까. 색 바랜 문서의 글자가 아무리 흐릿해도, 귀퉁이 한쪽이 찢겨져 나갔어도, 문서 읽는 눈길은 종횡무진 거침이 없고 사라진 글자까지도 살려 낸다.

뭔 놈의 약어(略語)나 약자(略字)는 또 그리도 많은지. MIS, D/A, psn, TIS……. 미군 체제와 조직, 계급, 군대 용어에 대한 상식 없이 군사 문서를 들여다보는 건 거의 고문에 가깝고, 문서의 형식과 종류에 대한 기초적인 이해를 무시한 채로는 해외 공관과 국무부 사이에 오간 전문(電文)의 성격을 제대로 파악하기 힘들다.

문서라고 다 같은 문서가 아니다. 전문(電文 또는 電通文, Telegram)과 항공송달문(Airgram), 발송 공문(dispatch)이 각각 다르고, 비망록(Memorandum), 공식 서신(official letter), 사신(私信, informal letter 또는 personal letter)이 다르다. 같은 전문이라도 1급 비밀(Top Secret)인지, 2급 비밀(Secret)인지 아니면 3급 비밀(Confidential)인지에 따라 그 중요도가 또 달라진다. 그뿐인가. 같은 1급 비밀 전문이라 하더라도 전달하는 우선순위가 또 달라진다. 최우선 순위로 '화급(Flash)'하게 전달할 것이 있고, '긴급(Immediate)', '우선(Priority)', '일반(Routine)' 등 전달의 우선순위가 각각 따로 매겨져 있다. 국내 한 언론이 NARA에서 '독점 발굴' 했다는 국무부의 외교 문서를 설명하면서 "긴급하게 전달되었다"라는 표현을 쓴 것을 본 적이 있다. 그러나 그 문서는 '화급'이나 '긴급'이 아니라 '일반' 배포의 등급이 매겨져 있는 전문이었다.

문서를 접할 수 있는 사람의 범위도 엄연히 문서 속에 정해져 있다. 재외 공관의 대사가 국무장관만 보라고 보낸 것인지, 국무부 특정 부서의 요원들만 보도록 한 것인지, 국무부 외 타 부처에는 공개하지 말 것을 전제로 한 문서인지가 모두 엄격하게 구분되어 있다.

언론 보도문이든 연구 보고서든 가릴 것 없이 한국과 관련된 미 비밀문서를 국내에 소개하는 글이 대부분 똑같이 저지르는 실수 가운데 하나가 문서의 비밀 등급을 제멋대로 매기는 것이다. 극비, 기밀, 특급 비밀 등 '비', '기', '밀', '극' 자가 들어간 단어들은 죄다 동원한다. 심지어 외교 문서 등 한국 정부의 비밀문서를 소개할 때조차 엄연히 그 문서에 비밀 등급이 밝혀져 있음에도 극비 문서니 뭐니 제멋대로 갖다 붙인다. 이제는 가려 쓸 때도 되었는데 말이다.

모든 문서는 예외 없이 다 비밀로 지정되는가? 천만에. 그렇지 않다. 모든 문서에 비밀 딱지가 붙지는 않는다. 그렇게 해서는 안 된다. 국가 업무 수행 과정에서 생산된 정보라고 해서 하나도 빠짐없이 모두 비밀로 해서는 안 된다는 말이다. 단, 예외가 있긴 하다. 이 예외 조항이 늘 문제가 된다. 정부 비밀주의의 온상이 바로 이 예외 조항에서 비롯된다.

미 국무부가 정한 비밀 분류의 기준이라는 것도 사실은 귀에 걸면 귀걸이 코에 걸면 코걸이 식이다. "정보를 공개했을 때 국가 안보에 해를 끼치지 않는 한, 정보는 비밀로 분류될 수 없다(Information may not be classified unless its disclosure reasonably could be expected to cause damage to the national security)"고 명시해 놓았다. 얼핏 보면 대단히 너그럽다. "국가 안보에 해를 끼치지 않는 한"이라는 단서만 없다면 그렇다. '국가 안보'에 대한 정의와 범위에 대해서는 비밀문서 규정에도 언급해 놓지 않았다.

문서의 비밀 지정은 세 가지로만 하게 되어 있다. 1급 비밀(Top Secret), 2급 비밀(Secret), 3급 비밀(Confidential) 이렇게 세 가지다. 국가마다 비밀 지정 등급은 조금씩 다르나 대부분 이 3등급 형식에서 크게 벗어나지 않는다. 캐나다, 프랑스, 뉴질랜드, 독일, 영국, 인도, 파키스탄, 필리핀과 미국이 3등급제를 택하고 있다. 타이완은 절대 기밀(絶對 機密), 극기밀(極機密), 기밀(機密), 밀(密)로 나누는 4등급제이고, 일본은 기밀(機密), 극비(極秘), 비(秘), 취급주의 또는 부외비(部外秘)로 나누는 3~4등급제를 채택하고 있다. 우리는 1급 비밀, 2급 비밀, 3급 비밀로 나누는 3단계다. 따라서 미국 비밀문서를 우리글로 표현할 때, '극비'니 '기밀'이니 '특급 기밀'이니 하는 용어는 맞지 않는다.

미 국무부가 채택하고 있는 비밀 등급에 따르면, 1급 비밀(Top Secret)은 "인가받지 않은 채 공개했을 때 국가 안보에 '대단히 위태로운 손상(exceptionally grave damage)'을 줄 수 있는 정보"다. 이 1급 비밀은 지정할 때도 '극도로 제한적(with the utmost restraint)'이어야 한다.

'대단히 위태로운 손상'이란 게 무엇인지 국무부는 다섯 가지로 구분해 놓았다. 첫째, 미국이나 우방국에 대한 무장 적대 행위, 둘째, 국가 안보에 결정적(vital) 영향을 끼치는 외교 관계의 단절, 셋째, 국방 계획 혹은 복합 암호문과 통신 첩보 체계에 대한 위협, 넷째, 민감한 첩보 작전에 대한 폭로, 다섯째, 국가 안보에 결정적인 과학 또는 기술 개발의 폭로 등을 불러일으키는 경우다.

〈주한미군 철수〉라는 제목의 1977년 5월 28일 자 미 국무부 문서가 바로 이 1급 비밀로 분류된 문서 가운데 하나다. 미 합참의장 조지 브라운과 국무부의 필립 하비브 정치 담당 차관보 두 사람이 공동 발신자이고 수신자는 카터 대통령이다. 국무부 문장(紋章)이 찍힌 발송 공문의 문장 바로 밑과 문서 맨 아랫줄에 'TOP SECRET'이라고 타이핑이 되어 있다. 이 공문이 생산되기 전 민주당 대통령 후보였던 카터는 주한미군 철수를 선거 공약으로 내놓았었다. 주한미군 철수 발언은 미국의 대외 정책은 물론 세계 전략의 밑그림을 다시 그려야 하는 그야말로 뜨거운 쟁점(hot button)이었다. 미국 내 정치판도 요동쳤다. 이 1급 비밀문서는 카터 후보가 대통령에 당선되고 나서 4개월 만에 나온 최초의 국방부·국무부 합동 작업 보고서다. 미 국가 안보에 '결정적 영향을 끼칠' 내용이 담겨 있는, 누가 봐도 1급 비밀감이다. 이 문서의 첫 문장은 이렇게 시작한다.

> 박정희 대통령과 그의 주무 부처 장관들은 이제 주한미군 철수와 관련된 (미국) 대통령 지시 사항을 분명하게 이해(clear understanding)하고 있음. 그들은 주둔 병력 수준에 변동이 없는 것을 여전히 선호하지만, 미 제2사단 및 지원 병력이 향후 4-5년의 기간을 두고 점차적으로 철수한다는 점을 분명하게 인식했음.

브라운 합참의장과 하비브 차관보는 주한미군 철수 계획과 관련된 카터 대통령의 지시로 서울과 도쿄를 방문하고 돌아온 직후에 이 보고서를 작성했다. 한국 대통령과 일본 총리를 만나 주한미군 철수안을 상의하고 돌아온 이들에게서 카터 대통령이 가장 듣고 싶어 했을 말은 한일 두 정상이 자신의 철군안을 어떻게 받아들였느냐였을 게 틀림없다. 브라운과 하비브가 작성한 이 1급 비밀 보고서는 바로 첫머리에 이에

DEPARTMENT OF STATE

Washington, D.C. 20520

TOP SECRET   May 28, 1977

TO: The President

FROM: General George S. Brown, Chairman, Joint
          Chiefs of Staff
          Philip C. Habib, Under Secretary of State
              for Political Affairs

SUBJECT: Troop Withdrawal from Korea

      In compliance with your instructions, we held
consultations in the Republic of Korea and in Japan
on the Presidential decision to withdraw United States
ground forces from Korea. Detailed reports of the
discussions held have been filed with the Secretary
of State and the Secretary of Defense. The following
are our principal observations and conclusions.

KOREA

--   President Park and his principal ministers
      now have a clear understanding of the
      Presidential directive concerning troop
      withdrawal from Korea. Although they would
      prefer no change in force levels, they under-
      stand specifically that the United States
      Second Division and supporting elements are
      to be withdrawn from Korea in a phased manner
      within a period of 4-5 years.

--   While the United States program is accepted,
      there was clear concern for the risk of instability
      on the Korean Peninsula unless "compensatory
      actions" were taken in conjunction with the
      withdrawal so as to maintain an acceptable balance
      of military power during and following our
      ground force withdrawal.

                    TOP SECRET

1급 비밀: 1977년 5월 28일 자 국무부 문서 〈주한미군 철수〉.

point will require further discussion.

-- In view of the Korean attitude toward
Command arrangements and in response to
President Park's specific request, it is
recommended that when the second increment
is withdrawn, no later than the end of June
1980, it should be so structured that the
Second Division Headquarters and two Brigades
remain. This will still allow for the
projected 15,000 ground personnel to be
withdrawn in the first two increments.

--

JAPAN

-- The discussions in Japan with the Foreign
Minister and Self Defense Agency were "pro
forma" because of the number of people
involved and the danger of leaks to the press.
The discussion with Prime Minster Fukuda was
substantive and informative.

-- In general the Japanese also would prefer
maintenance of the status quo. However,
they seemed to accept our explanation of
why U.S. ground forces were being withdrawn
and our determination to maintain security
on the Korean Peninsula.

-- Prime Minister Fukuda emphasized the importance
of reassuring all the friendly countries in
East Asia of the continued presence and

일부 먹칠이 되어 있는 1급 비밀문서.

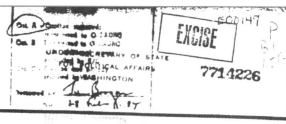

SECRET

NODIS

May 31, 1977

MEMORANDUM TO THE SECRETARY

FROM: Philip C. Habib,

SUBJECT: U.S. Ground Force Withdrawal from Korea:
            Consultations in Seoul and Tokyo

I have already sent you the summary memorandum which George Brown and I did on our return from Seoul and Tokyo. As that memorandum indicates, we believe that we achieved our initial objectives with regard to the Koreans and Japanese. In sum, we have accomplished the following:

A. We have initiated in a public and positive manner the consultative process which we promised both governments;

B. Although still holding private reservations about our basic decision on withdrawal, both the ROKG and the GOJ have accepted it within the context which we outlined (i.e., the reiterated U.S. security commitment to the ROK, the continuation of the major U.S. presence in the Western Pacific, compensatory measures to assure that ROK security is not in danger.)

C. The ROKG has also accepted the essentials of our phased withdrawal schedule. The specific considerations which President Park has raised with regard to the schedule are understandable, restrained and manageable from our point of view.

D. We have established the framework for ongoing consultations with the ROKG to culminate in the July SCM.

SECRET

2급 비밀: 1977년 5월 31일 자 국무부 비망록.

대통령의 육조

대한 즉답을 먼저 적어 놓았다. 한일 두 정상이 카터의 철군안을 '이해한다'는 것이다. '동의한다'는 표현은 쓰지 않았다. 한국의 박정희 대통령도 일본의 후쿠다 총리도 카터의 주한미군 철수안을 반대했기 때문이다.

이 문서는 1996년 11월 카터 대통령 도서관에서 정보 공개법(FOIA)에 따라 문서 공개를 요청한 신청자에게 제공된 것이다. 네 장짜리 문서에서 중간에 한 문단이 먹칠이 되어 있다. 1급 비밀문서에서 흔히 볼 수 있는 공개 전 문서 검열의 흔적이다.

다음은 2급 비밀(Secret)이다. "인가받지 않은 채 공개했을 때 국가 안보에 '심각한 손상(serious damage)'을 줄 수 있는 정보"다. '신중하게 (sparingly)' 지정해야 한다. 손상의 정도와 지정의 범위가 1급 비밀보다 한 단계 아래다.

'심각한 손상'의 범위를 국무부의 비밀문서 규정집은 네 가지로 분류한다. 첫째, 국가 안보에 중대한(significant) 영향을 끼치는 외교 관계의 단절, 둘째, 국가 안보에 직결되는 프로그램이나 정책에 중대한 장애 (significant impairment)를 가져올 수 있는 내용, 셋째, 중대한(significant) 군사 계획이나 첩보 작전의 폭로, 넷째, 국가 안보와 관련된 중대한 (significant) 과학 또는 기술 개발의 폭로다.

주한 미군 철수와 관련된 2급 비밀문서의 사례는 필립 하비브 차관보가 같은 주제와 제목으로 이번에는 카터 대통령이 아니라 직속상관인 사이러스 밴스(Cyrus Vance) 국무장관에게 보낸 비망록(memorandum)이다. 위의 1급 비밀 보고서를 카터에게 보낸 후 사흘 뒤인 5월 31일에 작성했다. '배포 금지(NODIS, No Distribution)'라는 배포 통제 캡션이 붙어 있다. 다른 곳에는 배포할 수 없고 수신자인 국무장관만 볼 수 있다는 뜻이다. 내용은 위에서 예로 든 1급 비밀문서 내용과 크게 다르지 않다. 굳이 다른 점을 찾자면, 국무부가 취할 조치 또는 국방부의 태도 등 한

솥밥을 먹는 같은 식구들, 즉 국무부 사람들(밴스 국무장관과 하비브 국무차관보)끼리만 할 수 있는 얘기가 담겨 있다는 점이다. 1급 비밀이 2급 비밀보다 반드시 더 민감하고 많은 내용을 담고 있는 것은 아니라는 사실을 이 사례에서 알 수 있다.

1995년 4월 국무부에서 공개한 문서이고, 역시 정보공개법에 따라 문서 공개를 요청한 신청자에게 제공한 것이다.

3급 비밀(Confidential)은 "인가받지 않은 채 공개했을 때 국가 안보에 '손상(damage)'을 줄 수 있는 정보"다.

국가 안보 관련 정보로 간주되는 것들에는 '관계자만 열람(For Official Use Only)' 또는 '한정된 관계자만 열람(Limited Official Use Only)' 같은 비밀 제한 용어나 문구를 사용하지 못하도록 했다. '주의을 요하는 비밀(Secret Sensitive)' 또는 '부처 내 비밀(Agency Confidential)' 같은 용어나 문구도 사용할 수 없다. 국가 안보 관련 정보는 '관계자만 열람' 등급보다 높은 1∼3등급의 비밀로만 지정하도록 규정한 것이다.

서울의 주한 미 대사관에서 워싱턴의 미 국무부로 타전한 1977년 6월 22일 자 전문(電文, Telegram)이 3급으로 비밀 분류된 문서다. 제목은 〈주한 미군 철수 관련 브라운/하비브의 방한 및 방일에 대한 해당국들의 반응〉이다. 위의 1∼2급 비밀문서는 방한과 방일 결과가 주제였지만, 이 3급 비밀문서의 주제는 주한미군 철수에 대한 한국과 일본의 반응이다. 수신자도 다르다. 1급 비밀문서는 대통령이 수신자였고, 2급 비밀문서는 국무장관이 수신자이면서 '배포 금지'가 된 문서였지만, 이 3급 비밀 전문의 수신자는 여러 명이다. 국무장관을 비롯해, 국방부 정보담당관실과 합동참모본부에도 타전되었고, 하와이의 태평양사령부와 도쿄의 주일 미 대사관도 수신자 명단에 들어 있다.

비밀 등급	국가 안보에 대한 영향	지정 수준
1급(Top Secret)	대단히 위태로운 손상 (exceptionally grave damage)	극도로 자제해서 (with the utmost restraint)
2급(Secret)	심각한 손상 (serious damage)	신중하게 (sparingly)
3급(Confidential)	손상 (damage)	

　일단 비밀 지정된(classified) 문서가 비밀 해제(declassified)되는 길은 크게 두 가지다. 하나는 규정상 일정 기간(25년)이 되어 자동으로 비밀 해제되는 것이고, 또 하나는 해제 여부를 검토한 후 해제시키는 것이다. 국무부 규정집이 정해 놓은 비밀 지정 유지 기간이라는 항목에는 "국가 안보를 고려해 필요하다고 판단될 때까지는 비밀로 분류되어야 한다"고 되어 있다. "전임자가 비밀로 분류해 놓았는데 자동 비밀 해제 대상이 아니거나 비밀 해제 이전에 해제 여부를 검토해 보라는 표시가 되어 있는 문서들은 해제 검토 이전까지는 비밀로 분류되어 있어야 한다"는 규정도 덧붙여 놓았다. 비밀 해제냐 아니냐 하는 기준은 결국 한 가지, 국가 안보다. 이 '국가 안보'가 바로 행정 편의주의와 정부 비밀주의에 날개를 달아 주는 든든한 배경이다. 어느 국가든 어느 정부든 예외는 없다.

　"만약 칫솔과 다이아몬드를 똑같게 취급한다면, 칫솔은 덜 잃어버리겠지만, 다이아몬드는 더 많이 잃어버리게 될 것이다." 케네디 행정부와 존슨 행정부에서 대통령 국가 안보 보좌관을 지낸 맥조지 번디(McGeorge Bundy)의 말이다. 국가 비밀문서를 숱하게 다뤄본 사람이니, 비밀을 비밀답게 지키는 방법을 누구보다 더 잘 알고 있을 사람이다. 모든 걸 비밀로 하면, 아무것도 지켜지는 게 없다(If everything is secret, nothing is safe)는 말이다.

전문(電文)에도 위아래가 있는 법

└ '화급'과 '긴급'의 차이

에어그램과 텔레그램

에어그램(Airgram)은 텔레그램 대신 외교 행랑에 넣어 인편(courier)으로 전달하는 메시지를 가리키는 국무부 용어다. 규정집의 표현을 빌리자면 "국무부와 재외 공관, 재외 공관 간에 광범위하고 시간 제약을 받지 않는(extensive and non-time sensitive) 분서화된 통신(written communications)"이다. 정치 및 경제 관련 보고, 정책 관련, 또는 다른 주제의 문서일 경우에 사용하되, (1)워싱턴이나 재외 공관에 다수 배포를 요할 때나 (2)첨부 문서가 있을 때 이 에어그램이 사용된다. 정보를 신속하게 배포하려고 할 경우에는 가능한 한 에어그램 대신 텔레그램을 사용한다.

국무부가 에어그램을 사용하기 시작한 것은 1942년부터다. 케이블을 이용해야 하는 텔레그램 비용이 너무 많이 들고 코드 작업이 너무 많아 이런 부담을 줄이기 위해 도입했다. 국무부 문서 윗부분에 'AIR-GRAM'이라는 간판이 달려 있으면 시기적으로 1942~1962년의 것이거나 1962~1991년의 것 둘 중 하나다. 국무부는 1991년 이후에는 에어그램을 쓰지 않았다. 전반기인 1942~1962년의 에어그램은 종이에 찍힌 텔레그램을 항공으로 우송하는 방식이었다. 기본적으로 텔레그램 용어와 형식을 취한 것이었기 때문에 첨부 문서는 동봉할 수가 없었다. 후반기인 1962~1991년의 에어그램은 기존에 통용되던 '발송 공문(dipatch)'이나 마찬가지였으며 이름만 에어그램이라고 불렸다. 후반기의 에어그램은 텔레그램 용어를 사용하는 대신 일반 문장으로 작성했고 문서 첨부가 가능했다.

흔히 텔레그램(Telegram)이라 부르는 전문(電文) 또는 전통문(電通文)은 '문서화된 전자 통신문'을 이른다. '신속하게 전달할 필요가 있고, 문서화해서 기록으로 남길 필요가 있는 공식 업무 수행 시 사용'하는 문서다.

빨리 보내야 하는 전통문에도 우선순위를 지정해야 한다. 빠른 것에도 위아래가 있는 법이다. 네 가지로 구분한다. 화급(Flash), 긴급(Immediate), 우선(Priority), 일반(Routine) 순이다. 전미 통신체계(National Communications System) 표준에 따른 구분이다. 화급인지 긴급인지 우선인지 우선순위를 염두에 두고 문서를 들여다보는 것과 이 우선순위의 의미를 간과한 채로 들여다보는 것 사이에는 큰 차이가 생긴다.

우선, 최우선 순위인 '화급(Flash)'은 두 가지 경우에만 해당된다. 대외 업무(foreign relations) 수행에 결정적 영향을 미치는 정보를 담고 있어 가장 신속하게(most urgent) 전달되어야 할 때이고, 주간이든 야간이든 시간에 상관없이 수신자가 받는 즉시 즉각적인 조치(instant action)를 취해야 할 경우다.

'화급'으로 지정을 할 때는 '극도로 신중하게(extremely sparingly)' 해야 한다. 곤히 자고 있는 동아태 담당 차관보나 차관, 또는 국무부 장관을 깨울 만한 사안이어야 한다는 말이다.

이 '화급' 전문은 또 자다 일어난 사람이 잠결에도 한눈에 알아볼 수 있게 짧아야 한다. 규정집에는 "단 몇 개의 문단만 담으라"고 되어 있다. 내용이 길어서는 안 된다. 전통문은 반드시 간략해야 한다(Brevity is

TOP SECRET
TELEGRAM RECEIVED

SECURITY INFORMATION

SECURITY INFORMATION

F L A S H

FROM: CINCFE (RIDGWAY AT EUSAK ADVANCE) DATE: May 8, 1952

NR: GX-5777 TAC KCG

PREC: FLASH

RECD: May 9, 10:13 a.m., 1952

GX-5777 TAC KCG Sent JCS WASHINGTON DC Rptd Info CINCFE TOKYO,

CINCUNC ADVANCE, and From EUSAK ADVANCE to AMEMB Pusan, May 8,

10:40 p.m., 1952.

American Embassy Pusan for Ambassador Muccio.

PART ONE: The following are the highlights of the narrative of the forcible seizure within Compound 76 of Brigadier General Francis T. Dodd, POW Camp Commander on Koje-Do at about 071500 I May (May 7, ~~12 midnight~~), as furnished me by CG EIGHTH ARMY:

3:00 p.m.

1. Brigadier General Francis T. Dodd, CG POW Camp Number 1, Koje Do Island, was seized at about 1515 (3:15 p.m.) hours 7 May, near gate outside of Compound Number 76 while in conference with POW leaders, and was carried into compound as a prisoner. A note in General Dodd's handwriting was received through the wire shortly thereafter stating he was unharmed, and requesting prisoner representatives from other compounds be sent into Number 76, and the installation of a telephone connecting him with the outside. Two representatives from each of 15 compounds, at PWs demand through Dodd, were sent to Camp 76 at 071900 (May 7, 7 p.m.) May. Telephone was furnished. After its installation, General Dodd announced prisoner conference would be continued at 1000 (10:00 a.m.) 8 May with the two representatives from each compound.

2. Conference was duly held. General Dodd telephoned following prisoner demands:

(1) Formation of POW association with by-laws, and with headquarters in Compound 66.

(2) Material to PW at Compound 76: four tents, 10 desks, 20 chairs, 200 stencils, 100 quires paper, 200 dozen pencils, 300 bottles ink, mimeograph machine, three-fourths ton truck, and one-fourth ton truck.

SECURITY INFORMATION
SECURITY INFORMATION
TOP SECRET

화급(FLASH)으로 타전된 도드 장군 피납 통보 1급 비밀문서.

mandatory).

또 하나, 우선순위에서 '화급' 이하로 지정된 전통문은 '화급'으로 지정된 전통문의 전송이 완료될 때까지는 절대 중간에 끼어들어 전송할 수 없다. '화급'이 최우선이다.

1952년 5월 7일 오후 3시 15분, 거제도 포로수용소장이었던 미 육군 준장 프랜시스 도드 장군이 포로들에게 납치되는 사건이 터졌다. 미군사는 물론 세계 전사에서도 없었던 초대형 사건이었다. 도드 장군은 인민군 포로 대표를 면담하려고 제1캠프의 76 포로수용동(Compound)에 가던 길이었다. 타고 온 지프차에서 내려 부관과 같이 정문 앞에 서 있을 때, 수용동 안에 있던 포로들이 갑자기 괴성을 지르며 수용동 안에서 뛰쳐나와 도드 장군을 수용동 안으로 끌고 들어갔다. 눈 깜짝할 사이에 일어난 일이다.

밴 플리트 미8군 사령관과 매튜 리지웨이 미 극동군 사령관, 주한 미 대사 무초 사이에 긴박한 전문이 오간다. 전문들은 단 한 건의 예외도 없이 모두 1급 비밀이었고, 이 1급 비밀 전문에는 모두 '화급'이라는 딱지가 붙었다.

사건이 발생한 지 하루가 지난 5월 8일, 이번에는 극동군 사령관이 미8군에서 타전해 온 사건 개요를 서둘러 무초 대사에게도 타전한다. 사건 발생 사실은 이미 알렸고, 이 문서부터는 사건 발생의 배경, 76 포로수용동 내 상황, 사태의 진전 상황, 앞으로의 대처 계획 등 자세한 내용이 담겨 있다. 사건이 진행 중인 만큼 이 문서 역시 '화급'이었고 1급 비밀이었다.

퇴근 후에는 보내지 마라

두 번째로 급히 보내야 할 것이 '긴급(Immediate)'이다. '긴급' 전문은 '중요한 정책 또는 정상적인 근무 시간대에 긴급한 주의나 행동

(immediate attention or action)이 요구되는 급박한 사안을 담은 전문일 경우에만 지정'되는 문서다. 한마디로 수신인이 퇴근한 다음에는 보내지 말라는 말이다.

수신인은 이미 퇴근을 했는데 밤에 긴급한 일이 터질 때도 있다. 알리긴 해야겠는데 그렇다고 자고 있는 수신인을 당장 깨워야 할 만큼 긴박한 상황은 아니다. 이튿날 출근해서 조치를 취해도 괜찮을 사안이다. 이럴 때는 어떻게 하나. 이럴 때 써 먹자고 만들어 놓은 등급이 '긴급'보다 한 단계 위인 '야간 긴급(NIACT IMMEDIATE)'이다. 'NIACT'는 Night Action Required의 약자다. 이는 '화급'과 동격이긴 하지만, '화급'은 받는 즉시 조치를 취해야 할 사안일 경우에 쓰이는 반면, '야간 긴급'은 '이튿날 근무 시작과 동시에' 조치를 취해도 될 만한 사안일 경우에 쓴다.

'주말 또는 공휴일 근무자들이 조치를 취해야 할 사안이 발생했을 때'는? 그냥 '긴급'으로 족하다.

1980년 5월 22일 오전 10시 24분, 광주 지역에 계엄군 재투입 가능성이 긴박하게 거론되자 주한 미 대사관에서 미 국무장관에게 타전한 2급 비밀 전문의 전달 우선순위가 이 '야간 긴급'이었다. 서울은 오전이었지만, 수신지 워싱턴은 밤이었다. 한국의 신군부는 광주의 질서 회복을 위해 계엄군 재투입이 불가피하다는 입장을 미국에 통보해 놓은 상태였고, 광주의 무질서 상태에 대해 미국이 어떤 형태로든 성명을 발표해야 한다고 워싱턴을 압박하고 있던 상황이었다.

광주 문제 때문에 거의 매 시간마다 국무부에 비상 전문을 타전하고 있던 글라이스틴 주한 미 대사가 당시 머스키 국무장관 앞으로 타전한 것이 바로 이 '야간 긴급' 전문이다. 워싱턴은 5월 21일 밤 아홉 시가 넘었을 때였다. '야간 긴급'의 전문 내용은 다음과 같다.

5월 21일 카터 대통령의 광주 관련 발언은 도움이 되긴 했으나 광주의 그 누구에게도 발언 내용이 전달되지는 않았음. 사태는 여전히 극도로 심각한(extremely serious) 상태임. 미국의 입장을 알고 싶어 사람들이 점점 더 많아지고 있음. 한국 정부도 미국의 성명 발표를 기다리는 중임. 더욱 중요한 것은 미국이 성명을 발표할 경우 그 성명 내용을 검열 없이(uncensored text) 배포할 것이며, 사태가 최악으로 치닫지 않는 한 최소한 이틀 안에는 광주 지역에서 무력 진압 조치를 취하지 않겠다는 점을 한국 군부가 위컴 장군과 본인에게 통보했다는 사실임.

전달 우선순위 '긴급'은 '정상적인 근무 시간에 조치를 취해야 하는 문서'다. 이 문서는 워싱턴 시간 밤 9시 24분에 접수되었다. 글라이스틴 대사는 이 문서를 '긴급' 순위보다 한 단계 높은 '야간 긴급'으로 타전했다. '긴급'과 '야간 긴급'을 왜 구분해 놓았는지, '긴급'과 '야간 긴급'의 차이가 무엇인지를 알 수 있게 하는 것이 글라이스틴의 이 비밀 전문이다.

전문 타전 이틀 후인 5월 24일, 글라이스틴 대사는 신군부로부터 진압군 재투입 사실을 통보받는다. 위 전문을 보낸 지 하루 후이자 진압군을 재투입하기 하루 전인 5월 23일까지만 해도 글라이스틴은 신군부의 무력 진압 가능성이 낮다는 판단을 하고 있었다. 〈5월 23일 오후 3시 30분 현재 한국 상황〉이라는 제목의 '긴급' 전문에서 그는 "광주 상황이 늦은 속도이긴 하지만 호전되는 것으로 보임. 류재현 합참의장은 군 병력이 하루나 이틀 후 광주에 재진입할 수도 있을 것이라고 말했음"이라고 썼다.

이 사례를 보면 '야간 긴급' 또는 '긴급' 같은 우선순위 등급이라는 것이 반드시 국무부 문서 표준 규정집(Handbook)에 따른다기보다는, 발신자의 상황 판단이나 수신자 쪽의 상황 인식에 따라 얼마든지 바뀔 수 있다는 사실을 알 수 있다. 글라이스틴 대사의 전문 내용을 잘 뜯어보면 계엄군 재투입 가능성이나 재투입의 시점보다는 미국의 입장과 정

EXCISE

DEPARTMENT OF STATE

( ) RELEASE   ( ) DECLASSIFY
(X) EXCISE   (✓) DECLASSIFY
( ) DENY   IN PART
( ) DELETE Non-Responsive Info
FOIA Exemptions _____ **B1**
PA Exemptions _____

ADP559

~~SECRET~~

PAGE 01   SEOUL 06525   221043Z
ACTION SS-30

INFO   OCT-01   ADS-00   SSO-00   CCO-00   /031 W
------------------000024   221049Z /17
O 221024Z MAY 80
FM AMEMBASSY SEOUL
TO SECSTATE WASHDC NIACT IMMEDIATE 6512

~~SECRET~~ SEOUL 06525

DECAPTION(?)

FOR EA ASSISTANT SECRETARY HOLBROOKE FROM GLEYSTEEN

E.O. 12065: RDS-3 5/22/00 (GLEYSTEEN, W.H.) OR-M
TAGS: PGOV, PINT, PINS, KS, US
SUBJECT: POSSIBLE FURTHER U.S. STATEMENT ON KWANGJU
  -    CRISIS

REF: SEOUL 6463

1.   (S) ENTIRE TEXT.

2.   I WISH TO RENEW MY RECOMMENDATION OF YESTERDAY (REF-
TEL) THAT WE ISSUE A FURTHER STATEMENT FOCUSSED ON THE
KWANGJU SITUATION.   HODDING CARTER'S MAY 21 COMMENTS WERE
HELPFUL BUT WERE NOT HEARD BY ANYONE IN KWANGJU.   MEAN-
WHILE, THE SITUATION REMAINS EXTREMELY SERIOUS; MORE AND
MORE PEOPLE WANT TO KNOW THE U.S. ATTITUDE; THE KOREAN
GOVERNMENT WANTS US TO MAKE A STATEMENT; AND, MOST
IMPORTANT, GENERAL WICKHAM AND I HAVE BEEN ASSURED BY THE
MILITARY HIERARCHY THAT THEY WILL ENCOURAGE DISTRIBU-
TION OF THE UNCENSORED TEXT AND WILL NOT UNDERCUT US BY
TAKING FORCEFUL ACTION IN KWANGJU FOR AT LEAST TWO
DAYS UNLESS THE SITUATION GOES COMPLETELY SOUR.

3.   TO BE USEFUL, THE STATEMENT SHOULD BE ISSUED AT TO-

~~SECRET~~
~~SECRET~~

PAGE 02   SEOUL 06525   221043Z

DAY'S PRESS BRIEFING SO THAT IT CAN BE PUBLISHED IN TO-
MORROW'S PAPERS HERE.   THE TEXT SHOULD MAKE THE FOLLOW-
ING POINTS:

-- WE ARE ALARMED BY THE CIVIL STRIFE IN KWANGJU.

-- WE URGE ALL PARTIES CONCERNED TO EXERCISE MAXIMUM
RESTRAINT AND UNDERTAKE A DIALOGUE IN SEARCH OF A PEACE-
FUL SETTLEMENT.

PAGE NO.   1

야간 긴급(NIACT IMMEDIATE)으로 타전된 글라이스틴 대사의 1980년 5월 22일 자 2급 비밀문서.

치 상황에 훨씬 더 많은 비중을 두고 있음을 알 수 있다. 미국의 성명 발표가 어떤 영향을 끼칠 것이며, 광주 상황이 얼마나 나아지고 있는지에 더 초점이 맞춰져 있는 것이다.

글라이스틴 대사는 이런 위싱턴의 입장을 잘 알고 있었다. 계엄군 재투입이 불가피하다는 신군부의 주장에 대해 위싱턴은 이미 5월 22일(위싱턴 시간)에 '최소한의 무력 동원'이라는 결론을 내려놓은 상태였다. 머스키 국무장관이 주재한 고위 정책 검토 회의에서 결정 난 사안이었다. 1분 1초를 다투는 병력 이동에 초점이 맞추어지고 병력 이동의 심각성에 무게를 둔 문서였다면 '화급' 등급이 붙었겠지만, 하루 이틀 만에 사태가 뒤바뀌기는 힘든 정치적 상황에 초점이 맞추어졌던 탓에 이 문서는 '화급'보다 한 단계 아래인 '야간 긴급' 등급이 매겨진 것으로 보인다.

'퇴근 후'와 '이튿날'의 차이

'화급'에도 밀리고 '긴급'한테도 밀렸지만, 그래도 급하게 타전하지 않으면 안 되는 세 번째 등급이 '우선(Priority)'이다. '빨리(speedy) 전달되어야 하는 것' 대부분이 이 '우선' 전문이다. 규정집에는 "시급하게(prompt) 전달하고 신속한(rapid) 행동을 요구할 때 지정하는 전문"이라고 되어 있다.

1952년 5월, 임시 수도였던 피난지 부산에서 정치 파동이라는 정변이 일어났다. 이승만의 개헌안 발의와 부결이 전쟁을 치르고 있는 한국 정치판의 뇌관을 건드리고 만 것이다. 이승만은 5월 25일 부산 및 경남, 전남, 전북 일부 지역에 비상계엄을 선포하고, 야당 국회의원들을 잡아들이기 시작했다. 국회의원 48명이 탄 버스를 통째로 헌병대로 끌어가기도 했다. 한쪽에서는 이런 이승만에게 박수를 보내는 의원들이 모여 지지 데모를 했고, 다른 쪽에서는 이승만을 성토하는 야당 의원들과 재야인사들이 모여 호헌구국선언을 발표하는 등 부산은 한마디로 아수라장이었다.

이런 와중이었던 1952년 6월 24일 오후 2시 40분, 밴 플리트 미8군 사령관이 이승만을 찾아가 한 시간 남짓 이른바 요담을 나눈다. 도쿄에 있는 클라크 유엔 사령관을 대신해 대통령을 찾아왔다면서 밴 플리트는 한국 정치 상황에 대한 미국의 우려를 전달했고, 이승만은 특유의 논리로 오히려 정변을 미국 탓으로 돌렸다. 혹을 떼어 보려고 왔던 밴 플리트는 혹 하나를 더 단 채 이승만과 헤어졌다. 며칠 안에 잠잠해지리라는 게 이승만의 결론이었다.

사무실로 돌아온 밴 플리트는 이승만과의 면담 내용을 석 장짜리 문서로 요약해 클라크 유엔 사령관 앞으로 타전하면서 이를 미 대사관에도 같이 보냈다. 밴 플리트가 타전한 이 1급 비밀문서의 전달 우선순위가 '우선'이었다. '신속한' 조치를 위해 '시급하게' 전달하기는 했지만, 밤과 낮을 가리지 않고 근무 외 시간이라도 즉각 처리해야 하는 '화급'이나 '긴급'은 아니었다. 한국 정치판은 언제 깨질지 모르는 살얼음판을 걷는 듯한 일촉즉발의 위기 상황이었지만, 그건 어디까지나 한국의 사정이었을 뿐이다.

마지막 남은 우선순위는 '일반(Routine)'이다. 우선순위랄 것도 없다. 급한 것은 이미 다 보냈다. 하지만 인편이나 우송으로 천천히 보내도 될 만큼 늑장을 부릴 수는 없는 사안일 때, 즉 전문이 아니면 안 되는 상황일 때 '일반'으로 타전한다. 그러나 어떤 문서에서도 'ROUTINE'이라는 단어는 보이지 않는다. 전통문에는 타이핑하지 않기 때문이다. 우선순위가 지정되어 있지 않으면 자동적으로 '일반'으로 처리된다.

국무부 문서군에서 텔레그램 못지않게 자주 보이는 문서가 비망록(Memorandum)이다. 비망록은 대개의 경우 행정 업무를 처리할 때 쓴다.

TELEGRAM RECEIVED

TOP SECRET
SECURITY INFORMATION

FROM: CG EUSAK ADVANCE
TO: CINCUNC TOKYO JAPAN
INFO: AMEMBASSY PUSAN KOREA
      Deputy Commander EUSAK
PREC: PRIORITY

DATE: June 24, 1952
NO: GX 6632 KCG

RECD: June 25, 9 AM.

GX 6632 KCG.

Reference DIP 342, CX 50463, CX 50664 and C 50673.

I talked privately with President Rhee at his home in Pusan, at 241430I June for one hour. The two of us were alone throughout hour talk. I opened the conversation by stating that I was representing General Clark, who wanted me to express again his concern, as well as my own, over the continued crisis in the political situation, and that General Clark and I wished to make it clear once again that we support fully the position presented by the US and the UN. I reminded the president that General Clark had emphasized this point when he visited the president on June 2, both at the beginning and at the end of that conference.

I admitted that General Clark and I had been, and still are, vitally concerned with the military situation primarily cma but that we are in complete accord with the US and the UN political position with respect to the Republic of Korea and that there is no divergency in the US and UN political and military positions.

The president assured me that that had always been his understanding. He stated that he had expected me to give primary attention to the military and Ambassador Muccio to political matters, but knew we supported each other.

I then presented to the president General Clark's letter dated June 23, as contained in CX 50664. It was typed on plain paper and unclassified, and I told the president that it had been received by radio, classified, and that General Clark was forwarding, by courier, the original signed copy. The President did not read the letter during our talk. I then outlined to the president the critical military situation which needed all our support in the event of a communist offensive and appealed to him to settle the political differences peacefully and quickly. I advised him that the US had always looked to him for leadership and still does.

The president replied that the situation looked much better but that his political opponents had been encouraged by certain positions taken by the US and UN which had delayed him in reaching an earlier solution. The president stated that he was endeavoring to comply with the wishes of the US and UN in not dissolving the Assembly, or to take any action that would embarrass his friendly nations, and this has slowed down the whole plan. He hoped that a favorable solution would be reached within a few days.

TOP SECRET
SECURITY INFORMATION

1952년 6월 24일 밴 플리트가 클라크 유엔 사령관에게 타전한 이승만 면담록.
우선(Priority) 등급이 매겨진 1급 비밀문서다.

즉, 국무부 내부끼리 또는 재외 공관끼리, 아니면 국무부와 재외 공관 사이에 일상적인 연락을 할 때 쓰는 것이 비망록이다. 물론 국무부와 다른 행정부처 간의 연락에도 쓰인다. 따라서 국무부 문서 맨 위에 'MEMORANDUM'이라는 말이 붙어 있으면, 주로 일상적인 행정 업무 처리와 관련된 내용이 담겨 있다고 보면 무난하다.

예를 들어, '몇 월 며칠 자로 당신에게 발송한 문서를 잘 받았으리라 본다', '이번에 그 문서에 관련된 후속 정보를 첨부해서 또 보낸다', '누구누구에게도 전해 달라'와 같은 내용들이다. 그러니 행정 업무용이라고 해서 홀대하거나 얕잡아 봤다가는 큰코다치기 십상이다. 특정 사안에 대해 자신의 견해를 밝힌 것, 정보원에게서 얻은 정보, 관련 인물 인터뷰 내용, 특정 인물에 대한 배경 조사, 특정 사태에 대한 일지 등 주옥같은 정보들이 모두 비망록이라는 이름으로 기록된다.

'MEMORANDUM'이라는 크고 굵은 글자체를 문서 맨 위에 얹고 있는 형식도 더러 있긴 하나, 편지 윗부분에 나온 국무부 문장 넷째 줄 아래에 'MEMORANDUM'이라고 타이핑을 해 놓는 경우가 대부분이다.

'조치 비망록' 정도로 번역되는 'Action Memorandum'도 있다. 이 조치 비망록은 국무부 장관을 비롯한 국무부의 고위급 간부들에게 전달되는 문서다. 수신자가 이 문서를 읽고 어떤 결정을 내려 주길 요구할 때 사용한다. 따라서 국무부 문서를 뒤지다가 'Action Memorandum'이라는 표시가 나오면, 최소한 두 가지는 확인해 볼 필요가 있다. 하나는 이 문서에서 어떤 조치를 요구하고 있는지 파악하는 것이고, 또 하나는 수신자가 이 문서를 읽고 난 뒤 무슨 조치를 취했는지를 후속 문서 더미 속에서 확인하는 일이다. 후속 조치가 취해지는 과정에서 생산되는 비망록은 '운영 비망록(Operational Memorandum)'이다. 모종의 조치를 취한 후속 문서가 반드시 존재하리라는 법은 없다. 빠뜨렸을 수도 있고, 분실됐을 수도 있고, 아예 후속 조치가 취해지지 않았을 수도 있다. 하지만 이런 경우를 예단하고 후속 문서 찾기를 지레 포기하는 열람자들은 거의 없다.

문서의 배포 통제

└ 아무나 다 볼 수 있는 게 아니다

'NODIS', 'EXDIS', 'LIMDIS' 순으로 통제

1980년 5월 7일, 워싱턴 국무부의 국무장관 앞으로 전문 하나가 타전되어 들어온다. 글라이스틴 주한 미 대사가 보내는 2급 비밀(Secret) 전문이다. 〈한국군 특전단 병력 이동〉이라는 제목이 붙어 있는, 세 문단의 스무 줄짜리 전문이었다.

한국군이 우발 사태에 대처하기 위한 아래 병력 이동을 미군 사령관에게 통지해 왔음. 현 한미 야전군(CFA) 산하에 있는 제13특전여단이 5월 8일 자로 임시 임무 수행을 위해 서울 남동쪽의 특전사령부로, 현 한국군 제1군 산하에 있는 제11특전여단이 5월 10일 자로 김포 반도로 이동, 제1특전여단과 같이 주둔하게 될 것임. 이 2개 여단의 총 병력 2500명은 학생 데모에 대처하기 위해 서울로 이동 중임.

미군 사령관은 또한 포항에 있는 한국군 해병대 1사단이 대전 및 부산 지역에 투입될 가능성에 대해서도 알려 왔음. 해병대 1사단은 한미연합사령부(CFC)의 작전 통제하에 있으며, 이동 시에는 미군의 승인을 받아야 함. 현재까지 병력 이동

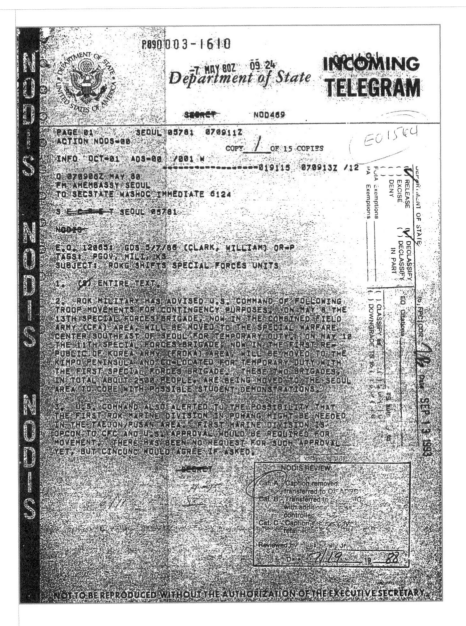

P090003-1610

-7. MAY 80Z 09.24   **INCOMING**
Department of State   **TELEGRAM**

SECRET   NOD469

PAGE 01   SEOUL 05701 070911Z
ACTION NODS-00
                    COPY 1 OF 15 COPIES
INFO OCT-01 ADS-00 /001 W
------------------019115 070913Z /12
O 070900Z MAY 80
FM AMEMBASSY SEOUL
TO SECSTATE WASHDC IMMEDIATE 6124

S E C R E T SEOUL 05701

NODIS

E.O. 12065: GDS 5/7/88 (CLARK, WILLIAM) OR-P
TAGS: PGOV, MILI, KS
SUBJECT: ROKG SHIFTS SPECIAL FORCES UNITS

1. (S) ENTIRE TEXT.

2. ROK MILITARY HAS ADVISED U.S. COMMAND OF FOLLOWING TROOP MOVEMENTS FOR CONTINGENCY PURPOSES. ON MAY 8 THE 13TH SPECIAL FORCES BRIGADE, NOW IN THE COMBINED FIELD ARMY (CFA) AREA, WILL BE MOVED TO THE SPECIAL WARFARE CENTER SOUTHEAST OF SEOUL FOR TEMPORARY DUTY. ON MAY 10 THE 11TH SPECIAL FORCES BRIGADE, NOW IN THE FIRST RE-PUBLIC OF KOREA ARMY (FROKA) AREA, WILL BE MOVED TO THE KIMPO PENINSULA AND CO-LOCATED FOR TEMPORARY DUTY WITH THE FIRST SPECIAL FORCES BRIGADE. THESE TWO BRIGADES, IN TOTAL ABOUT 2500 PEOPLE, ARE BEING MOVED TO THE SEOUL AREA TO COPE WITH POSSIBLE STUDENT DEMONSTRATIONS.

3. U.S. COMMAND ALSO ALERTED TO THE POSSIBILITY THAT THE FIRST ROK MARINE DIVISION IN POHANG MIGHT BE NEEDED IN THE TAEJON/PUSAN AREA. FIRST MARINE DIVISION IS OPCON TO CFC AND U.S. APPROVAL WOULD BE REQUIRED FOR MOVEMENT. THERE HAS BEEN NO REQUEST FOR SUCH APPROVAL YET, BUT CINCUNC WOULD AGREE IF ASKED.

SECRET

NODIS REVIEW

Cat. A Caption removed
        transferred to OT APPD
Cat. B Transferred in __
        with additional
        controller
Cat. C Caption ___
        retained

Reviewed by ___

Date ___ 19 ___

'NODIS' 캡션이 붙어 있는, 1950년 5월 7일 자의 글라이스틴 전문.

에 대한 승인 요청은 없으나, 요청이 있을 시 유엔군 사령관은 병력 이동에 동의하게 될 것임.

5월 10일 이전에 계엄령을 해제하지 않을 경우 5월 10일을 기해 가두시위를 하겠다는 학생들의 발표를 한국군이 심각하게 받아들이고 있는 것이 분명함.

1980년 5월, 한국의 긴박한 분위기를 이 '긴급(Immediate)' 전문은 무심할 만큼 담담하게 기록하고 있다. 이 문서 앞머리에는 'NODIS'라는 배포 통제 캡션이 붙어 있다. '배포 금지'를 뜻하는 'No Distribution'의 약자다. 수신자로 지정된 국무장관만 읽을 수 있고 그 외 사람에게는 배포해서는 안 된다는 뜻이다. 국무부 규정에 따르면, 대통령 또는 국무장관이나 재외 공관장 사이에 오가는 메시지 가운데 극도로 민감한 내용(highest sensitivity)이 담긴 것에만 이 'NODIS'를 적용하도록 되어 있다. 함부로 아무 데다 붙일 수 없는 최고 수위의 배포 통제 캡션이다.

국무부 행정실장(Executive Secretary)의 허락 없이는 국무장관 외 다른 사람에게 배포할 수 없다. 'NODIS' 캡션이 붙어 있는 문서는 '국무부 행정실장의 허락 없이는 수신자 이외의 사람에게 배포할 수 없다'는 것이 국무부 규정이다.

'NODIS' 다음의 배포 통제 순위는 '독점 배포(EXDIS, Exclusive Distribution)'다. 문서 내용을 꼭 알 필요가 있는(essential need to know) 담당자에게만 독점적으로 배포하는 문서다. 최고 등급인 'NODIS'가 '극도로 민감한 내용(highest sensitivity)'의 전문에 적용되는 반면, 이 'EXDIS'는 '고도로 민감한(highly sensitive) 내용'의 전문에 적용된다. 'EXDIS'가 붙어 있는 문서는 대부분 백악관, 국무장관, 국무차관(Deputy Secretary), 국무차관보(Under Secretary), 재외 공관장 사이에 오가는 전문들이다.

미 국무부와 주한 미 대사관 사이에 오간 문서 두 건을 예로 들어 보자. 우방국인 한국의 정치 상황을 다룬 문서인 데다가 김대중, 김종필,

이후락, 윤필용 등 거물급 정치인들의 발언을 다룬 민감한 내용이다. 두 문서 모두 1973년 8월 김대중 납치 사건 전후에 작성된 것들이다.

하나는 미 국무부가 서울과 도쿄의 두 대사에게 타전한 〈김대중과 의 대화〉라는 제목의 3급 비밀문서다. 김대중이 일본 도쿄의 그랜드 팰 리스 호텔에서 피납되기 넉 달 전쯤인 1973년 4월 5일에 작성된 것이 다. 당시 김대중은 미국에 머물고 있었고(1972년 유신 선포로 김대중은 일본 으로 망명했다가 미국으로 건너갔다), 서울에서는 이른바 윤필용 사건이 터졌 다. 윤필용 수도경비사령관이 중앙정보부장 이후락에게 '박정희 대통 령은 노쇠했으므로 형님이 후계자가 되어야 한다'고 한 발언이 씨가 되 어 군 장성들과 관련자들이 대거 체포된 사건이다. 박정희 대통령한테 괘씸죄로 걸려든 것이다. 이러한 윤필용 사건에 대해 김대중이 미 국무 부 동아시아 담당관이었던 레너드(Ranard)를 만나 자신의 견해를 밝힌 것이 〈김대중과의 대화〉라는 제목의 이 문서다.

'문서 내용을 꼭 알 필요가 있는 담당자', 즉 주한 미 대사와 주일 미 대사에게만 '독점 배포'를 해야 할 만큼 '고도로 민감한' 내용이 담길 수 밖에 없다. 발신자는 국무장관으로 되어 있다. 서울과 도쿄의 미 대사 들 입장에서 보면, 워싱턴의 국무장관이 당신들이 꼭 알 필요가 있는 내 용(즉, EXDIS)이라며 전문을 보내 왔으니 다른 어떤 연락문보다도 먼저 들여다봤을 것이 틀림없다. 더구나 제목이 〈김대중과의 대화〉다. 워싱 턴에 체류 중인 김대중의 일거수일투족에 한국 정치판의 관심이 쏠려 있는 판국에 미 국무부 관리가 그 김대중과 만나 '대화'를 했다는데 어 느 대사가 이런 비밀 전문을 눈여겨보지 않겠는가.

이 문서 역시 국무부 발신 문서 작성법을 충실히 따르고 있고, 그 작 성법에 따라 문서 첫머리를 요약문(summary)으로 시작한다.

요약: 4월 3일, 김대중 씨의 요청으로 레너드와 함께 김대중 씨를 만나 점심을 같

Department of State **TELEGRAM**

E32

CONFIDENTIAL 778

PAGE 01   STATE   063031

45
ORIGIN SS-25

INFO OCT-01 ADP-00 /026

IM/IPS/CB/IIK KJS Date 7-24-77 1.

DRAFTED BY EA/K:PWKR:EBEL:LM
4/4/73, EXT. 22332
APPROVED BY EA:RLSNEIDER
EA/K - MR. RANARD
S/S - MR. BARNES

R 051727Z APR 73
FM SECSTATE WASHDC
TO AMEMBASSY SEOUL
INFO AMEMBASSY TOKYO

C O N F I D E N T I A L STATE 063031

EXDIS

E.O. 11652: GDS
TAGS: PINT, KS

DECAPTIONED

KORE/ DESK
Room 6817

DER
HFN/A
PWK
BDB

SUBJECT: CONVERSATION WITH KIM TAE CHUNG

SUMMARY: AT KIM TAE CHUNG'S REQUEST HE MET WITH EA/K
RANARD FOR LUNCHEON CONVERSATION APRIL 3. CONVERSATION
FOCUSED ON DISMISSAL YUN PIL YUNG WHO KIM BELIEVED HAD
BEEN PREPARED TO ACT AGAINST LEE HU RAK AND PAK CHONG KYU
AND POSSIBLY PARK CHUNG HEE. AND ON KIM'S PERSONAL PLANS
WHICH APPARENTLY ARE INDEFINITE BUT FOR TIME BEING HE WILL
REMAIN IN U.S.

1. KIM DEVOTED MAJOR PART OF CONVERSATION TO YUN'S
DISMISSAL. KIM'S REMARKS WERE PUT FORWARD WITH DIRECTNESS
AND CONSISTENCY AND WITH INTERMITTENT ATTRIBUTIONS TO
SOURCES IN JAPAN. WHILE NOT ALTOGETHER CLEAR, HIS
REMARKS WERE INTENDED TO CONVEY THE IMPRESSION HE BELIEVED
THAT YUN WAS INVOLVED IN ACTIONS WHICH, HOWEVER ORGANIZED
OR MOTIVATED, WERE CONSTRUED BY PARK CHUNG HEE AS
DIRECTED AGAINST HIS GOVERNMENT.

NOT TO BE REPRODUCED WITHOUT THE AUTHORIZATION OF THE EXECUTIVE SECRETARY

CONFIDENTIAL

'EXDIS' 캡션이 붙어 있는 1973년 4월 5일 자 국무부 전문.

(E-14)

Department of State **TELEGRAM**

EA

CONFIDENTIAL   914

1.6X6

EXCISE

PAGE 01   SEOUL 05427 161046Z

Gmc
AWt
J
K

11
ACTION SS-25

INFO OCT-01 ADP-00 /026 W

-------------------   100782

R 160600Z AUG 73
FM AMEMBASSY SEOUL
TO SECSTATE WASHDC 9512
INFO AMEMBASSY TOKYO

C O N F I D E N T I A L SEOUL 5427

EXDIS   **DECAPTIONED**

E.O. 12958: ~~11652~~: ~~GDS~~ 1.6X6
TAGS: PINT, PFOR, KS, JA
SUBJECT: KIM TAE CHUNG'S ABDUCTION

 KCP's

BI *Robert J. Martens*

1. IN A MEETING WITH PRIME MINISTER KIM JONG PIL ON
AUGUST 16, WE DISCUSSED KIM TAE CHUNG'S ABDUCTION AND
POSSIBLE REPERCUSSIONS. ███████████

███████████████████████████
KIM SAID HE HAD CONVENED A MEETING OF THE HEADS OF ALL
THE CONCERNED AGENCIES AND ORDERED AN INVESTIGATION TO
TURN UP THE FACTS. HE HIMSELF WAS NOT ABLE TO COMMENT
IN DETAIL BECAUSE HE JUST DID NOT KNOW THE FACTS.

██████████████████████████████
██████████████████████ HE WAS GOING TO
TRY TO GET THE FACTS AND WOULD LET ME KNOW WHAT TURNED
UP.

2. KIM SAID HE REALIZED THE CASE WAS GOING TO PRODUCE
UFAVORABLE CONSEQUENCES BOTH IN KOREA AND ABROAD. HE
WAS PARTICULARLY CONCERNED ABOUT THE REACTION IN JAPAN
WHERE HE FEARED THE MOST SERIOUS CHARGES WOULD BE MADE.
HE REALIZED THAT EVERYONE INCLUDING MOST OF THE PEOPLE

NOT TO BE REPRODUCED WITHOUT THE AUTHORIZATION OF THE EXECUTIVE SECRETARY

CONFIDENTIAL

1.6X6

'EXDIS' 캡션이 붙어 있는 1973년 4월 5일 자 국무부 전문.

Department of State **TELEGRAM**

PAGE 02   SEOUL 05427   1610462

IN KOREA BELIEVE THE GOVERNMENT WAS INVOLVED. HE WAS
NOW GOING TO GIVE THE INVESTIGATIVE AGENCIES OF
THE JUSTICE DEPARTMENT A CHANCE TO CONDUCT THEIR
INVESTIGATION.

3. KIM MADE A POINT OF SAYING THAT WITH PRESIDENT
PARK'S APPROVAL, KIM TAE CHUNG WAS RECEIVING VISITORS,
INCLUDING THE PRESS. HOWEVER, HE MAY NOT HAVE KNOWN,
AS I LATER LEARNED, KOREAN AUTHORITIES HAD JUST
INSTRUCTED POLICE TO BAR PRESS AND VISITORXCVRONAVIM
TAE CHUNG ON GROUNDS OF PROTECTING HIS HEALTH AND
SECURITY.

4. COMMENT: I HAD INTRODUCED THE SUBJECT WITH KIM BY
ASKING HIM TO TELL ME WHAT HE KNEW OF THE FACTS

I THINK HE IS UNHAPPY ABOUT THE
WHOLE MATTER BECAUSE HE RECOGNIZES THE UNFAVORABLE
CONSEQUENCES, PARTICULARLY IN JAPAN
WHERE HE HAS HAD CLOSE TIES WITH LEADING MEMBERS OF
THE TANAKA GOVERNMENT. JUST WHAT HE WILL BE ABLE TO
DO OR HOW THINGS WILL BE MANAGED FROM HERE ON IS NOT
CLEAR. HE WAS EITHER NOT ABLE OR UNWILLING TO SHED
ANY LIGHT ON THIS SCORE.
HABIB

'EXDIS' 캡션이 붙어 있는 1973년 8월 16일 자의 하비브 전문.
김대중 납치에 대해 김종필이 언급한 부분만 가려진 채 정보공개법(FOIA)으로 공개된 국무부의 비밀 전문이다.

대통령의 욕조

이했음. 대화는 주로 윤필용 해직 사건에 대한 것이었으며, 김대중 씨는 윤필용이 이후락과 박종규, 그리고 아마도 박정희까지 포함해 이들의 반대편에 서서 행동을 하기로 준비가 되어 있었다고 믿고 있었음.

석 장짜리 이 문서에는 김대중이 파악하고 있는 박정희와 윤필용의 관계뿐 아니라 한국 정계 상황, 김대중의 일본행 가능성 등이 비교적 자세하게 적혀 있다.

워싱턴에 머물고 있던 김대중은 넉 달 후 다시 일본으로 건너갔다. 미 국무부 사람들이 신변 안전을 이유로 그를 말렸지만 그는 일본행을 강행했고 8월 8일 납치되었다가 8월 13일 동교동 자택 앞에서 발견되었다.

'EXDIS' 캡션이 달려 있는 또 하나의 문서는 김대중이 피납된 지 사흘 뒤인 1973년 8월 16일, 하비브 주한 미 대사가 국무장관 앞으로 타전한 〈김대중 케이스〉라는 제목의 두 장짜리 3급 비밀 전문이다. 이번에는 김종필이 등장한다. 하비브 대사가 김종필 국무총리를 만나 김대중 납치 사건에 대해 나눈 두 사람 간의 대화를 기록한 것이다. 모두 쉰 줄짜리 전문에서 열여섯 줄이 까맣게 지워진 채 공개됐다. 납치 사건에 대해 알고 있는 것을 말해 달라는 하비브 대사의 질문에 김종필 총리가 답변한 부분이다.

'NODIS', 'EXDIS'에 이은 세 번째 배포 통제 순위는 'LIMDIS (Limited Distribution)'이다. 문서 내용을 알 필요가 있는 담당자, 담당 부서, 담당 부처에만 제한적으로 배포되는 '제한 배포'다. 통상적인 것보다는 민감한 내용(more than usual sensitivity)이거나 주로 정치 · 경제 · 군사 문제를 다룬 문서에 적용된다.

다음이 'STADIS(State Distribution)'이다. '국무부 한정 배포' 정도로 번역하면 큰 오해는 없을 것 같다. 말 그대로 국무부 외의 다른 연방정부 부처에는 배포하지 않는다. "특정 통신 내용이 타 부처에 알려질 경우 국무부의 권익에 조금이라도 해가 될 수도 있을 때(would be prejudicial to the best interests) 사용"한다는 것이 국무부 규정집의 설명이다.

미 비밀문서 중에는 미국 시민이 아니면 좀체 보기 힘든 1급 비밀문서가 있다. 'NOFORN'이라고 배포 등급 표시가 되어 있는 문서다. 워싱턴을 발칵 뒤집어 놓았던 위키리크스(WikiLeaks)의 문서 목록에도 'SECRET/NOFORN'이라고 경고 딱지가 붙은 문서가 수두룩하다. 'NOFORN'은 미국 시민이 아닌 외국인에게는 배포할 수 없는(Not Releasable to Foreign Nationals) 문서다. 미국의 민감한 외교 전략은 물론 외국 대통령의 몹쓸 버릇에서 사생활에 이르기까지, 그야말로 '우리(미국)끼리만' 봐야 할 내용들이 그득한 미 국무부의 비밀 전문을 한두 장도 아니고 수십만 장을, 종이 복사본도 아니고 전자파일 형태 그대로 한꺼번에 온 세상에 삐라처럼 뿌려 댄 것이 브래들리 매닝(Bradley E. Manning) 각본, 줄리언 어산지(Julian Assange) 감독의 위키리크스였다. 그러니 이 위키리크스의 문서 대부분에는 NOFORN이라는 배포 등급 표시가 되어 있다. 위키리크스가 아니었다면, 미국 시민이 아닌 외국인들은 평생 접해 보기 힘든 문서들이다.

미국인들만 봐야 한다는 경고 표시가 문서 표지에 또렷하게 표시되어 있는 또 하나의 'NOFORN' 문서가 2013년 8월 30일 세상에 모습을 드러냈다. 이번에는 《워싱턴 포스트》를 통해서였다. 미국의 통신 감청을 폭로한 에드워드 스노든(Edward Joseph Snowden)이 CIA 등 미국의 열세 개 정보 부처들의 통신 감청과 위성 정찰 활동을 위한 2013년도 예산(약 520억 달러) 내역이 담긴 1급 비밀문서를 《워싱턴 포스트》에 제공했고, 《워싱턴 포스트》는 그 문서의 내용을 문서 표지와 함께 〈비밀 예산(Black Budget)〉이라는 제목의 특집 기사로 폭로한 것이다. 이 기사에 실린 문서 표지에도 'TOP SECRET/NOFORN'이라는 표시가 선명하게 드러나 있다.

2005년 5월, 이 'NOFORN' 표시 사용을 제한시키는 내부 비망록이 국방부을 비롯한 육군·해군·공군부의 장관과 펜타곤의 최고 지도부 사이에 회람된 적이 있다. 국방부 차관보실에서 작성한 메모였다. 비밀 유지에 관한 한 둘째가라면 서러워할 펜타곤인데 그 펜타곤이 'NO-FORN' 표시를 권장하는 것이 아니라 함부로 쓰지 못하도록 자제시키는, 역설적인 문서였다. 왜 그랬을까? 이 문서에 적혀 있는 해답을 보면 이렇다.

'NOFORN' 경고를 잘못 쓴 탓에 우방국이나 다국적군 파트너들과 국방 관련 비밀 정보를 공유하는 일이 지연되고 있다.

CIA가 문서를 도로 다 가져갔다?

지금은 그런 말이 잘 들리지 않지만 내셔널 아카이브를 이용하는 한국인 열람자들이 한때 흔히들 하는 소리가 있었다. '2001년 9·11이 터지고 나서 중요한 비밀문서는 미 중앙정보국(CIA)이 몽땅 도로 가져갔다'는 것이었다. 좀 더 구체적으로 '9·11 테러 후 미 국익을 해치는 주요 문서는 CIA나 국무성에서 이미 대부분 파기(destroyed)하거나 수거해 갔다'는 말도 나왔다. 그럴싸하게 들렸다. 표현이 조금씩 다르긴 했지만 어쨌든 '9·11 이후' 'CIA(또는 국무부)가' '주요 문서를 대부분' '수거해 갔다'는 말이었다.

전혀 터무니없는 말은 아니다. 무슨 말을 하려는지는 알겠는데, 왜 이런 허황된 말들이 유독 한국인 열람자들 사이에서만 퍼져 돌아다녔는지는 알 도리가 없다. 왜 이런 얘기가 나왔는지 짚이는 구석이 아주 없진 않았다. 9·11이 터졌으니 부시 행정부가 국가 안보를 염려하는 차원에서 이미 비밀 해제되어 공개된 문서를 다시 비밀문서로 재분류했을 테고, 비밀문서를 가장 많이 작성했을 CIA나 국무부가 그 당사자 아니겠느냐 하는 상식적인 추측에서 나온 말이 아닐까 싶다.

추측으로만 그쳤으면 좋았을 생각이 입에서 입으로 옮아 다니면서

과대 억측이 망측한 수준에까지 이르러 그저 듣고만 있자니 민망할 지경이었다. 결론부터 말하자. 침소봉대된 말이다. 야밤에 숟가락 몇 점 도둑맞은 집 얘기를 듣고는 그 집안이 하룻밤에 몽땅 털려 세간살이라고는 남아 있는 게 없다고 뺑친 격이다.

2006년 4월 내셔널 아카이브가 구설수에 올라 손가락질을 당한 일이 있었다. CIA와 아카이브 사이에 체결된 2001년 10월의 비밀 양해각서(MOU) 때문이었다. 이 비밀 양해각서가 공개된 배경은 이 책 50쪽 〈비밀문서 수거 통지문 – 어느 사학자의 항의〉에 나온 매튜 에이드 이야기에서 이미 소개한 바 있다. 양해각서에는 "이미 일반에 공개된 문서들을 문서고에서 다시 수거할 경우 문서 열람자들이 불평을 하거나 주목하는 대상이 될 수 있는데, 아카이브와 ○○○(행정 부처명)은 이런 사태를 피하는 것이 이롭다"는 내용이 들어 있었다. 비밀 재지정 사실 자체를 비밀로 하는 것이 좋겠다는 상호간 양해였다. 문서 수거, 즉 비밀 재지정의 이유에 대해 이 비밀 각서는 "일부 기록물들이 부적절하게 비밀 해제되었는데, 그로 인해 주요 정보원의 신분과 정보 수집 방법이 노출됨으로써 미 국가 안보에 해를 끼칠 수 있는 경우가 있었다"고 했다.

이 각서가 공개된 날 《AP 통신》은 3년 전에 이 각서의 공개를 요청했던 사실이 있다고 밝혔다. 내셔널 아카이브는 일부 행정 부처의 요청으로 문서를 수거해 비밀로 재지정하는 작업을 도운(help) 적이 있고, 이 비밀 재지정 작업에 참가한 사람들의 신원은 밝히지 않았다는 사실을 인정했다. 당시 내셔널 아카이브의 대변인이었던 수전 쿠퍼는 《워싱턴 포스트》와의 인터뷰에서 "우리는 투명성 확보를 위해 우리가 할 수 있는 일만 할 수 있을 뿐이다. 우리가 행정 부처를 통제(control) 할 수는 없다"는 말을 했다. 비밀 재지정에 대한 내셔널 아카이브의 한계를 토로한 말이었다.

비밀 각서 공개 후 내셔널 아카이브는 자체 감사를 벌였다. 비밀로 재지정되어 비공개가 결정된 수천 건의 문서를 대상으로 비밀 재지정의 정당성을 조사해 본 결과 예상했던 것보다 훨씬 많은 문서들이 비밀로 재지정되었다는 사실이 드러났다. 대상 문서의 24퍼센트는 비밀 재지정 조치가 '명백하게 부적절한(clearly inappropriate)' 것이었고, 12퍼센트는 재지정 사유가 '의문스러운(questionable)' 것으로 평가되었다. 결국 수거해 간 문서의 3분의 1 이상이 비밀로 재지정하지 말았어야 했던 것이다.

내셔널 아카이브는 문서고에서 이루어진 비밀 재지정 작업에 대해 각서 공개 이전에 이미 그 사실을 공개한 바 있다. 부적절하게 비밀 해제된 문서가 있는지 정부 부처 담당자들과 같이 아카이브의 문서 4340만 장을 조사했고, 그중 610만 장을 한 장, 한 장 검열했으며, 그 결과 17개 문서군에서 9500건(5만 5500장)의 문서를 비밀로 재지정했다고 했다. 국무부 문서가 7711건(2만 9000장)으로 가장 많았다.

이러한 비밀 재지정 작업은 1999년 이후 집중적으로 이루어졌다. 2001년 9·11 이전부터 문서 수거 작업은 진행되고 있었다. 다만 9·11 이후 달라진 점이라면, 대형 테러라는 변화된 안보 상황과 부시 행정부의 비밀주의 강화에 따라 비밀 재지정 직업에 가속도가 붙었다는 것, 그리고 이 비밀 재지정 작업 자체를 비밀로 한다는 각서가 작성되었다는 것이다.

국가 기록물의 비밀 재지정은 국가 안보를 내세운 행정 비밀주의의 소산이다. 1995년 클린턴이 대통령 행정명령(Executive Order)으로 25년이 지난 문서는 자동으로 비밀 해제하라고 지시한 것은 이 비밀주의의 수호자들을 상대로 한 모험적인 도전이었다.

이 행정명령은 각 부처가 생산한 문서들을 비밀 해제해 공개할 것인지, 아니면 비밀로 그대로 묶어 둘 것인지 5년 안에 모든 심사를 완료하라고 규정해 놓았다. 비밀 해제는 즉각 시행하고 나머지 문서들에 대해서는 5년 안에 비밀 해제 여부를 검토해 2000년에는 시행을 완료하라는 것이었다. 그러자 5년 안에는 불가능하다며 각 부처에서 들고 일어났다. 결국 심사 마감 시한이 2003년으로 연장되었고, 공은 부시 행정부로 넘어가고 말았다.

부시 집권 후 2003년 마감이 지켜질 것으로 보는 사람들은 많지 않았다. 9·11 사태와 이라크전 등으로 부시 행정부의 비밀주의가 극성을 부려 언론의 뭇매를 맞고 있던 상황이기도 했다.

하지만 부시 행정부로서도 비밀 해제 마감 시한을 무한정 연장할 수는 없는 상황이었다. 수십억 장에 이르는 정부 문서들을 그대로 껴안고 있을 수는 없었다. 결국 부시 대통령은 '마감 연장은 이번이 마지막'이라는 단서를 달아 마감 시한을 3년 더 연장한 2006년으로 정했다. 2006년 12월 31일 자정은 미 정부가 처음으로 25년 된 모든 문서를 자동으로 비밀 해제하는 마감 시간이었던 셈이다.

《뉴욕 타임스》의 스콧 셰인 기자는 미 정부의 숨은 역사를 밝히려는 수많은 연구자들에게 이 시간이 '신데렐라의 순간(Cinderella moment)'이 될 것이라고 썼다. 과한 표현이 아니다. 수십 년 동안 덮어 두었던 비밀이 공개되는 순간이니까. 내셔널 아카이브의 비밀 각서가 공개된 2006년의 마지막 날은 결국 1995년 클린턴 대통령이 서명한 행정명령의 첫 효력이 발생하는 날이기도 했다.

무려 7억 장의 문서가 이미 비밀 해제 마감 시간 이전에 각 부처에서 비밀 해제되었다. 내셔널 아카이브에 있던 4억 장도 비밀 딱지를 떼고 열람 가능한 문서고로 옮겨졌다. 연방수사국(FBI)은 범죄 수사 기록 등 민감한 내용을 담고 있는 문서 2억 7000만 장을 비밀 해제했고, 도청 기록과 암호 해독문은 물론 통킹 만 사건, 베트남전쟁과 관련된 문서 등을 가지고 있던 국가안보국(NSA, National Security Agency)도 3500만 장이 넘는 문서를 비밀 해제했다. CIA도 1억 장이 넘는 문서를 대상으로 비밀 해제 여부를 조사해 약 3분의 1 분량인 3000만 장을 해제했다고 밝혔다.

비밀 해제된 문서가 이튿날부터 바로 열람자들의 손에 들어갈 수 있는 건 아니다. 내셔널 아카이브로 이관된 후 아키비스트의 손을 거쳐야 한다. 아키비스트들은 자칭 '칼잡이(cutter)'다. 바지 주머니에 늘 주머니칼을 지니고 다닌다. 각 부처에서 테이프로 봉인된 채 이관되어 온 문서 상자들을 일일이 열어 봐야 하니 주머니칼은 아키비스트의 필수품이다. 문서 분류에서부터 색인 작업, 내용 작성, 열람용 문서 상자로 옮겨 담기에 이르기까지 이관 이후 해야 할 일이 한두 가지가 아니다.

아키비스트 50명이 1년에 작업할 수 있는 문서의 양은 4000만 장 정도다. 1인당 1년 작업량이 80만 장인 셈이다. 2006년 12월 이후에는 작업해야 할 문서가 7억 장이 더 늘었다.

내셔널 아카이브가 소장하고 있는 한국 관련 문서의 경우 25년 비밀 해제 연한을 기준으로 하면 1988년 이전에 생산된 문서는 모두 열람이 가능해야 한다. 전두환 정부 때까지의 미 외교 문서를 모두 볼 수 있어야 한다는 말이다. 박정희 대통령 시해 사건은 물론 12·12 사태, 광주항쟁 등을 기록한 모든 미 정부 문서가 포함된다. 하지만 현실은 그렇지 못하다. 국무부 문서의 경우 1970년대 중반 것까지만 공개가 되어 있을 뿐이다.

비밀 해제가 되지 않은 이유는 크게 두 가지 때문이다. 하나는 비밀 해제를 하지 않은 것이고, 또 하나는 비밀 해제를 하지 못한 것이다. 첫 번째, 비밀 해제를 하지 않는 이유, 즉 공개하지 않는 이유는 물어볼 것도 없이 비밀 해제 기준 때문이다. 미 국가 안보에 해가 될 만한 사항, 외국 국가 원수의 안위에 직접적으로 해가 될 수 있는 사항, 핵무기(원자력 에너지 포함) 관련 사항, 적대국이 미국을 위협하는 데 써 먹을 수 있는 정보 등 그 기준은 몇 가지 되지 않지만, 해석을 어떻게 하느냐에 따라이 기준의 폭은 얼마든지 넓어질 수 있다. 코에 걸면 코걸이 귀에 걸면 귀걸이 식의 비밀 해제 기준을 빠져나가기란 여간 어려운 일이 아니다.

두 번째, 비밀 해제를 아직 하지 못한 것은 무슨 특별한 사연이 있어서가 아니다. 일손이 달려 그저 일이 밀린 탓이다. 아키비스트들이 들여다봐야 할 밀린 문서는 아직도 수억 장에 이르고, 아키비스트의 숫자는 좀체 늘어나질 않는다. 국무부를 비롯한 각 부처에서 이미 아카이브로 이관은 되었으나 아키비스트의 손길이 미치지 못한 채 문서고에 그대로 쌓여만 있는 것이다.

최근 20년 사이에 한국 관련 문서가 가장 많이 아카이브로 이관되어 온 해는 2005년이었다. 이관량이 무려 5000개 상자분에 이른다. 1500만 장이나 되는 분량이다. 1995년에서 2005년까지 10년 사이에 아카이브로 이관된 문서의 양은 급증했고, 아키비스트가 손도 못 댄 채 문서고에 쌓여 있던 문서의 양은 자그마치 30억 장에 가까웠다. 적체된 이 문서에 본격적으로 손을 대기 시작한 것은 2007년부터다.

세계 질서의 슈퍼 파워이자 세계 경찰 노릇을 자처하는 미국은 비밀을 양산해 낼 수밖에 없는 체제다. 하지만 어느 국가 어느 정부 못지않게 정보 공개에 저만큼 앞서 가는 체제이기도 하다. 알 권리를 주장하는 국민들의 목소리도 늘 떳떳하고 당당하다. 정부에 구걸하지 않고 요구한다. '9·11이 터지고 CIA가 중요한 문서는 몽땅 다 가져갔다'는 패배주의와 왜곡된 비밀주의를 입에 담기보다는 정보 공개 요청서를 한 장이라도 더 써서 보낸다.

내 자식 먹을 쌀, 쥐새끼가 다 먹는다

내셔널 아카이브의 한국 관련 문서를 한국인 이용자들이 본격적으로 들여다보기 시작한 지도 이미 40여 년이 넘었다. 미군이 남한을 점령해 통치했던 미 군정 시기, 역시 미군이 작전지휘권을 행사했던 한국전쟁 시기, 차관과 원조라는 이름으로 미 달러화가 남한 경제의 기초 공사에 퍼부어졌던 경제개발 시기 등을 기록해 놓은 미 행정부 문서가 한국의 학자와 연구자, 언론인 등을 통해 빛을 쐬었다. 주로 국내에서는 자료 구하기가 쉽지 않은 시기와 분야의 문서들에 집중되었고, 1차 사료와 정책 자료에 목말라하는 이들의 갈증을 아카이브의 문서들이 어느 정도 해소해 주었다. 최근 10여 년 사이에 나온, 한국 현대사를 다룬 저작물 중에는 내셔널 아카이브의 한국 관련 문서를 활용했거나 인용한 것들이 다수를 차지한다. 사실 발굴과 역사 재해석을 위한 끈질긴 노력의 산물들이다.

연구자의 손길을 기다리는 한국 관련 자료들은 아직도 수두룩하다. 이미 공개되어 있는 문서들이다. 앞으로 더 공개되어 나올 문서와 정보공개 요청을 해서 얻게 될 문서까지 합치면 연구자들에게는 내셔널 아카이브야말로 무궁무진한 자료의 보고(寶庫) 구실을 하기에 전혀 손색이 없는 문서 창고다.

아카이브 문서들의 기록 범위와 정도, 폭과 깊이는 접해 보면 볼수록 쉽게 가늠이 되지 않는다. 어디까지 기록을 했을까, 무엇까지 모아 놓았을까 하는 궁금증이 저절로 떠오른다.

"내 자식 먹일 쌀, 쥐새끼가 다 먹는다"는 빨간색 한글 표어가 선명한 1960년대 초 쥐잡기 계몽 포스터를 아카이브 문서 상자에서 꺼내 펼쳤을 때 그런 생각이 들지 않을 사람이 과연 몇이나 되겠는가. 큼지막한 모기 그림 밑에 1년 열두 달 치 월력을 인쇄해 넣은 한 장짜리 모기 퇴치 홍보용 달력 원본을 들여다보면서도 그저 그러려니 무덤덤할 사람이 몇이나 될까. 거제도 포로수용소의 반공포로들이 60년 전 포로수용소 안에서 '송환 결사 반대'라고 쓴 빨래판 크기의 혈서들은 이미 색 바랜 지 오래다.

한국 관련 문서는 이렇듯 다양하다. 아카이브는 군사, 외교, 정치 분야의 문서만 문서 대접을 하는 그런 곳이 아니다. 이승만, 김구, 조소앙, 박정희, 김일성, 박헌영, 홍명희의 이름이 들어간 문서들만 가려 뽑아서 보관해 놓는 곳이 아니라, 우리 어머니 이름이 들어간 문서도, 까만 고무신 신고 단발한 우리 누이의 사진도 모아 놓은 곳이 아카이브다.

정부 주도로 산아 제한과 가족계획 열풍이 불었을 때인 1960년대에 임신 적령기였던 이른바 가임 여성이었다면(우리의 어머니나 누이처럼) 자기 이름 석 자나 또는 자신의 모습이 찍힌, 누렇게 색 바랜 흑백 사진이 내셔널 아카이브의 미 국제개발처(USAID) 문서군 어딘가에 분명히 끼어 있을지도 모른다. 임신이 가능한 남한의 여성 인구 현황, 피임 기구 보급 상황, 각 가정의 재래식 피임 유형 및 방법과 문제점 등을 면 단위별로 조사해 놓은 보고서를 비롯해 아시아 여성의 임신에 대한 사고방식 및 향후 아시아 지역 인구 증가에 대한 대책 보고서까지 포함되어 있는 것이 이 문서군이다.

1960~1970년대에 미 국제개발처가 한국의 중간급 이상 실무 담당 공무원들을 미국에 초청해 해당 분야의 실무 교육을 한 적이 있었다. 돈이 제법 들었을 이 연수 프로그램에 대한 기록을 국제개발처가 안 남겼을 리 없다. 연수생 개개인의 신상 명세와 자필 이력서, 연수 신청서와 연수 평가표 정도는 보관했을 것으로 짐작이 된다. 이 프로그램에 연수생으로 참여하셨던 분은 국제개발처가 남긴 자신의 기록을 열람해 한 번쯤 읽어 보시는 것도 흥미로울 것 같다. 이 연수생 문서철에는 연수생의 부처 내 영향력과 유력 인사들과의 친분 관계를 포함해 연수 이후 한국 정책의 변화 가능성까지 분석한 문서가 들어 있다. 혹시 자신이 연수 도중 망명을 생각해 봤다면 이 문서철 속에 들어 있는 〈연수생 망명 기도 사건 조사서〉도 읽어 볼 만하지 않을까.

박정희 정부 때 미 경제 차관으로 건설한 화천, 춘천, 당인리 등 전국 곳곳의 수력·화력·열병합 발전소에 대한 문서철에는 발전소 건설 계획 입안 서류에서부터 차관 계약서, 미국의 민간 발전소 건설업자들의 설계도, 공정 일지, 건설 현장 사고 조사서, 한국인 채용 노무자 일당 지급 명세서에 이르기까지 관련 문서가 모두 다 들어 있고, 한국의 1960년대 전력 수요와 수급 계획은 물론, 향후 100년 이후 한국의 전력 사정까지 분석되어 있다. 같은 시기에 건설되었던 항만, 도로, 다리, 공공건물 등 사회간접자본 투자 내역도 앞서 예로 든 전력 발전소 기록과 마찬가지로 섬뜩하리 만큼 고스란히, 완벽하게 보관되어 있다. 이 문서철의 30퍼센트 정도는 아예 문서 상자가 개봉되지도 않은 채였다.

한국과는 크게 상관이 없을 듯 보이는 미 재무부의 일반 문서군에도 한국 관련 문서가 들어 있다. 역시 1960년대 문서로, 현대시멘트와 한국나일론, 부산과 군산 열병합 발전소 등 사기업의 운영 상태를 기록한 문서들이다. 사기업이 한국 정부의 지원으로 개발 차관을 들여오게 되는 과정부터 차관 조건, 차관을 받을 기업의 재무 상태 등이 기록되어 있다.

광물, 임산물, 수산물 등 한국의 천연자원의 종류와 보존량, 분포 지역 등도 낱낱이 분석되어 있다. 광물만 예를 들어보자. 1960~1970년대에 가동되었던 미 국제무역위원회의 문서군(Records of the U.S. International Trade Commission)에는 알루미늄, 마그네슘, 코발트, 구리 등의 매장량부터 개발 가치, 개발 가능성 등을 조사한 위원회 기록이 들어 있다.

6·25 한국전쟁 관련 문서는 더 말할 필요도 없다. 한국전은 미군의 작전지휘하에 치러진 전쟁이다. 미군 장성이 유엔군 사령관 자격으로 정전협정에 서명까지 했다. 전쟁 기록에 관한 한 미군은 가장 자세하게 가장 많은 기록을 남기는 군대다. 한국전이 벌어진 1127일 동안 미군은 거의 한 시간 단위로 기록을 해 놓았다고 해도 결코 과언이 아니다.

가족이나 친인척 가운데 6·25 때 피난길이나 혹은 마을에서 미군의 폭격기 공습 또는 기총 소사로 변을 당한 사람이 있다면, 그리고 언제 어디서 어떻게 변을 당했는지 정확한 시간과 장소만 기억할 수 있다면, 미 육군이든 해군이든 공군이든 공습 폭격기 혹은 전투기의 기종부터 출격 지점, 현장 통과 시간, 포탄 투하량 등 공습에 대한 거의 모든 정보를 알 수 있는 곳이 아카이브다.

미 정보 정찰기들이 평양, 신의주, 원산, 대전, 춘천, 청주, 덕유산, 회문산 주변 일대 같은 주요 폭격 지점 및 주요 교통로 등을 정찰한 기록에는 정찰 시간과 횟수는 물론이고, 주요 도로에 대한 시간대별 교통량 변화 기록(병력 및 차량 이동을 포함한)까지 적혀 있다. 미 공군사령부 문서군 안에 있는 정보 보고 임무(MRIR, Mission Review Intelligence Report) 기록철 안에 들어 있는 문서들이다.

한국전 당시 야전 이동병원의 운영 실태와 환자 수, 이동 상황 등을 세밀히 기록한 "Korea Evacuation Hospital"이라는 제목의 문서철이 군사 기록이 아닌 미 적십자 문서군에 포함되어 있다는 것은 예상 밖의 일이긴 하지만, 이는 한국 관련 문서가 어느 문서군에든 구석구석 끼어 있다는 것을 보여 주는 본보기다.

일부 예외가 있긴 하지만 위에 언급한 몇몇 문서나 기록은 사실 한국인 열람자한테 그리 귀한 대접을 받는 것들이 아니다. 안보·군사·외교 정책이나 역사적인 주요 사건의 내막을 기록해 놓은 이른바 '주요 문서'로 여겨지는 것들이 아니기 때문이다. 심지어 일부 학자나 전문가는 이를 '쓸데없는 허접쓰레기들'이라고 평가한다. 이런 문서들이 왜 이런 대접을 받아야 하는지, 그래도 괜찮은 것인지를 물어보기에는 아직 시기가 이르다. 내셔널 아카이브가 적지 않은 비용을 들여 영구 보관하고 있는 이 문서들을 활용하고 문서답게 대접할 연구자들이 이후에도 나오지 말라는 법은 없기 때문이다.

한국인 열람자들이 내셔널 아카이브의 한국 관련 문서를 들여다보기 시작한 지 40년이 넘긴 했지만, 미 정부 기록물의 활용도는 썩 높지 못한 편이다. 다양한 이유가 있을 수 있다. 아무리 훌륭한 1차 사료가 산더미처럼 쌓여 있다 하더라도 워싱턴의 내셔널 아카이브는 서너 시간 만에 갈 수 있는 곳이 아니고, 한두 푼으로 들락거릴 수 있는 곳이 아니다. 편중된 연구 주제, 정보 '편식(偏食)', 아카이브에 대한 의도적인 몰이해 등도 활용도를 낮게 만든 이유 가운데 하나다. '1년 보고 나면 다 봤다고 하고, 2년 보고 나면 다 가져갔다고 하고, 3년 보고 나면 나머지는 다 쓰레기라고 한다'는 말이 비록 극소수의 한국인 열람자들에게만 해당되는 말이겠고 귀담아 들을 만한 말이 못 되지만, 왜 이런 말이 유독 한국인 열람자들 사이에서만 돌아다니는지는 한 번쯤 깊이, 깊이 생각해 볼 필요가 있다.

노획 문서
└ 독일식, 일본식, 한국식

　　내셔널 아카이브는 문서(textual records)를 550여 개의 문서군(RG, Record Group)으로 구분해 놓았다. 미 합동참모본부 문서군(Records of the U.S. Joint Chiefs of Staff), 국무부 일반 문서군(General Records of the Department of State), 백악관 문서군(Records of the White House Office), 국방정보국 문서군(Records of the Defense Intelligence Agency) 같은 식이다. 행정 부처 하나를 문서군 분류의 기초단위로 한 셈인데, 개별 부처 안에서도 중요한 실(Office), 국(Bureau), 처(Agency) 등은 별도의 문서군을 가지고 있다. 해군 조사실 문서군(Records of the Office of Naval Research), 경제분석국 문서군(Records of the Bureau of Economic Analysis), 도서(島嶼)문제국 문서군(Records of the Bureau of Insular Affairs)이 그런 것들이다. 실, 국, 처의 이름이 바뀌더라도 바뀌기 전 원래 이름의 문서군에 포함시킨다.

　　아무튼 원하는 문서를 찾으려면 가장 먼저 할 일은 문서군 선택이다. 노선버스를 타려면 버스 번호를 알아야 목적지를 제대로 찾아갈 수 있으니까. 처음 아카이브를 찾는 사람이라면, 550개가 넘는(2014년 말 현재 555개 문서군) 문서군 목록을 앞에 놓고 난감해할 것이 아니라, 목록실의 조사 보조원(research assistant)이나 아키비스트에게 물어보는 것이 시간 절약, 비용 절감, 효과 극대화를 위한 가장 빠른 지름길이다.

> **조사자:** 월남자 가족이다. 북한에 살고 있던 작은아버지를 6·25 때 거제도 포로 수용소에서 철조망 너머로 봤다는 사람이 있다. 그 후 생사 소식은 모른다. 수용소에서 생존해 북으로 송환되었는지, 반공포로로 석방이 됐는지도 모른다. 문서로 확인이 가능하겠는가?
> **아키비스트:** 민간 분야가 아닌 군사 분야 문서군을 봐야 한다. 우선 헌병사령관실 문서를 먼저 뒤져 보자. 'RG 389'의 'Office of the Provost Marshal General' 문서다. 한국전 당시 포로수용소 기록이 들어 있다. 미 극동사령부 문서군인 'RG 554' 안에 있는 한국후방관구사령부(KCOMZ, Korean Communications Zone) 문서도 찾아보아야 한다.

이런 식이다. 실제 사례다. 조사 보조원과 아키비스트는 자기 전문 분야의 문서군 번호는 물론 시리즈 제목까지 훤히 꿰고 있다. 열에 한두 번쯤 아키비스트 말만 믿었다가 이틀 정도 시간 낭비를 하고 하면 정나미가 떨어지기도 하지만, 그래도 아키비스트와 함께 가는 길이 훨씬 덜 막막하고 덜 고달프다.

아카이브 문서군 가운데 '노획 해외 기록물(Collection of Foreign Records Seized)'이라는 것이 있다. 문서군 번호가 242라서 흔히들 'RG 242' 또는 '노획 문서(seized documents 또는 captured documents)'라고 부른다. 2차 세계대전 때 미군이 독일, 일본, 이탈리아, 오스트리아, 류큐 열도 등에서 노획해 온 전리품이다. 일본에서 가져온 문서만 총 1만 입방피트가 넘는다. 대략 3000만 장이 넘는 양이다. 독일 문서가 7000입방피트로 약 2100만 장, 이탈리아 문서가 3000입방피트로 900만 장, 오스트리아 문서가 450만 매 정도다.

비밀로 분류되어 있던 이 노획 문서들은 1970년대에 모두 공개가 되었다. 비밀 해제되어 공개되자마자 문서 원소유자들이 이 문서를 복사해 가기 시작했다.

먼저 독일의 현대사연구소(Institut für Zeitgeschichte)가 1975년에 수집 작업을 시작했다. 적지 않은 예산이 필요했다. 자동차 회사인 폭스바겐이 이 프로젝트에 돈을 댔다. 현대사연구소에서 내셔널 아카이브로 연구원을 파견했고, 워싱턴 현지에서도 작업 인원을 고용했다. 아카이브의 협조도 얻었다. 아카이브의 아키비스트를 포함해 총 20~25명이 투입되었다. 2년에 걸친 작업 끝에 독일 현대사연구소는 노획 문서의 총목록을 만들었고, 이 가운데 75퍼센트인 2100만 장을 독일로 가져갔다.

내셔널 아카이브의 독일 노획 문서 파일함에는 이때 현대사연구소와 같이 작성한 목록이 보관되어 있다. 현대사연구소가 수집해 간 문서는 이 목록을 보면 한눈에 알 수 있다. 독일의 연구자들은 이 목록만 들여다보면 자신이 원하는 문서가 현대사연구소 수집분에 포함되어 있는지 아니면 워싱턴의 아카이브에 있는지를 손쉽게 알 수 있다.

일본은 1978년부터 수집 작업을 시작했다. 국립국회도서관이 수집 주체였다. 일본은 독일과는 다른 수집 방식을 취했다. 독일이 많은 인원을 동원해 짧은 기간 안에 수집하는 '전격 수집' 방법을 택한 반면, 일본은 적은 인원을 투입하되 수집 기간을 길게 잡는 '장기간 수집' 계획을 세웠던 것이다. 독일은 문서 목록화에 우선순위를 두었다. 총목록 작성에 치중하면서 우선 수집의 가치가 있다고 판단한 문서를 선택 수집하는 방식이었다. 선택 수집이라곤 해도 독일은 전체 문서의 4분의 3을 수집했다. 일본은 총목록 작성과 병행해 장기간 일괄 수집 방식을 택했다. 가능한 한 모두 수집한다는 방침이었다.

독일식과 일본식에는 차이점이 또 하나 있었다. 독일 현대사연구소는 총목록을 작성하면서 아카이브의 아키비스트들과 공동 작업을 했다.

독일의 노획 문서 목록이 완성된 후 아카이브에서도 그 목록을 활용할 수 있도록 한 협력 체제였다. 문서 상자 안의 문서철(folder)이나 개별 문서까지는 목록으로 만들지 않는 아카이브로서는 모든 문서를 하나하나 목록화하는 독일 현대사연구소와의 공동 프로젝트 같은 것을 마다할 이유가 없었다. 서로에게 이득이 되는 프로젝트였던 것이다.

이에 비해 일본 국립국회도서관은 목록 작성과 수집 등 현지 작업을 독자적으로 끌어가는 체제였다. 아카이브가 마이크로필름 작업실을 빌려 줘서 작업하는 데 편의를 봐 줬지만 따로 비용을 지불했고 일반 열람자와 마찬가지와 모든 작업은 열람실의 공개된 장소에서 독자적으로 진행했다.

독일 현대사연구소와 아카이브의 공동 작업 방식은 지금까지도 문서 대량 수집의 본보기로 평가된다. 아카이브가 독일식 수집 방법에 높은 점수를 주는 또 다른 이유는, 독일 문서를 뒤지는 개별 연구자들이나 조사자들의 중복 수집을 막을 수 있다는 장점 때문이다. 즉, 독일 연구자가 독일의 노획 문서를 조사할 때 굳이 아카이브를 가지 않고도 독일에 이미 만들어져 있는 목록만 보면 자신이 원하는 문서가 이미 수집됐는지, 아직 수집되지 않았는지를 바로 파악할 수 있다는 것이다. 목록 작성을 우선시한 독일식 수집의 가장 큰 장점이기도 하다.

일본 국립국회도서관은 수집 초기부터 2단계 수집 계획을 세웠다. 1단계는 우선 일본의 노획 문서 상자 1만 개분에 대한 목록을 작성하고 이와 병행해 문서 전량을 수집한다는 기획이었다. 이 1단계 수집 프로젝트는 착수에서 완료까지 12년이 걸렸다. 그다음 2단계는 아카이브에 소장되어 있는 일본 관련 문서를 체계적으로 일괄 수집한다는 장기 프로젝트였다. 2단계 프로젝트는 매 10년을 단위 기간으로 정했으며, 수집 작업은 지금까지 30년 이상 지속되고 있다.

일본 국립국회도서관과는 별도로 '오키나와 현(縣) 아카이브'가 현

차원에서 아카이브에 있는 오키나와 관련 문서를 수집했다. 오키나와 아카이브 프로젝트는 문서뿐만 아니라 동영상과 사진 자료도 수집 대상에 포함하고 있는데, 2003년부터 시작된 1차 수집 기간에 문서 540만 장을 수집했고, 10년 넘도록 수집 작업을 이어 가고 있다.

이탈리아 역시 990만 장에 가까운 방대한 양의 노획 문서를 수집했다. 자국 문서를 제자리에 갖다 놓은 것이다. 15년이 걸렸다.

해외 노획 문서군에는 '노획 북한 문서'도 들어 있다. 한국전 때 미군이 노획한 북한 문서들이다. 이 북한 문서는 독일이나 일본 문서에 비해 양이 그리 많지는 않으나 가로 40센티미터, 세로 13센티미터, 높이 28센티미터 크기의 문서 상자가 2400개 정도 공개되어 있다. 북한 공문서를 비롯해 개인 수기장, 단행본, 잡지 등 다양한 형태의 문서와 출판물이 포함되어 있다. 문서의 양이 얼마나 될지는 가늠하기 쉽지 않다. 기준을 정하기가 난감하다. 상자 안에 문서만 들어 있는 것이 아닐 뿐더러 문서라 하더라도 손바닥만 한 크기의 쪽지에서 대형 차트에 이르기까지 그 형태가 천차만별인 탓이다. 상자 한 개당 평균 500장만 잡더라도 문서량은 대략 150만 장 안팎이 될 것으로 추산될 뿐이다. 이 문서군에는 러시아어로 작성된 문서와 출판물도 많은 양이 들어 있다. 상자 수로는 600개에 가깝다.

북한 문서가 일반에 공개된 시기는 1977년 초다. 북한의 노획 문서 목록 상자에는 이 문서들에 대한 조사 보고서 한 편이 들어 있다. 영문으로 작성된 것이다. 보고서 작성 시기가 분명하지는 않으나 보고서 내용으로 봤을 때 1978년 6월 이후일 것으로 짐작된다. 〈워싱턴 국립레코드센터의 노획 북한 문서〉가 제목이다. 보고서 작성자는 미 의회의 토마스 호석 강(Thomas Hosuck Kang)으로 되어 있다. 의회 도서관 사서를 지낸 강호석(姜浩錫) 씨다. 여덟 장 분량의 이 짧막한 보고서 앞머리에는 "이른바 '한국에서 미군이 노획한 기록물'이라는 문서군을 조사하고 평가하기 위한 것"이라고 보고서 작성의 목적을 밝혀 놓고 있다. 노획 문서의 역사적 배경과 중요성을 소개하고, 내용별·주제별로 문서를 분석하면서 보존의 문제점을 지적하는 등 북한의 노획 문서가 어떤 것인지를 한눈에 알아볼 수 있도록 잘 요약 정리되어 있다.

이 보고서 속에 눈길을 끄는 흥미로운 대목이 나온다. 그 부분만 그대로 옮기면 이렇다.

이 문서들은 아직 일반에게, 특히 학계에 공개적으로 널리 알려져 있지 않은데, 그 이유는 이 문서들이 '비밀(confidential)'로 묶여 있다가 1977년 2월 16일에야 비로소 비밀 해제가 되었기 때문이다. 이 문서 이용자들은 세 가지 다른 형태를 보인다. 첫째, 일부 한국 학자들, 특히 한국 정부 관리들의 경우다. 이들은 이 자료들을 이미 훑어보았고 자료 가운데 일부를 수집해 갔다. 이들 각자는 모두 자신만이 이 자료에 대해 알고 있는 유일한 사람이라고 생각하고, 다른 이들은 이 자료를 이용하지 못하도록 한다. 둘째, 정치적 선정주의를 노린 일부 언론인들은 민감한 시기에 이 자료들을 공개하며 왜곡과 과장이 지나친 태도를 보임으로써 일반인들을 잘못 유도하고 있다. 예를 들면, 한국동란 기념일 하루 전인 1978년 6월 24일 《동아일보》가 '북괴 남침 관련 비밀문서 대량으로 쏟아져'라는 제목과 '6월 24일 자로 전면전 명령 하달'이라는 부제를 달아 게재한 장문의 기사가 그런 경우다.

노획 북한 문서가 처음 공개되었을 때 학자, 언론인, 주미 대사관 직원 등 전문가들과 연구자들은 이 문서에 그야말로 지대한 관심을 보였다. 너도나도 이 문서를 열람하려고 모여들었다. 문서 자체에 관심이 있는 연구자도 있었지만, 위 보고서에 등장하는 인물들도 섞여 있었다. 30년도 훨씬 전인 당시를 기억하는 원로들의 말을 들으면 이 노획 문서를 둘러싸고 워싱턴의 일부 한국 지식인들이 보여 준 행태는 한마디로 추태였다. 이후에도 이 북한 문서를 둘러싸고 몇몇 한국인 연구자들 사이에는 볼썽사나운 일들이 종종 벌어졌다. 일일이 거론하기 민망할 정도였다. 이런 일들을 아카이브의 미국인 아키비스트 몇몇은 30년이 넘도록 생생히 기억하고 있었다.

어떤 방식이 옳은지는 나중에 더 환하게 더 빤히 밝혀질 일이고 어쨌든 노획 문서를 대하는 방식에는 3국 사이에 명백한 차이가 있었다. 독일식과 일본식, 한국식 사이에. 좁은 소견이어서 그런지 이 차이점은 지금도 크게 달라진 게 없어 보인다.

5:

이런 문서들 ❶

– 노획 북한 문서

노획 북한 문서가 들어 있는 내셔널 아카이브(NARA)의 해외 노획 문서군(RG 242)에서 가려 뽑은 문서 24점이다. 내셔널 아카이브가 소장하고 있는 노획 북한 문서라는 것이 어떤 형태이며 어떤 내용을 담고 있는지 쉽게 알 수 있는 것이라고 판단한 문서 위주로 선정했다. 1차 사료로서 뛰어난 가치가 있는 문서, 새로운 역사적 사실을 밝혀 주는, 최초로 독점 발굴된 문서, 학문적 연구 가치가 있는 문서 등 이른바 '중요한 역사적 문서'로 평가되는 것들은 아니다. 단순한 문서 소개가 선정의 기준이었다.

각 문서마다 짤막하게 붙인 설명문 역시 문서에 대한 이해를 돕기 위한 것이지 '학문적 해제'와는 거리가 멀며, 문서의 출처 역시 학술서의 각주 형식에 따라서가 아니라 내셔널 아카이브의 문서 색인을 영문 그대로 옮겨 적었다. 이 출처 정보만 있으면 누구든 내셔널 아카이브에서 문서 원본을 열람할 수 있다.

이 장에 실린 문서들은 2011년 11월 국립중앙도서관 개관 66주년 기념 특별전 〈열두 서고, 열리다〉의 도록《북한 문서 컬렉션》에 실렸던 문서 일부를 옮겨 와 다시 손을 본 것이며, 문서 이미지 역시 국립중앙도서관에서 제공해 주었다.

시인 고은이 다녔던 군산중학교의 학생 수

6·25 전쟁 초기 북한은 남한 점령지 '해방구'를 3개월 동안 통치했다. 군사는 물론 경제, 문화, 교육 등 사회 전반에 대한 행정권이 북한의 수중에 있었다. 전라북도 지역도 예외가 아니었다. 이 문서는 1950년 9월 이른바 '인공(人共) 치하' 당시 전북 각 시군의 인민위원회가 도내 교육기관의 현황을 조사해 도표로 만든 각 학교 기본 실태 조사표 가운데 하나다. 조사 대상은 군산시에 있는 중학교들이다. 각 학교별로 해방 전후의 교실 수와 교원 수, 각 학년별 학급 수 및 학생 수를 조사해 유인물 양식에 손으로 적어 넣은 이 문서는 점령지 통치를 위한 기초 행정 자료의 한 실례를 보여 주는 문서다.

첫 번째 항목에 나오는 '군산중학교'는 시인 고은이 다닌 학교다. 전북 옥구군 미면 미룡리 용둔 부락이 고향이었던 고은은 해방 전인 1947년 봄에 군산중학교에 입학했고 6·25 전쟁이 나던 해에는 이 학교 4학년에 다니고 있었다. 고은은 자신이 군산중학교에 "500명 신입생 가운데 수석으로 입학했다"고 적고 있다. 검정색 잉크의 펜글씨체로 적힌 이 실태 조사표를 보면 4학년은 "학급 수 6"에 "남학생 수 453명"으로 나타나 있다. 고은의 글과 거의 일치한다. 이 문서에 나온 4학년생 남학생 453명 가운데 한 명이 고은이었다.

하지만 이 문서가 작성되었을 당시 군산중학교는, 고은의 기록에 따르면, 이미 비어 있었다. "우리 동네와 미제 부락까지의 길은 모두 괴괴했다. 중학교뿐 아니라 5분이면 가는 미룡국민학교 아이들도 전쟁으로 수업이 무기한으로 중단되었기 때문이다. 학교란 거미줄 치기 좋은 텅 빈 곳이 되었다"라고 고은은 자전소설《나, 고은》(제1권, 138쪽)에 적고 있다. 군산중학 4학년을 다니다 그만둔 고은은 "3개월간의 인공 치하에서

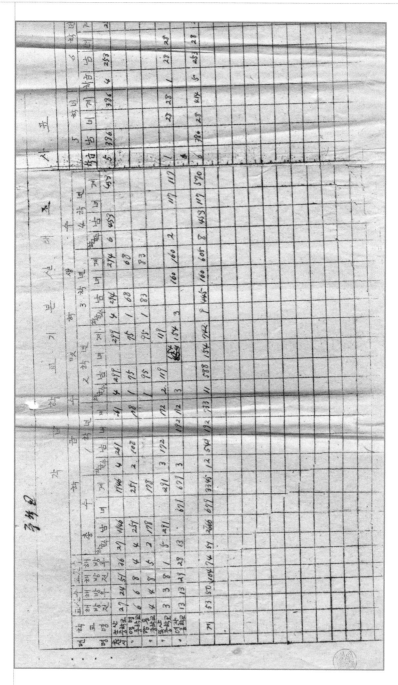

전북 군산시 인민위원회의 학교 기본 실태 조사표(1950년 9월).

밤마다 인민군 명령으로 군산 비행장 활주로 보수 작업에 강제 동원"되었다.

- 문서 출처: Entry #299, Box 183

미룡인민학교에 태극기는 없었다

1950년 9월 전북 옥구군 미룡국민학교의 기본 실태 조사표다. 일곱 번째 항에 "미면 미룡인민학교"라고 적혀 있다. 문서에 나와 있는 것처럼 "인공 치하"에서 국민학교는 인민학교로 불렸다. 미룡국민학교는 해방 전인 1942년 봄, 시인 고은이 나이 열 살 때 입학한 학교다. "우리 동네(용둔 부락)에서 미제지를 건너가면 미제 부락의 신작로 가에 있다"던 그 초등학교다.

고은은 자신의 어린 시절을 기록한 《황토의 아들》(144~145쪽)에서 미룡국민학교에 대해 이렇게 서술한다. "학교는 설립된 지 3년밖에 안된 새 것이다. 교실도 우선 네 개였는데 그중의 두 개는 강당으로 쓸 때를 대비해서 벽의 칸막이를 떼어내면 되었다. (중략) 교사는 교장과 1학년 담임 여선생 이외에는 조선 사람 셋이었다." 교실은 칸막이를 해서 쓰면 여섯 개인 셈이고, 전체 선생님 수는 다섯 명이었던 셈인데, 이 실태 조사표의 기록과 크게 다르지 않다. 실태 조사표는 해방 전 미룡인민학교의 교실 수는 일곱 개, 교원 수는 열두 명이라고 기록해 놓았다.

미룡국민학교가 미룡인민학교로 불리기 직전인 1950년 7월 중순의 상황을 고은은 자전소설 《나, 고은》(제1권, 152쪽)에 이렇게 적고 있다.

내가 다닌 국민학교에 이따금 갔다. 교무실에만 한 교사가 책장을 넘기며 앉아 있전북 옥구군 인민위원회의 학교 기본 실태 조사표(1950년 9월).

었다. 그런데 교장과 교무 주임 교사 그리고 급사까지 함께 사용하는 교무실이나 교실 어디서도 태극기나 이승만의 사진은 찾아볼 수 없었다. 말하자면 학교 역시 그저 인민군이 오기를 기다리고 있는 일밖에는 어떤 일도 하지 못했다.

고은은 김형수가 진행했던 〈고은과의 대화〉에서도 미룡국민학교 얘기를 한다.

내가 늦게까지 서당 학동이다가 국민학교에 입학한 것이 1943년이야. 만 10세이므로 요즘의 초등학교 신입생으로는 늦다리였지. 그때 내 고향 옥구군에는 면 단위로 국민학교가 있었어. 그래서 옥구군 미면에는 군산부(群山府) 교외에 있는 미면 신풍리 소재의 신풍국민학교가 있었지. 그런데 취학 인구가 늘어나므로 하나를 더 세웠는데 그것이 미면 미룡리의 미룡국민학교였어. 내 앞에 3학년생이 제1회가 되었지. 학교 교사(校舍) 한 채의 네 교실로 그중 하나는 교장과 교사가 함께 쓰고 있었지. 내가 들어가면서 교실이 두 개 더 늘어났어. (〈〔고은과의 대화〕 때로 한자·알파벳이 싫증 나면 아랍문자에 사로잡히곤 하지〉,《경향신문》, 2012년 2월 24일 자)

• 문서 출처: Entry #299, Box 183

김일성 수상께서 보내는 선물이오니

"조선민주주의인민공화국 정부"라고 인쇄되어 있는 봉투와 그 안에 들어 있는 한 장의 짤막한 쪽지다. 보내는 사람은 "수상 비서 김종항"이고, 받는 이는 "최창익 앞"이라고 되어 있다. "김일성 수상께서 보

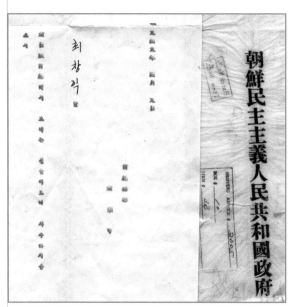
최창익에게 발송된 조선민주주의인민공화국 정부 서신.

내는 선물이오니 사수하시옵소서"라는 짧은 글이 내용의 전부다. 날짜
는 1949년 4월 9일로 되어 있으니 북한 정부 수립 후다. 김일성 수상의
비서가 당시 북한 정부의 재정상이었던 최창익에게 보낸 것이다.

김일성의 선물이 어떤 것인지는 이 쪽지만 봐서는 알 길이 없다. 물
건을 선물로 보내면서 이 쪽지를 함께 보냈을 수도 있고, 봉투 안에 선
물과 이 쪽지를 함께 넣은 것일 수도 있다. "사수하시옵소서"라는 표현
이 이색지다. 물건이나 서류를 거두어 달라는 뜻의 '사수(査收)'가 아닌
가 싶다. 상대방을 대접한 말이다.

하지만 받는 이 이름 다음에 직위명이나 직함, 하다못해 존칭 하나
없이 달랑 이름 석 자만 손글씨로 써넣었다. 이 쪽지가 들어 있는 노획
문서군에는 이것 말고도 1946년 8월 13일 자로 된, 북조선임시인민위
원회 위원장 김일성 명의로 보낸 8·15 해방 1주년 기념 축하연 초대장
도 한 장 들어 있는데, 이 또한 받는 이를 적는 곳에 직함 없이 "최창익

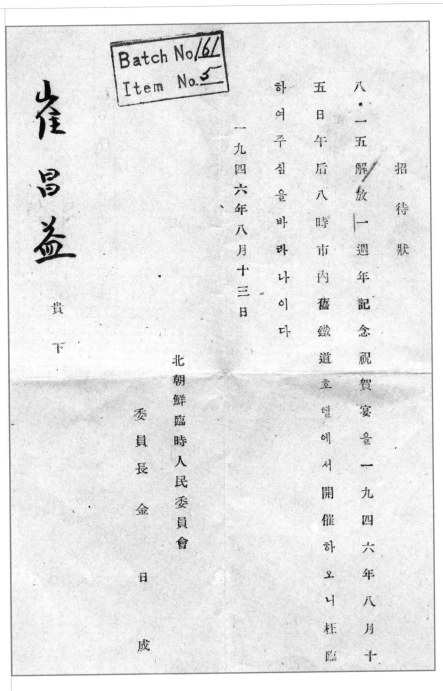

招待狀

八・一五解放一週年記念祝賀宴을一九四六年八月十五日午后八時市內舊鐵道호텔에서開催하오니枉臨하여주심을바라나이다

一九四六年八月十三日

北朝鮮臨時人民委員會

委員長 金日成

崔昌益 貴下

최창익에게 발송된 김일성의 초대장.

4073-

2977

2268 - 김일성 위원장   2178 - 상업국장
4123- 2244 - 미서   2261 - 국국장
2220 - 김책   (4207)
3667 - 미서   3525 - 인민경제국장
5201 - 중앙위원장   5274 - 재정국장
5182 - 미서

4981 3709 김두봉   5463- 무역화
     4882 ┃   5740- 리방남
     4886 미서   5988- 중앙 검찰 위원장
                            3355- 문교원장
3949 - 한설야   3087 - 최경덕

5346 - 교통국장   3292 - 성정부장 (허정숙)
3064 - 무국장   4287 - 보욱장

5993 ┃ 내무국장   5157 ┃ 중앙당 모란대
5555 ┃   5885 ┃
2764 - 무국장   2972- (A-4) ИЛЬЮШИН

2242 - 농번국장   2239 - 간부부장
3927 - 무국장   2614 - 국욱장

4008 - 보물국장   4911-15 - 인민위원회
2466 무323   李相熙
2365 - 상업국장

2763 - 보전국장   2405 - 김두선
                          조선 외기평
3943 - 산업 국장
2238 - 무국장   4246 - 장철
2889 - 력 무국장   3926 - 재미국장

北朝鮮人民委員會外務局

북조선인민위원회 외무국의 연락처 메모지.

귀하"라고만 되어 있다. 북한 정권 수립 직후 공문서 발송 시 통용되던 수신자 표기 관행을 엿볼 수 있는 자료이기도 하다. 청타(淸打) 조판 인쇄된 쪽지 양식을 쓴 것으로 보아, 수상 비서는 최창익만이 아니라 여러 사람에게 자주 '김일성 수상의 선물'을 전달했던 것으로 보인다.

• 문서 출처: Entry #299, Box 184

김일성 위원장의 전화번호는 2268번

북조선인민위원회 외무국에서 썼던 사무용지에 북한 고위급 인사 및 주요 직책자의 전화번호를 손글씨로 적어 놓은 연락처 메모지다. 김일성 위원장을 비롯해 로동당 정치위원과 산업상을 지낸 김책, 김두봉, 한설야, 허정숙, 리상조 등 주요 인물들의 이름이 보인다.

한설야는 최고인민회의 대의원이었고 전쟁 후 1957년에는 문화상을 지냈다. 재정상 최창익의 부인이었던 허정숙의 직함이 선전부장으로 적혀 있는 것으로 보아 조선로동당에서의 직책을 표기한 것으로 보인다. 허정숙은 1948년 9월 조선민주주의인민공화국 수립 후 문화선전상을 지냈다. 휴전 협상 때 북조선 협상 대표단의 일원이었던 리상조의 이름도 보이며, 고위급 인사들의 연락처 외에도 중앙민청위원장 연락처를 비롯, 조선로동당 중앙당 교환대 및 인민위원회 교환대 연락처도 적혀 있다.

• 문서 출처: Entry #299, Box 186

박헌영 외무성, '리발사' 채용하고 '타자원' 해고

　　북한 외무성의 행정명령서 다섯 종이다. 다섯 종 모두 6·25 전쟁 직전인 1950년 6월에 작성되었다.

　　6월 3일 자 제51호 명령서에는 세 건의 각기 다른 명령 내용이 나란히 기재되어 있다. 하나는 외무성 도서과에 근무하던 유순자 과원에게 9개월간의 휴직을, 둘째는 외무성에서 타자원으로 근무했던 윤휘자에게 휴직을 명한 것이다. 윤휘자의 휴직 사유는 "현재 가정 문제로 인하여 장기 결근"하고 있기 때문이며 휴직 기간은 "가정 문제가 해결될 때까지"로 되어 있다. 셋째는 이발사 채용건이다. 외무성 '리발사'로 안경필을 채용하면서 리발사 취임일인 5월 30일부터 월 1,010원의 봉급을 지불하라고 적고 있다.

　　같은 날짜에 쓰인 제52호 명령서는 타자원의 직위 해제(철직)를 명령하고 있다. 타자원 자리에서 쫓아내는 이유는 "자기 사업을 태만하여 왔을 뿐만 아니라 장기간 무단결근으로 인하여 타자 사업에 적지 않은 지장을 주"었기 때문이라고 한다.

　　6월 15일 자 59호 명령서는 외무성 출판부원에 대한 해임건이고, 6월 19일 자 60호 명령서는 로동법령에 의한 외무성 직원의 정기 휴가건이다. 정기 휴가 명령서에는 문서 오른쪽 위 여백에 손글씨로 별도의 지시 사항을 적어 놓았다. "식량 배급에 주의"하라는 내용이다.

　　전쟁 발발 닷새 전인 6월 20일에 발행된 61호 명령서는 외무성 직원 두 명에 대한 직위 해임 및 취임건이다. 미주국 북미부장이었던 고광학을 직위 해임하면서 외무성 서기장으로 발령 냈고, 북미부장 자리는 구라파국 중구부원이었던 서응덕을 승진 발령했다. 부원에서 신임 북미부장이 된 서응덕에게는 월 2,000원의 봉급을 지불하라고 되어 있

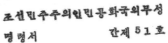

조선민주주의인민공화국외무성

명령서   간제 51 호

1950년 6월 3일 평양서

1

본성 도서파원 유순자동무를 위병파기타사정으로 인하여 사
업상 곤란한 형편에있으므로 1950년 6월 3일부터 1951년
3월 31일까지 휴직을준다

2

본성 타자원 윤위자동무는 현재가정문제로인하여 장기결근하
고있는바 가정문제가해결될때까지 휴직을준다

3

안경필동무를 본성리발사로 1950년 5월 30일부터 채용하
며 취임한날부터 봉급을 다음과같이 지출할것을 명령한다

봉 급 월 1010 섬   1950년 5월 30일부터 취임

본문전이명령서대장과
틀림없음을 증명함
지부부장 김용빈

외 무 상
박 헌 영

박헌영 명의로 된 외무성 명령서 51호(1950년 6월).

다. 외무성 이발사 안경필보다 약 두 배 가까운 월급을 받는 셈이다. 이 인사 명령서에는 역시 "봉급 계산 및 식량 이동에 주의"라는 별도의 지시문이 적혀 있다.

• 문서 출처: Entry #299, Box 187

외무성 조약부의 첫 업무는 조미통상조약 연구

1948년 9월 9일 북한에 조선민주주의인민공화국이 수립된 직후, 독립된 국가로서 대외 조약 업무를 관장하게 된 외무성 조약부가 작성한 부(部) 일지다. 9월 20일부터 일지 작성이 시작되었다. 노획 북한 문서에는 1948년 9월 20일부터 1949년 6월 30일까지 약 9개월 치의 외무성 조약부 일지가 들어 있으며, 조약부 외에도 국제부, 외무국, 정보부, 일본부, 미주부(후에 북미부로 이름이 바뀜), 서구부 등의 일지 및 사업 계획서 문서가 포함되어 있다.

신생국인 인민공화국의 외무성 조약부에서는 무슨 일을 가장 먼저 했을까? 9월 20일 자 조약부의 첫 업무 일지에는 "조미수호통상조약 수정"과 "조미수호통상조약 체결에 이르기까지의 교섭 내용 재료 수집"이라는 항목이 맨 처음에 나온다. 조미수호통상조약은 1882년 5월 국교 수립과 통상을 목적으로 조선과 미국 사이에 체결된 조약을 말한다. 조선이 서방 국가와 맺은 최초의 국제 조약이다. 신생 인민공화국은 탄생 직후부터 조미 간 수교와 통상에 우선적인 관심을 가지고 있었음을 알려주는 문서다.

신생국답게 외무성 조약부는 업무 첫날에 '세계 각국 조약 일람표'

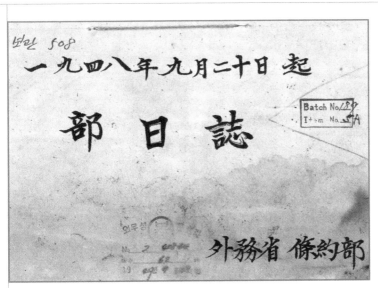

외무성 조약부 일지 표지(1948년 9월).

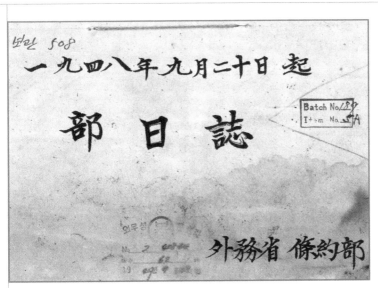

외무성 조약부 일지(1948년 9월).

를 작성하고 '북조선 대외관계 법규'도 조사했으며, '소베트 로씨야 무역관계 법규'를 한글로 번역했다. 가장 기초적인 자료들을 만들어 가기 시작한 것이다.

조약부의 이날 일지에는 이중철, 김연종, 이우룡, 이주교, 권명신 등 다섯 명의 이름이 나오며, 출근 현황란에 "전원 출근"이라 적은 것으로 보아 조약부에는 모두 다섯 명의 인원이 근무했던 것으로 보인다.

• 문서 출처: Entry #299, Box 194

인민위원회 외무국의 극비(極秘) 중국 관계 자료집

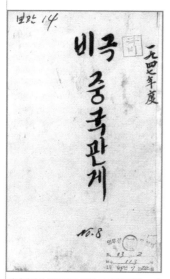

인민위원회 외무국의 중국 관계 자료집 표지 (1947년).

북조선 인민위원회 외무국에서 1947년에 작성한 115쪽짜리 극비(極秘) 중국 관계 자료집이다. 외무국 소속원들이 한글과 한자를 섞어 필사체로 작성했다. 광범위한 자료 조사와 그 자료에 대한 깊이 있는 분석이 뛰어난 자료집이다. 중국 국민당 내 파벌, 압록강 건너편에 주둔하고 있던 국민당 중앙군의 부대 배치 현황 같은 주제는 철저하고 세부적인 현장 조사 없이는 작성되기 힘든 항목들이다. 공들여 만든 자료집이라는 흔적이 역력하다.

이 자료집은 1947년 6월 22일부터 8월 1일까지 모두 10회에 걸쳐 열 개 항목의 중국 관련 현안을 주제별로 묶었다. 중국 국민당 중앙군 국군 자료집, 압록강 대

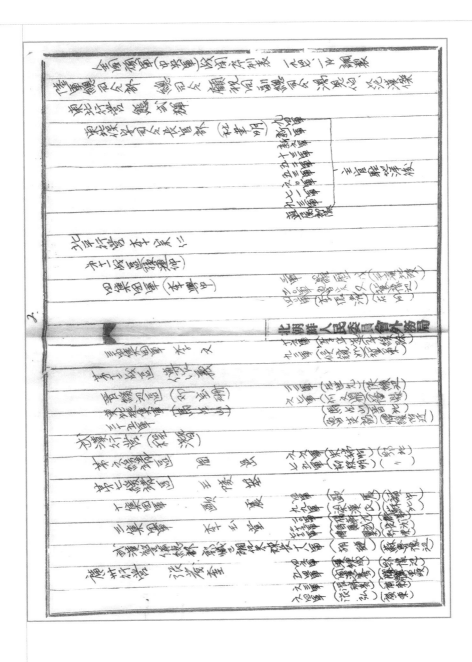

외무국 중국 관계 자료집에 들어 있는 중국 중앙군 전투서열표.

안(對岸) 중국 국민당 중앙군 비법(非法) 행위 조사, 중국 장제스 정부 개조(改造)와 당 파벌, 중국과 외국 간에 체결된 조약문, 미국의 대중국 정책과 영미 관계, 국민당 중앙조사통계국의 연혁과 각 시기의 그의 주요 정황, 조선과 일본과의 조약문 – 부(附): 간도(間島)에 관한 일청(日淸) 조약문, 중소 우호 동맹 조약문, 동북 전황(東北 戰況), 국사당(國社黨)의 유래 등 당시 민감한 현안이었던 중국 관련 주제가 총망라되어 있다.

• 문서 출처: Entry #299, Box 195

'근로 인민의 가정 부인' 김달네의 조선인민군 입대 청원서

6·25 전쟁 발발 직후인 1950년 7월 10일 평북 선천군에 살던 20~30대의 남녀 네 명이 조선인민군에 입대하겠다는 청원서를 썼다. 청원서는 활판 인쇄나 등사를 한 두 종류이지만 양식은 똑같다. 작성자는 모두 자필로 이름을 쓰고 그 밑에 손가락 도장을 찍었다.

첫 번째는 동면 다미리의 김일명이 작성한 것이다. 1930년 생으로 당시 나이 20세였던 김일명은, 가입한 정당도 없고 가진 기술이나 기능도 없는 '농민'이었다. "나는 조국의 통일 독립과 자유를 위한 투쟁에서 헌신 분투하기 위하여 인민 군대에 입대시켜 줄 것을 청원함"'라고 인쇄된 입대 지원서에 서명 날인했다. 이 문서 한 장만으로는 청원서 내용 그대로 '열성자'의 자발적인 입대인지, 한 농사꾼 청년이 마지못해 공화국의 부름을 받는 징병인지 가늠하기 어렵다.

두 번째는 김일명과 같은 면의 일봉리에 살던 최확실의 것이다. 역시 '농업'이 직업인 19세 여성이다. 세 번째 역시 농사짓는 30세 여성으

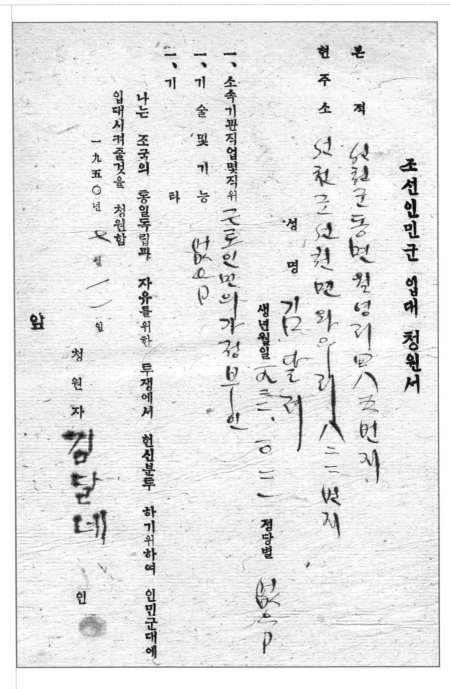

조선인민군 입대 청원서

본   적   선천군 동면 월영리 ○ ○ 八五번지

현 주 소   선천군 선천면 와우리 ○ 八三번지

성 명   김달려

생년월일   ○ 二三 . ○ 二   정당별   ○ ○

一. 소속기관직업몇직위   근로인민의 가정부인

一. 기술 및 기능   없음

一. 기   타

    나는 조국의 통일독립과 자유를 위한 투쟁에서 헌신분투 하기위하여 인민군대에 입대시켜줄것을 청원함

        一九五○년 八월 一一일

                        청원자 김달녀 인

        앞

김달녀의 조선인민군 입대 청원서.

로, 월영리에 사는 김귀녀의 입대 지원서다. 네 번째는 선천면 와우리의 김달네가 쓴 것이다. 1922년생으로 28세인 김달네는 소속 기관 직업 및 직위를 묻는 항목에 "근로 인민의 가정 부인"이라고 적어 넣었다. 선천군의 농사꾼 아낙은 이 누런 갱지 문서 한 장으로 조선인민군 여전사가 된다.

• 문서 출처: Entry #299, Box 247

조소문화협회 지시문, '회원 동태 정확히 장악하라'

해방 후 북한에서 소련 군정이 시작되었을 때 북한과 소련 간의 문화 교류 증진을 위한 민간단체로 출발한 조소문화협회(朝蘇文化協會)는 북한 주민에 대한 정치 교육과 소련 사회주의 문화 보급을 위한 선전 기관의 역할을 담당하게 되었다. 지방 면 단위까지 위원회가 조직되어 있었던 전국 규모의 탄탄한 조직체였다. 지방위원회 단위로 회비를 징수하면서 중앙위원회에서는 사업비를 지원했다. 협회 중앙위원회에서 작성된 두 장의 문서가 조소문화협회의 성격을 잘 드러내고 있다.

하나는 1949년 9월 9일 조소문화협회 중앙위원회가 위원장인 소설가 리기영의 명의로 전국의 각 도·시·군 위원장 앞으로 발송한 '조직 사업에 대한 지시' 문서다. 이 문서는 황해도 서흥군위원회에 접수된 것으로, '중앙위원회 지시문철' 가운데 하나이며, '조쏘 친선과 쏘베트 문화 순간' 사업에 대한 건이다.

"협회는 자기의 전체 조직을 총발동하여 이 사업을 성과 있게 보장"하고 "사업에 전력을 기울일 것을 지시"하면서 세 가지 사항을 강조하

一九四九년 九월 九일

조쏘문화협회 중앙위원회

위원장 리기영

조직사업에 대한 지시

각 도·시·군 위원장 귀하

오는 十一월 十一일부터 二十일까지 사이에 실시되는 조쏘친
선과 쏘베트 문화순간, 사업에 있어서 협회는 자기의
전체 조직을 총반동하여 이 사업을 성과있게 보장
하여야 할것이며 동시에 협회는 이 「순간」사업을 통
하여 자기 조직을 일층 확대강화하는 자업이
서야 할것이다. 그럼으로 협회 각급위원회는
「순간」기간중, 다음과 같은 요령에 의하여 자기조직을
확대 강화하는 사업에 전력을 기우릴것을 지시한다

리기영의 명의로 된 조소문화협회 조직 사업 지시문.

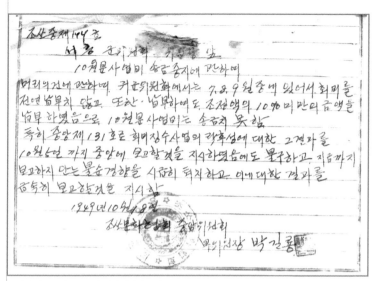

사업비 지급 중단을 통보한 협회 중앙위 문서.

고 있다. '회원의 동태를 정확히 장악하며 회원 통계의 정확성을 기하기 위하여 회원 명부를 완전히 정비할 것'과, '협회 대열에 참가할 수 있는 광범한 노력 대중을 널리 받아들일 것', 또 '회원증 교부 사업'을 철저히 시행할 것을 지시했다. 이 문서를 접수한 서흥군의 사업비는 1만 500원으로 책정되어 있다.

또 하나는 중앙위원회 부위원장 박길룡이 서흥군위원회 위원장 앞으로 보낸 '10월분 사업비 송금 중지에 관한' 건이다. 서흥군위원회의 회비 미납과 사업 태만을 질타하면서 사업비를 주지 않겠다고 통보하는 내용이다.

귀 군위원회에서는 7, 8, 9월 중에 있어서 회비를 전혀 납부치 않고 또한 납부하여도 조정액의 10% 미만의 금액을 납부하였으므로 10월분 사업비는 송금치 못함. 특히 (중략) 회비 징수 사업의 낙후성에 대한 결과를 중앙에 보고할 것을 지시하였음에도 불구하고 지금까지 보고하지 않은 불순 경향을 시급히 퇴치하고 이에 대한 결과를 급속히 보고할 것을 지시한다.

• 문서 출처: Entry #299, Box 233

최고인민회의의 첫 '만장일치' 회의록

북한의 헌법상 국가 최고기관인 최고인민회의의 제1차 회의록이다. 1948년 8월 25일 첫 대의원 선거가 있었고 최고인민회의가 구성되어 9월 2일 첫 회의가 열렸다. 이 회의록은 최고인민회의 최초의 모임을 기록을 것이며, 붉은색 천 표지를 입힌 단행본 형태다.

회의록은 회의장에 주요 인사들이 등장하는 장면을 묘사하면서 시작된다.

1948년 9월 2일 상오 12시 정각이 되자 북조선인민위원회 위원장 김일성 장군을 선두로 하고 김두봉 박헌영 허헌 김달현 김원봉 홍명희 최용건 홍기주 대의원 등 저명한 인사들이 차례로 만장 총기립하여 보내는 우뢰 같은 박수와 환호를 받으면서 입장하여 각각 착석하다.

최고인민회의 제1차 회의록 표지.

이날 최고인민회의는 허헌을 의장으로, 김달현과 이영 두 사람을 부의장으로 선출했다. 대의원 가운데 최고령자로 개회사를 했던 정운영 대의원이 임시 사회를 보

5. 이런 문서들 ① - 노획 북한 문서

一九四八年九月二日 上午十二時正刻이 되자 北朝鮮人民委員會委員長 金日成

將軍을 先頭로하고 金枓奉 朴憲永 許憲 金達鉉 金元鳳 洪命熹 崔庸健

洪箕疇代議員等 著名한 人士들이 차례로 滿場總起立하여 보내는 雨雷같은

拍手와 歡呼를 받으면서 入場하여 各各 着席하다

(第一次 朝鮮最高人民會議 準備委員會 委員長 康良煜代議員 登壇하다)

康良煜 代議員 (平安南道)

朝鮮民主主義人民共和國 最高人民會議第一次會議의開會는 우리代議員中 가장年老하신

忠淸南道에서 選出된 代議員 鄭雲永先生에게 委任하자는것을提議합니다(熱烈한 拍手)

代議員 總數는 五七二名인바 그中 四四名(主로南朝鮮에서 選出된 代議員이 逮捕

또는 特別한 事故로 말미암아 未參한것임)이 未參하고 五二八名아 參席하였으므로

本會議는 法的으로 成立됩니다

(康良煜 代議員의 案內를 받아 鄭雲永 代議員 登壇 拍手)

鄭雲永 代議員 (忠淸南道)

朝鮮最高人民會議代議員 여러분!

나는 제일 나이많은 代議員으로서 朝鮮最高人民會議 第一次會議의 開會辭를 하는

榮光을 가지게되었습니다 이會議는 悠久한 半萬年의 民族歷史를 通하여 朝鮮人民이

一

허현을 의장으로 선출한 1차 회의록 첫 장.

앉고, 최용건 대의원이 의장단 세 명을 추천한다는 제의를 했다. 다음은 회의록 가운데 일부다.

> **정운영**: 최용건 선생의 제의에 대하여 다른 의견이 있습니까.
>
> (없습니다라는 발언이 있다)
>
> 다른 의견이 없으시다면 가부를 묻겠습니다. 조선최고인민회의 의장으로 허헌 선생을 선거하는 데 대하여 찬동하시는 분은 대의원증을 들어 주십시오.
>
> (전원 거수)
>
> 반대 하시는 분 거수하십시오.
>
> (한 명도 없음)
>
> 허헌 선생이 의장으로서 만장일치로 피선되었습니다.
>
> (긴 박수)

북한 정치의 상징적 기관인 입법부에 '만장일치'의 문화가 이식되는 역사적인 순간의 기록이다.

• 문서 출처: Entry #299, Box 429

극비 공격 명령서, '땅크로 왜관을 해방시키고'

낙동강 전선이 형성되어 있었을 때인 1950년 9월 2일, 조선인민군 제65기보련(機步聯, 기갑보병연대)의 76밀리미터 포병 대대참모부가 하달한 극비 〈대대장 공격 전투 명령〉이다. 왜관에서 수세에 처한 미군을 상대로 보병과 탱크 연대가 총공격을 실시, 왜관을 점령한 후 방어하라는

大隊長 攻擊 戰斗 命令

제65기보련 76㎜大隊參謀部   1950. 9. 2   또도 1 : 50000   49년판 약묵에서

1. 敗战 당한 故輝 第一機甲師団 第5聯隊 잔병들은 主力의 退却을 엄호 하기 위하여 왜만시를 중심으로 300高地 (89. 49) 303.2高地 (86. 47)들에서 방어 하고있다.

2. 第65機步聯 맻 203 탕크 련대 部3 68 력량으로 교도中隊 = 련을 확보 하면서 왜만 방향으로 공격하며 그들 해방 시키다음 大邱方向 道路를 따라 攻東하며 268 高地 (8. 6. 60) 268 高地 (80. 48) 비선을 점령 하고 그들 완강히 방어 한다

3. 第65機步聯 左翼에서는 제3보사가 店村 (09. 50) 수창동 (89. 63) 평창동 (81. 54) 방향으로 공격하며 右의 에서는 제10 보사가 部3的 계선에서 방어 하고 있다

4. 第65機步聯은 76㎜大隊로서 支援하며 120㎜ 맻 45㎜ 포들은 步兵에 배속하며 그의 지휘관은 砲兵副聯隊長 이다.

BATCH # FEARY 172

Item # 18

조선인민군의 대대장 공격 전투 명령서(1950년 9월 2일).

내용이다.

1. 패전당한 적 미군 제1기갑사단 제5연대 장병들은 주력의 퇴각을 엄호하기 위하여 왜관시를 중심으로 300고지, 303.2고지들에서 방어하고 있다.
2. 제65기보련 및 203 땅크(탱크) 련대(는) 부분적 력량으로 x도 중대 2포를 확보하면서 왜관 방향으로 공격하여 그를 해방시킨 다음, 대구 방면 도로를 따라 공격하여 258고지 268계선을 점령하고 그를 완강히 방어한다.

(중략)

4. 제65기보련은 176m/m대대로서 지원하며 120m/m 및 45m/m 포들은 보병에 배속하여 그의 지휘관은 포병 부연대장이다.

- 문서 출처: Entry #299, Box 659

인민군 려행(여행) 증명서, '부친 위독으로 인하야……'

조선인민군들의 '려행(여행) 신청서' 한 점과 '려행 증명서' 세 점이다. 네 점 모두 조선인민군 8900군 부대에서 1949년에 발행한 것들이다. 인민군들의 각자 다른 여행 사연이 적혀 있다.

맨 처음 나온 여행 신청서는 통신중대 문화부 중대장 김의환이 상급자에게 올린 것이다. 닷새 동안 신의주에 다녀올 것을 승인해 달라고 했다. 여행 사유는 이렇게 적혀 있다.

부친 병환으로 인하야 가정 생계 유지의 곤란상 가사 처리와 동시에 불구자 동생 신병 처리를 하기 위하야 상기와 같은 기간을 리용하여(토요일, 일요일) 려행 기간

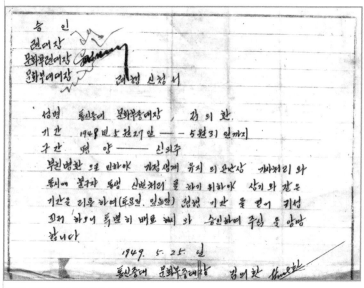

문화부 중대장 김의환의 려행 신청서.

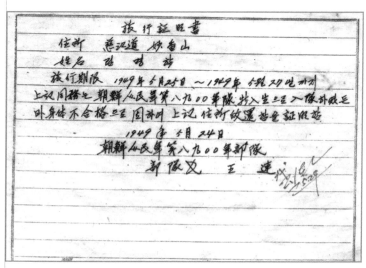

림명학에게 발행한 려행 증명서.

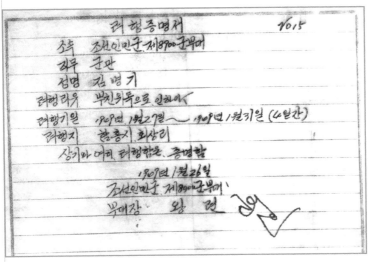

군관 김병기의 려행 증명서.

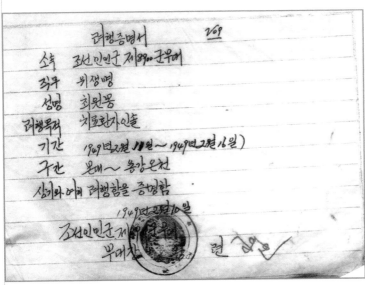

위생병 최원봉의 려행 증명서.

을 얻어 귀성코저 하오니 특별히 배려하시와 승인하여 주심을 앙망합니다.

이 여행 신청서는 문화부 대대장, 문화부 연대장, 연대장 순으로 모두 승인 서명이 되어 있다.

다음 나온 여행 증명서 세 점은 위 김의환 중대장의 여행 신청서에 승인 서명을 했던 8900군 부대장 왕련의 서명이 들어가 있는 것들이다. 첫 번째는 주소가 '자강도 묘향산'으로만 되어 있는 림명학에게 발행했다.

상기 동무는 조선인민군 제8900부대 신입생으로 입대하였던바 신체 불합격으로 인하여 상기 주소로 귀환함을 증명함.

두 번째는 군관 김병기에게 발행한 나흘간의 여행 증명서다. 여행 사유란에는 "부친 위독으로 인하야"로 되어 있고, 여행지는 함흥시 회상리다.

또 하나는 부대 위생병인 최원봉에게 발행한 것이다. 치료 환자를 인솔하고 엿새 동안 용강온천에 다녀올 수 있는 여행 증명서다. 이 증명서에는 부대장 왕련의 서명 외에도 부대 직인이 찍혀 있다.

• 문서 출처: Entry #299, Box 679

'근로자의 자식'이 쓴 로동당 입당 청원서

조선인민군 김기복이 1949년에 펜글씨로 작성한 북조선로동당 입당 신청서다. 문서에는 '입당 청원서'로 되어 있다. 함경북도 부령군 수성면 남석리가 고향인 김기복은 1928년생으로 이 입당 신청서를 썼을 때인 1949년에는 21세였으며, 당시는 조선인민군 제866군 부대 기술 대대 기상대에 복무 중이었다.

입당 신청서의 문안은 기준 양식에 맞춘 듯 깔끔하고 정연하다. '출신 성분'은 빈농이다. '본인 성분'도 빈농이다. '지식 정도'는 소학교 졸업을 뜻하는 "소졸"로 적었다. '출신 성분'과 '지식 정도'는 개인 이력서, 자술서 등 해방 후 북한의 모든 공문서 양식에 빠짐없이 들어가는 항목이다.

"나는 근로자의 자식, 근로 계급의 한 사람으로서"로 시작한 신청서는 이렇게 이어진다.

> 조국의 민주주의 발전과 근로 계급과 대중의 리익을 옹호하기 위하여 투쟁하는 북조선로동당에 입당하여 나의 있는 열성과 힘을 다하여 충실이 투쟁할 것이며 당의 강령과 규약을 엄격히 준수할 것을 결심과 맹서하며 입당시켜 주심을 요망합니다.

입당 수속용으로 제출한 그의 간략한 이력서에 따르면 조선로동당원이 되려고 하는 이 청년은 '근본 직업'이 농업이었던 부모 밑에서 태어나 1941년 용성 소학교를 졸업했으며, 해방 이듬해인 1946년 4월에 민청에 가입했다가 같은 해 12월 인민군에 입대했다.

입당 청원을 할 때는 로동당원의 보증서가 필요했다. 김기복의 입당 보증서를 써 준 사람은 같은 688군 부대 기술대대의 초급당무 제6분세포인 김경탁이었다. 김기복보다 두 해 선배인 김경탁은 이미 1946년에 로동당에 가입해 당증 번호 265029호를 부여받은 당원이었다. 김경탁은 후배 김기복을 다음과 같이 기술하고 있다.

입당청원서

본적 함경북도 무령군 수성면 남석리 七三
주소 함경북도 무령군 수성면 남석리 六八
성명 김기복 五二년 초월 초一일生
지서장보 소좃

출신성분 빈농 본인성분 빈농

난 로동자의 자세로 계급의 한 사람으로서 조국의 민족과 인민정권으로
계급과 당의 리익을 옹호하기 위하여 투쟁할 것을 충성이 투쟁한 것이며 지당의
담당하며 나의 모든 력량과 힘을 다하여 결심맹서하며 입당의
강령과 규약을 넘껴히 준수할 것을

을 요방합니다

로동당 꽃판안말 제 소굿굿눈복대
기출대대 기상대

SHIPPING ADVICE 2009
B CX 2
ITEM 158

인민군 김기복의 로동당 입당 청원서.

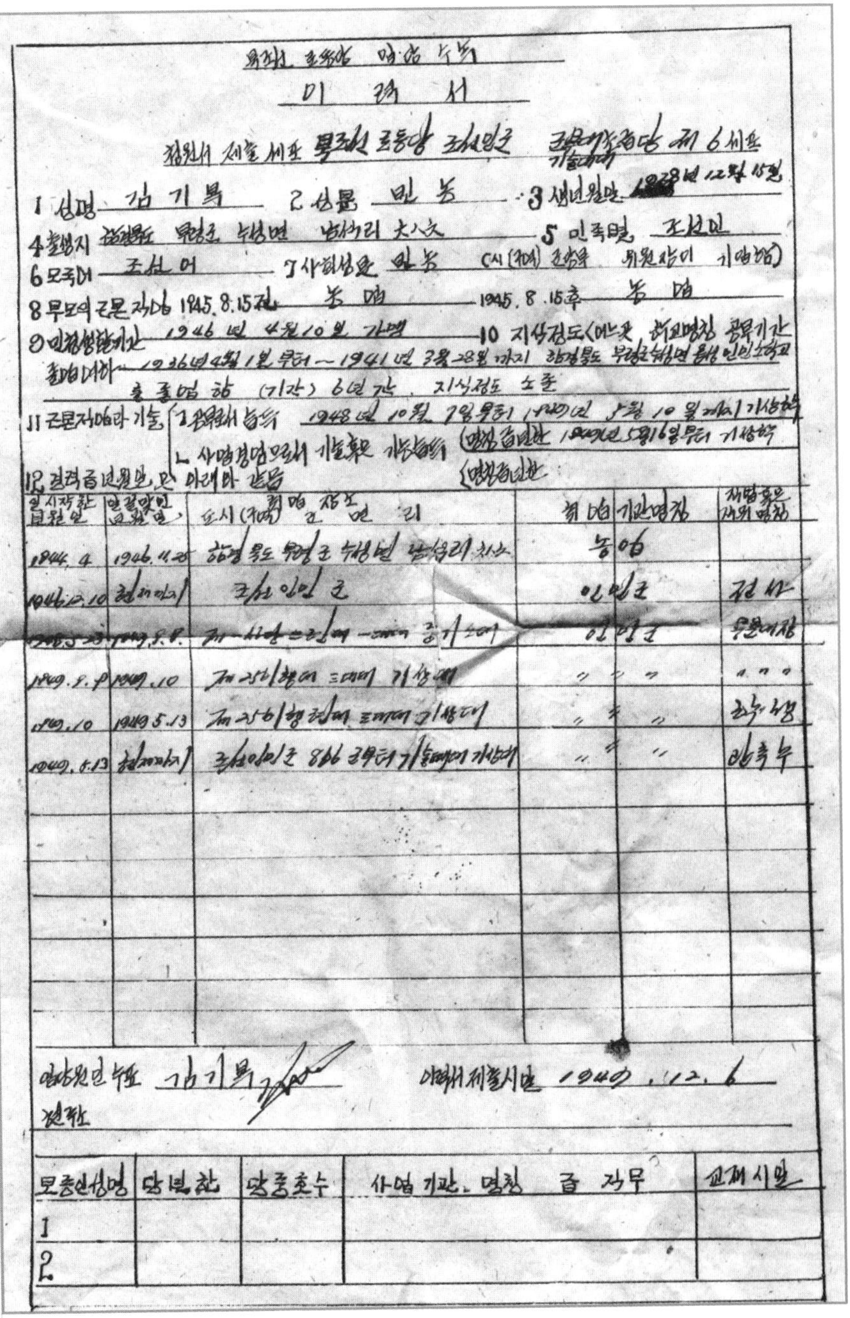

(handwritten header text)

이 력 서

창원시 세출 세포 북조선 로동당 조선인군 근로예술총동맹 제 6세포
기술부

1 성명 김기복   2 성별 남   3 생년월일 1928년 12월 15일

4 출생지 함경북도 온성군 부석면 범서리 大人坪   5 민족별 조선인

6 모국어 조선어   7 사회성분 농민   (시(都) 조선인 위원장이 기맹원)

8 무모의 근본 직업 1945.8.15전 농업   1945.8.15후 농업

9 입정생활기간 1946년 4월 10일 가맹   10 지식정도(어느것, 학교명칭 공부기간)
입정의 대학 1936년 4월 1일 부터 1941년 3월 28일 까지 함경북도 부석군 부석면 휴성 인민학교
총 졸업함 (기간) 6년간   지식정도 소준

11 근로자에다 기술 고 전문서 능력 1948년 10월 1일 부터 1949년 1월 10일 까지 기맹원
                                                    (명기술원 1948년 5월 16일부터 기맹원)
    ㄴ 사명경력 요령 기술정도 기술원

12 경력급신원보, 은 아래와 같음

일시작환 별월일	언절양일	요시 (기관) 명 및 직무 리	직 명 기관명점	해당증손 신귀 보가
1944. 4	1946.11.24	함경북도 온성군 부석면 범서리 전소		농업
1946.10		조선 인민 군	인민군	사준
1948.5		기술원	인민군	무원여참
1949.8.9	1949.10	제 25기 혁명대 드매스 기술원	" "	" "
1949.10	1949.5.13	제 25기 혁명대 드매스 기술대	" "	초수4반
1949. 8.13		조선인민군 8사 부관 근무대 기술원	" "	사후부

작성원인 누표 김기복   아래세출시원 1949. 12. 6
전한

보중신성명	당본원	당중촉수	사업 기관·명청	급 직무	교체시원
1					
2					

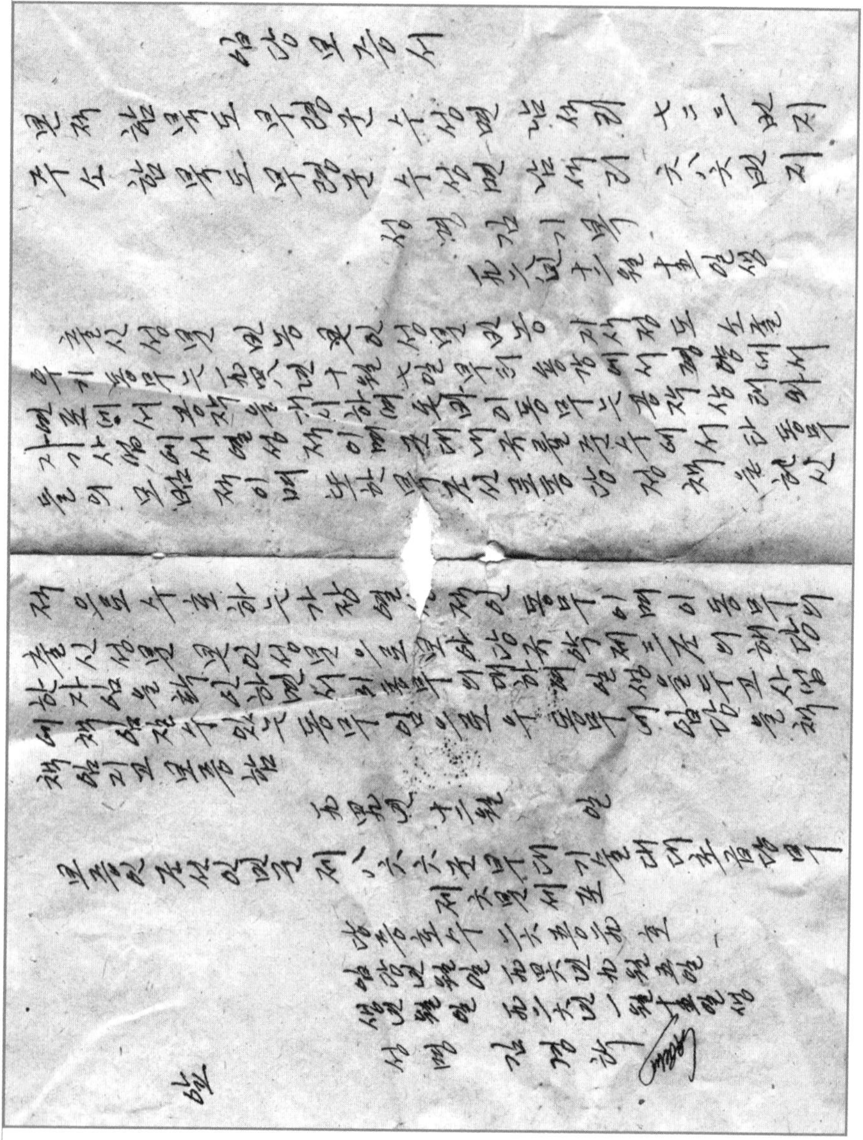

김경탁이 써 준 입당 보증서.

이 동무는 공작 상태와 자기 사업에서 열성적이며 군대 내 규율 준수에서 타 동무들의 모범적이며 또한 북조선 로동당 정책을 헌신적으로 수호하는 가장 열성적인 동무이며, 이 동무의 출신 성분 본인 성분으로 보아 당 규약 제3조의 해당한 자임을 확인하면서, 일생을 두고 사업에 책임질 수 있는 동무이므로 이 동무의 입당을 책임지고 보증함.

- 문서 출처: Entry #299, Box 679

'적탄에 맞아 신체가 머리밖에 남아 있지 않음'

동면 분주소의 공습 피해 조사 보고서 표지.

미군의 인천 상륙 이튿날인 1950년 9월 16일, 경기도 시흥군 동면 분주소가 작성한 공습 피해 조사다. 분주소(分駐所)는 북한 사회안전기관의 하부 단위로 일제강점기 때부터 사용되었던 말이며, 지금의 파출소 같은 곳이다. 공습의 피해 상황과 피해자 명단 양식에 동면의 방어위원회가 내용을 적어 넣었다.

공습 피해 상황은 동면 시흥리와 독산리의 두 곳에서 조사되었다. 시흥리에서는 사망자는 없고 남녀 합해 여섯 명의 중상자와 경상자가 발생했다. 독산리에서는 중상당한 사람이 한 명이고 한 명이 죽었다. 피해자 명단에는 이 두 곳의 중상자와 경상자 아홉 명의 이름과 함께 나이, 성별, 피해 장소, 피해 정도, 피해 일시 등이 자세히 적혀 있다. 비고란에는 두 명의 사망자에 대해서도 적고 있다.

공습피해조사

1950년 9월 16일
동면 방어위원회 위원장

지역별\종별	사망자				중상자					경상자					총계		
	18세이하	19-59	60세이상	계	18세이하	19-59	60세이상	계	총계	18세이하	19-59	60세이상	계	총계	남	녀	계
	남녀	남녀	남녀	남녀	남녀	남녀	남녀	남녀		남녀	남녀	남녀	남녀				
신흥리					1			1	1	2 1 2			1 4	5	1	5	6
독산리	2		2	1		1		1							1	2	3
	2		2	1 1		1		1	2				1 4	5	2	7	9

피해자 명단

피해자 성명	연령	성별	피해장소	피해정도	피해일자	비고
돈선분	44	여	독산리37	중상	1950.9.16	척탄에 마저
노춘선	39	여	신흥리54	경상	"	
김영자	10	"	"	"	"	산체가 머리 백게
길청자	8	"	"	"	"	
김영자	5	"	"	중상	"	남이 없지 안음으로
이강훈	25	남	"	"	"	불명이며
문영환	19	남	"	"	"	2명 사망중
						장소는 동면 마창교

적탄에 맞아 신체가 머리밖에 남아 있지 않으므로 성명 불명이며 2명 사망함. 장소는 동면 마장교.

공습 피해가 있었던 동면의 시흥리와 독산리는 현 서울 금천구의 시흥동과 독산동 지역이며, 위 문서에 나오는 마장교(馬場橋)는 금천구 독산동에 있던 다리를 가리킨다.

6·25는 당시 세계 최강의 전력을 보유했던 미 공군이 땅과 하늘을 지배한 전쟁이었다. 인민군과 중공군에게는 미 공군의 폭격기와 전투기를 대적할 만한 변변한 무기 체계 자체가 없었다. 군사학습 과목에 미군 비행기기 격추를 독려하는 대목이 자주 등장하는 것도 이 때문이었다.

북한 인민군이 살포한 한 전단지의 제목은 〈구라망 또 한 마리 잡았다〉라는 것이다. '구라망'은 미 해군의 헬켓 전투기를 가리킨다. 헬켓 전투기를 또 한 대 격추시켰다는 말이다. 헬켓은 항공모함에서 출격하는 전투기(함재기)로, 정식 명칭은 'Grumman F6F Hellcat'이다. 구라망은 이 헬켓 전투기를 생산하는 회사 '그러면'의 일본식 발음이다. 2차 세계 대전 당시 일본 전투기 조종사들이 맞붙기를 두려워했던 것이 바로 이 구라망이다.

북한군 지휘부도 이 구라망을 두려워하기는 마찬가지였다. 자극적인 언어와 격한 어조를 동원해 이 구라망 사냥을 독려한 것도 헬켓의 파괴력을 잘 알고 있기 때문이었다. 구라망은 이 전단지에 표현된 대로 "공중의 살인귀"였고 "강도의 날짐승"이었다. "비행기잡이에 총궐기한" "비행기 산양꾼(사냥꾼)"들에게 "적기의 숨통을 명중시키라"고 독촉하고 있다.

• 문서 출처: Entry #299, Box 713

부천군 소래면 몰수 토지 조사서

경기도 부천군 소래면의 몰수 토지 조사서다. 북한군 점령 시기의
문서로 작성 날짜와 작성 주체는 밝혀져 있지 않은 낱장 문서다.

소래면의 방산리, 매화리, 미산리, 은행리 등 네 곳 52개 지번의 밭
을 몰수한 것으로 나타나 있으며, 각 지번의 밭 면적과, 토지 소유주, 소
작인의 이름 등이 밝혀져 있다.

• 문서 출처: Entry #299, Box 713

도시 빈민에 대한 식량 배급의 건

경기도 부천군 소래면 인민위원회(소인위) 문서 양식 가운데 하나인
'도시 빈민에 대한 식량 배급의 건'이다. 1950년 9월 1일 자 양식인데,
작성자의 이름은 나타나 있지 않다. 각 리 인민위원장이 작성해 면 인
민위원장 앞으로 발송하게 되어 있는 양식이다.

전번 8월 18일부로 식량 수배 대상자를 조사 보고하라는 통첩이 유함에도(있었음
에도) 불고하고(불구하고), 상금것(여태까지) 보고가 무하와(無하와, 없어) 배급 신
청상 지장이 막대하오니 금 9월 4일까지 보고서가 필착토록(필히 도착하도록) 하
심을 무망함(바람).

수배 대상자는 (가)혁명가 유가족 (나)출정 군인, 군부가(군 가족), 빨치산, 의용
군 등의 가족 (다)국가 필요의 의하야 동원된 자의 유가족 (라)전쟁 피해로 인하

소래면 몰수 토지 조사서.

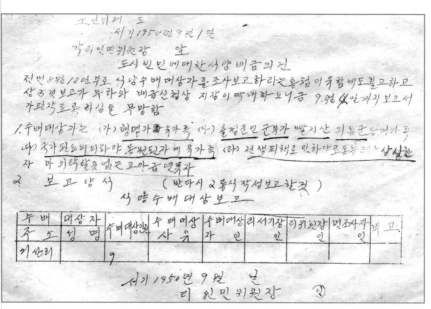

소래면 인민위원회의 식량 수배 대상 보고서 양식.

야 로동 능력을 상실한 자 (마)의탁할 곳 없는 고아급 연루자.

식량 배급을 타 가야 할 사람들을 조사해서 보고하라는 지시 문서
다. 수배지 및 수배 대상 인원란에 '미산리'와 '9'라는 숫자가 쓰여 있는
것 보아 이 양식은 미산리에 하달되었던 것으로 보인다.

• 문서 출처: Entry #299, Box 713

소래면 인원 동원, '1인당 백미 4.5홉 대우'

소래면 인민위원장이 미산리 인민위원장 앞으로 보낸 문서로, 제목

은 〈인원 동원에 대하여〉이다. 하룻밤 일할 노력 동원 인원을 차출하라는 말이다. 일하러 나온 사람에게는 흰쌀 4.5홉을 준다고 했다. 다음은 손글씨로 쓰인 문서를 그대로 옮긴 것이다.

인원 동원에 대하여

하기 요항에 의하여 인원 동원하여 주시기 시달함. 금번 동원은 군 명령이니 절대 지시 사업을 완성해야 할 것이며, 동원 인원의 인솔 책임자는 리 위원이 담당하야 할 것.

동원 인원: 30명(피난민도 무방) 18세-50세

동원 장소: 소래 인민학교

기일 및 시간: 1950년 8월 6일 오후 5시 정각

동원 인원의 대우: 1인당 4.5홉(백미)

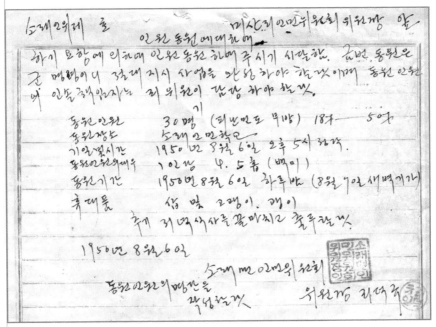

〈인원 동원에 대하여〉.

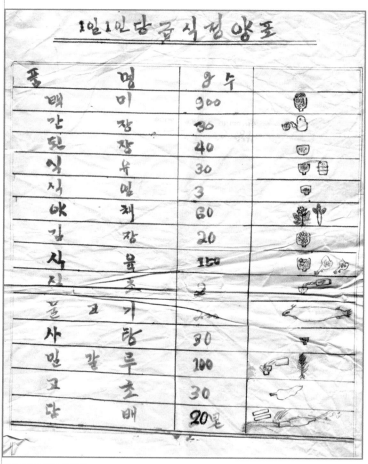

〈1일 1인당 급식 정양표〉.

동원 기간: 1950년 8월 6일 하루 밤(8월 7일 새벽 귀가)

휴대품: 삽 및 곡괭이, 괭이

저녁 식사를 끝마치고 출두할 것

오후 다섯 시부터 밤을 새워 땅파기를 하고 받을 백미 4.5홉(810그램)은 적지 않은 양이다. 소래면 인민위원회 문서더미 속에 들어 있는 〈1일 1인당 급식 정양표〉라는 제목의 문서에는 하루 한 사람이 먹을 백미 정량을 900그램으로 정해 놓았다.

• 문서 출처: Entry #299, Box 713

포마(砲馬) · 차마(車馬) · 승마(乘馬), 병든 말(病馬)의 전쟁

쌕쌕이(전투기), B-29 폭격기, 탱크만 등장하는 전쟁이 아니었다. 말
(馬)들의 전쟁이기도 했다. 말과 전투기, 마차와 탱크가 한데 섞여 있었
다. 말과 마차는 북한 인민군에게 소중한 전략 물자였다. 1950년 6월에
작성된 인민군 제659군 부대의 문서들은 이 말을 얼마나 귀하게 다루
었는지를 보여 준다. 군수 물자 가운데 말 먹일 식량인 '마량(馬糧)', '건
초' 항목이 따로 책정되어 있을 뿐만 아니라, 말 치료를 담당한 '수의(獸
醫) 군관', '수의 하사', '수의병'과 말발굽에 편자를 대는 '장제사(裝蹄
士)'까지 부대에 별도로 편제되어 있었다.

첫 번째 문서는 제659군 부대의 현황 도표다. 사람이 타는 승마(乘
馬), 45밀리미터나 82밀리미터 등의 박격포를 끌고 다니는 포마(砲馬),
탄약이나 식량 수레를 끌고 다니는 차마(車馬)가 1, 2, 3대대에 각각 한
필, 아홉 필, 마흔한 필이 편제되어 있다. 각 대대에 총 쉰한 필이 배정
되어 있는 셈이다.

마차의 종류도 사륜마차, 이륜마차, 가마차 등 세 종류다. 식량은 전
투원을 위한 주식과 부식 말고도 말을 먹이기 위한 마량과 건초가 따로
있다. 이 부대는 군의소 외에 수의소(獸醫所)도 따로 갖춰 놓았다. 이 부
대에서 말이 차지하는 비중이 얼마나 큰지를 알 수 있다.

두 번째 문서는 〈수의 조회 보고〉서다. 말을 담당하는 의사들의 현

황 도표이다. 연대 수의소의 경우 수의 군관, 수의 하사, 장제사, 수의 병을 모두 합쳐 현재원 열세 명이다. 원래 정원보다 두 명이 많은 수다.

부상병이 생기듯 말도 병이 든다. 세 번째 문서는 연대의 병마(病馬) 및 잔류마(殘留馬) 상황을 기록하고 있다. 2대대에서 두 마리의 병든 말이 보고되었다. 한 마리는 내과 치료를 받아야 하고 또 한 마리는 외과 치료를 받아야 한다. 전염병은 보고되지 않았다. 14일 동안 치료를 받아야 한다. 다른 이유로 '동원 불가능한 말'까지 합치면 모두 열세 필의 말이 꼼짝을 못 하는 상황이다. 새로 투입된 말[新馬]도 당장은 활용할 수 없으므로 동원 불가능한 말에 포함된다. 이에 대한 대처 방안도 짧게 적혀 있다.

이상 병마(病馬)와 신마(新馬)로서 동원 불가능 마(馬)를 관리하기 위하여 각 구분대에서 1명씩 잔류하며 연대 수의소에서 하사관 1명을 잔류시킨다. 급한 병마를 치료하기 위하여 해주시 가축병원에 의뢰하였음.

1950년 8월 충북 임시인민위원회가 각 시군의 임시인민위원회 위원장 앞으로 보낸 '극비(極秘)' 지시문을 보면, 군부대뿐만 아니라 인민위원회도 말을 주요 교통수단으로 사용했다는 사실을 알 수 있다. 이 지시문은 운송 수단인 말이 급히 필요해 구입하기로 했으며, 말을 사는 데 필요한 기준 가격과 대금 지불 방법을 통보하니 이 기준에 따라 처리하라는 내용을 담고 있다.

말값은 서울에서 통용되는 가격을 기준으로 삼았다. 개량마 한 마리가 15만 원, 노새가 11만 원, 재래마가 10만 원이라고 했다. "이상 가격을 참고로 하여 구입 마필의 정도를 보아 지방 실정에 맞는 가격을 설정하도록 조처할 것"이라고 재량권도 부여했다. 손으로 쓴 약식 문서이긴 하지만 후불증 양식까지 덧붙여 놓았다. 돈은 나중에 주겠다는 것이

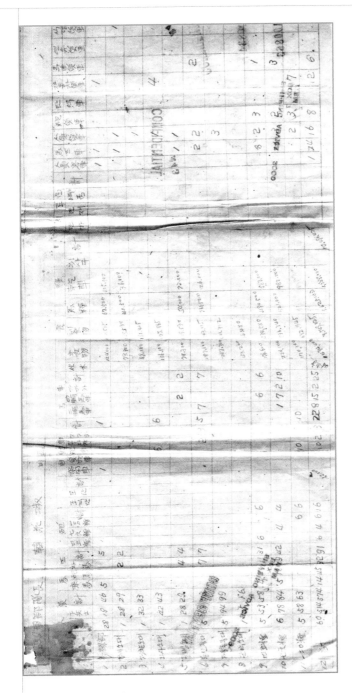

인민군 제659군 '말[馬] 부대' 현황표.

다. 외상인 셈이다. 사들이는 말의 종류와 나이, 평가액을 적게 되어 있
는 후불증에는 시(군)임시인민위원회 위원장의 서명란이 있고, "이상과
같이 구입함에 있어 8월 ○○까지 본증과 교환하여 현금을 지불하겠아
오니 본증 지참하시고 본군에 와 주시기 바랍니다"라고 되어 있다.

• 문서 출처: Entry #299, Box 768

내무성 지령서, '남반부 내무부장들에게'

1950년 8월 27일 북한 내무성 부상 겸 보안국장과 보안국 제7처
장의 이름으로 점령지 남한의 각 도시 내무부장에게 하달한 지령서다.
〈남반부 각 도(시) 내무부장에게 별지 내무상 명령서 부상 지령서 사본
을 송부함에 관하야〉라는 제목이 붙어 있다. 이 내무성의 지령 문서는
내무성 내 보안국 제7처에서 8월 31일 발송했고, 전라남도 내무부 제
1과에서 9월 16일 접수했다.

남한 내에서 각 시도별로 특별 자위대를 조직해 운영하고, 특히 방
공 사업과 감시 조직 운영에 만전을 기할 것을 지시하고 있다.

• 문서 출처: Entry #299, Box 806

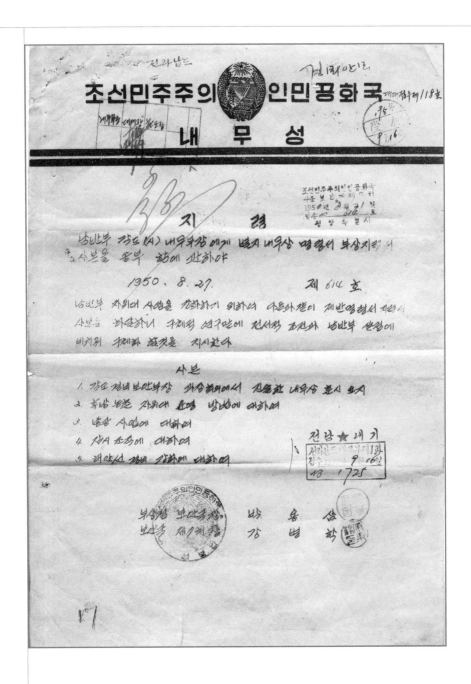

전라남도

조선민주주의 인민공화국
내 무 성

대내정무제/8호

95부
9.16

조선민주주의인민공화국
+문 보 안 국 제 기 치
1950년 8월 27일
발수: 614 호
평 양 특 별 시

지 령

낭반부 각도 (A) 내무부장 에게 보지 내무상 명령서 부상지령서
사본을 중부 하에 산하야

1950. 8. 27.   제 614 호

낭반부 자위대 사업을 강화하기 위하여 다음사건이 제반명령서 지령서
사본을 하달하니 구체적 연구안에 전서참 조건과 낭반부 완성에
비치위 구제과 없을을 지시한다

사 본

1. 강오 정내 보안부장 과상회에서 진출한 내무상 훈시 요지
2. 북남 북촌 자위대 조명 방법에 대하여
3. 낭상 사업에 대하여
4. 상서 조상에 대하여
5. 해안선 정내 강화에 대하여

전남 ★ 내 기
선건관도 공보위 제1과
집수   9 16일
18   1725

부상성 보안국장   박 용 삼
보안국 제1처장   강 병 학

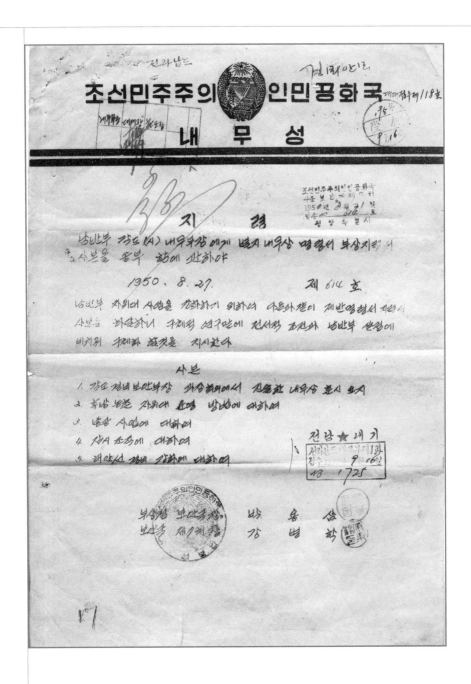

내무성 보안국의 지령 문서.

내무성 보안국의 지령 문서.

'아들 장가보낸 집'과 '구루마 고친 집'의 식량 사정

함경남도 함주군 연포면 동흥리 인민위원회가 작성한 1949년 극비 문서들이다. 대부분이 동흥리 농가 사정을 실사한 내용이다. 최하급 행정기관인 리 인민위원회에서 각 농가의 경작 면적, 수확량, 식량 소비량, 남은 곡식의 양, 필요한 비료의 양 등을 낱낱이 조사해 도표로 만들었다. 특정 가정에서 식량을 더 많이 소비한 이유까지도 낱낱이 적고 있다.

연포면 인민위원회(연민위)의 농가 조사 지시 문서의 제목은 〈비료 교역하지 못할 양곡 부족 농가 조사에 대하여〉이다. 1949년 3월 19일자 문서다. 봄 파종을 앞두고 비료를 나눠 주려 하는데 농가별로 비료가 얼마나 필요한지를 먼저 조사해야겠다는 것이다. 공개적으로 조사해도 될 것을 인민위원회는 '극비로 조사'한 후에 조사표를 책임자가 직접 와서 제출하라고 했다. 집안마다 사정과 형편이 다르고, 덜 주었느니 많이 갔느니 뒷말이 많을 사업이라 입막음과 사업 효율성을 위해 극비로 알아보라 한 것인지, 철저한 주민 통제를 위해 몰래 조사하라고 한 것인지에 대해서는 이 문서는 밝히고 있지 않다. 다음은 지시문의 일부다.

동흥리 인민위원장 앞

비료 배급 사업을 정확히 하여 춘기 파종에 지장이 없도록 하기 위하여 다음과 같이 지시하오니 교역 사업 집행 과정의 실지 전형을 잘 살피어 관계된 기관과 충분히 연락하고 극비로 조사하여 3월 22일 오전중으로 리 위원장 또는 간부가 직접 지참 제출하시오. (기한 엄수)

세 번째 문서는 동흥리 인민위원장이 제출한 조사표다. 이보다 어떻게 더 자세할 수 있을까 싶을 만큼 농가의 식량 사정을 시시콜콜히 조

대통령의 욕조

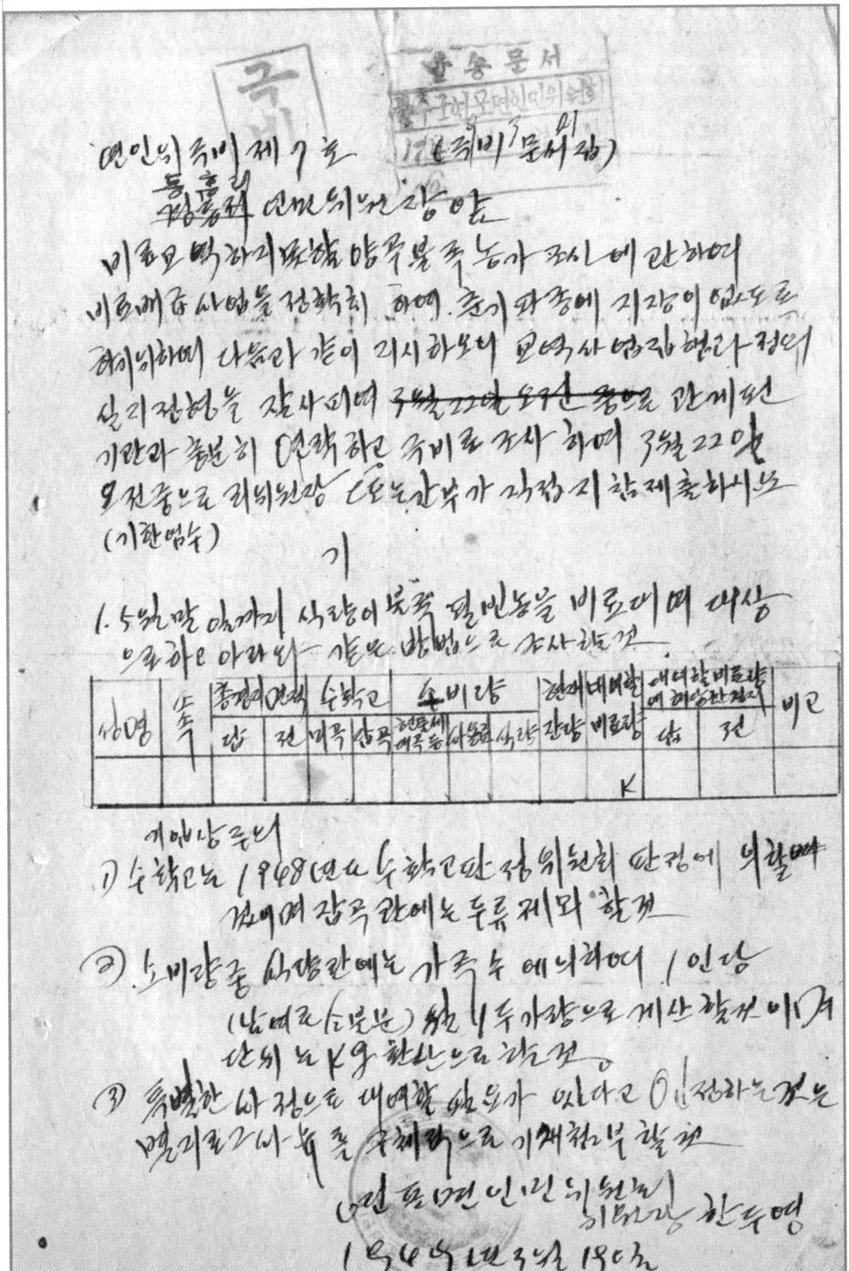

인민위 극비 제 7 호

동흥리
각 홍종대 인민위원장 앞

[본문 - 판독 어려운 수기 지시문]

1. 5월말 현재까지 사량이 부족 될 빈농을 비롯하여 대상
으로 하는 아래와 같은 방법으로 조사 할것

성명	쪽수	종전의 현재	수확고		소비량		현재대여한	대여할 비료량 에 의상한 정산		비고
		량	전	년곡	잡곡			량	전	

1) 수확고는 1968년도 수확고와 당 상위원회 단정에 의할때
  2) 소비량중 사량관에는 가족수 에 의하여 1인당
  3) 특별한 사정으로 대여할 없다가 있다고 인정하는것은

동흥리인민위원회
위원장 한두영
1969년 3월 19일

동흥리 인민위원회 극비 문서집의 지시문.

사했다. 우선 세대주의 소속 정당부터 적시했다. 로동당, 청우당, 민주당, 무소속 등등.

답(밭)과 전(논)으로 나누어 총 경지 면적을 적었고, 미곡과 잡곡으로 구분해 수확고를 적었다. 이 수확량은 "1948년도 수확고 판정위원회 판정에 의한 것"이며 "잡곡난에는 두류(콩 종류)를 제외"하도록 했다. 그다음이 소비량인데, 현물세(대곡 등)와 사용료, 식량이라는 세 항목으로 나누었다. 면 인민위원회의 조사 지시서에 따르면 "소비량 중 식량란에는 가족 수에 의하여 1인당(남녀노소 불문) 월 1두 가량으로 계산할 것이며, 단위는 kg 환산으로 할 것"이라고 되어 있다.

눈여겨볼 부분은 다음 항목의 '잔량'이다. 식량이 얼마나 남아 있느냐 하는 것이다. 이 조사가 이루어진 3월이면 춘궁기다. 식량이 32킬로그램밖에 남아 있지 않은 집이 있는가 하면 아직 446킬로그램이나 남아 있는 집도 있다. 이런저런 사정을 감안, 역시 논과 밭으로 구분해 '대여할 비료량'을 마지막에 적었다.

다른 집에 비해 소비량이 많은 집이 있다. 그 까닭을 비고란에 적었다. 재작년에 둘째 아들을 장가보낸 집이 있는데 그 영향으로 작년에 돈을 많이 빌려 쓴 탓이다. 또 다른 집은 소 한 마리를 새로 들이고 '구루마(짐차)'도 새로 고치면서 씀씀이가 컸다. 소 달구지(우차) 한 대를 산 집도 있다.

다른 집에 비해 남아 있는 식량이 터무니없이 적은 집에 대해서는 그 까닭을 각각 이렇게 쓰고 있다. "유아, 병으로 소비한 관계", 처가 산후증으로 전부 소비한 관계, 갓난애가 병이 났거나, 산모가 있었던 집이다.

• 문서 출처: Entry #299, Box 847

대통령의 욕조

'사람'이 찍힌, 어느 인민군의 '알루빰'

앨범 표지.

전쟁 기록사진에는 '병사'만 찍히지만, 그 전쟁터로 떠나는 병사의 사진에는 '사람'이 찍힌다. 방 씨 성을 가진 한 인민군 병사의 낡은 사진첩, '알루빰(앨범)'이다. 해방 전 도쿄 유학 시절에는 학생 교복을 입었고, 1948년 독찰대(헌병) 훈련 시절에는 군복을 입었다. 그리고 본인인지 친구인지 아니면 형제인지 모를, 또 다른 인민군 병사가 찍혀 있는 또 한 장의 사진. 그리고 1950년 6월 25일, 그날 찍은 사진의 뒷면에는 이렇게 쓰여 있다.

조국통일 전선으로 떠나며

앨범 속의 사진 한 장.

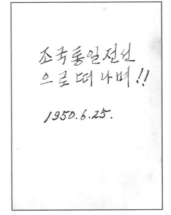

가족 사진의 뒷면.

• 문서 출처: Entry #299, Box 847

5. 이런 문서들 ① – 노획 북한 문서

제715군부대 문화부의 '모란봉 지령'

조선인민군 제715군 부대 문화부에서 1950년 7월 26일에 작성한 비밀문서다. 〈공격 전투 보장과 군사 규율 강화에 대하여〉라는 제목 밑에 "모란봉에서"라고 써 넣었다. 이 '모란봉 지령'은 군기 빠진 인민군들을 질타하는 내용이다. 한마디로 군기 강화 방침 지시문이다.

이 지령문은 "승리적인 남진(南進) 전투를 전개"하고 있는 시점에서 (6·25 전쟁이 터진 지 한 달째인 7월 26일에 작성된 문서다), '문화사업에 존재하는 결점들'을 "엄격히 지적"하고 있다. 조선인민군이 그토록 강조하는 '정치사상 교육'의 해이를 질타하면서 '문화 사업'의 중요성을 강조한다. 인민군이 말하는 '문화 사업', '정치 교양 사업'이라는 것이 구체적으로 뭘 말하는 것이며, 왜 이런 교육을 그토록 중요시하는지도 조목조목 적었다.

먼저 '정치 일꾼들'과 지휘관들의 정치사상 교육에 대한 경시를 지적했다. 상부에서 내려 보낸 신문과 출판물을 접수하고서도 하부에 신속히 배부하지 않으며, 특히 신문과 출판물의 중요한 내용을 종합해 세미나를 개최하거나 '선전 방향을 제시'해야 함에도 그런 정치 교양 사업을 제대로 진행시키지 않는다는 것이다. 그 결과 군무자들이 국내 및 전선의 소식을 잘 모르고 있다는 지적이다. 내가 왜 목숨을 걸고 싸워야 하는지, 뭘 얻겠다는 것인지, 지금 상황은 어떻게 진전되고 있는지도 모르는 전투원들에게서는 전투력 향상을 기대할 수 없다는 것이 6·25 전쟁 당시 인민군 선전 선동 담당 지휘부의 생각이었다.

'군사 규율 위반' 사례도 이 지령문은 지적하고 있다. '해방 지구에서 개별적 군관과 전사들이 인민의 소유물을 위협하는 방법으로서 탈취하며 기타 불순한 행동들을 취하고 있다'는 것이다.

지 령

제 7 5군부대 문화부   비 밀
                                                    부수 26-

　　　　　　폭 격전투 보장와 군사규률 강화 에 대 하여
1960. 7. 26   모란봉 에 서

진정 한 인민군대는 조국의 통일 독립 과 자유를 위하여
치열한 투쟁을 전개하면서 조선인민 의 불구대천의
원쑤인 미제국주의자 들과 리승만 도배 들을 소탕
격멸 하는 승리적 인 남진전투 를 전개하고 있다
그러나 미제국주의자 들은 리승만 괴뢰 정부 와 인민군대
의 진격에 의 하여 파탄 당 하게 되자 당황 망조한
남어지 소위 계엄령 과 의 흑악 한 탄압정책 망을
벗어 날라고 발이 갈수록 주둥이 므로 루게 판단 들을

동원 시켜 평화 스러운 우리의 농촌과 도시 를 폭격
하여 인민들을 학살하는 침략적 인 무력간섭 을
강화하고 있는 조건하에서 남진전투 를 정치적으로
보장하기 위한 부분적 부대 및 구분대 들의 문화 사업
에는 다음과 같은 결점 들 이 로래하고 있다는 것을
엄격히 지적 한다

① 개별적 인 문화일꾼 들과 지휘관들은 전투(시)의 훈우와
들이 정치 사상교육 에 대한 중대한 문제 를 경시하는
경향이 로현 되 엇다 만화 부분적 부대 및 구분 대
문화 부대서는 상부에서 보낸 신문와 출판물 들 등을
받고서도 하부에 신속히 배부하지 안으며 특히
신문와 출판물 의 중요한 내용들을 종합 하여

다음으로 이 지령문은 이런 결점들을 '신속히 퇴치'하라면서 개선점을 제시하고 있다. 전투를 승리로 이끄는 데 가장 중요한 점을 이 문서는 '일반 조직 사업'이라고 규정했다. 따라서 '해방구 인민들의 여론 및 적군에 대한 내용'을 정확하게 보고할 수 있어야 한다는 것이다.

'전투 시나 행군 시 혹은 휴식 시간을 이용하여 군사 규율 강화와 혁명적 경각성 제고에 대한 문제는 특별히 취급하라'는 지시도 포함되어 있다. 남한 일부를 점령했다 해서 전쟁 승리를 낙관하지 말라는 말도 덧붙였다. '서울과 기타 도시를 해방하였다 하여 곤란 없이 승리적으로 완수되리라고 생각하는 부정확한 경향들과 엄격히 투쟁'하라는 것이다.

• 문서 출처: Entry #299, Box 860

남한 ㄷ시 반동분자 및 월남자 명단

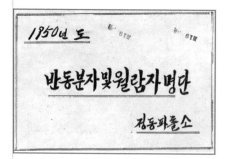

남한 ㄷ시 정동 파출소의 반동분자 명단.

1950년 8월 북한군 점령하에 있던 남한의 ㄷ시 파출소에서 작성한 〈반동분자 및 월남자 명단〉이다. 임시위원회 위원장이 관할 구역에서 거주하는 월남자 또는 반동분자를 조사해 내무서장 앞으로 보낸 것이다. 문서 표지에는 반동분자와 월남자를 구분해 놓았지만 조사서에서는 이 둘 사이의 구분이 따로 없다. 월남자와 반동분자를 똑같이 취급했다. 월남자의 이름과, 나이, 주소, 직위, 직업 등 개

개인의 인적 사항이 자세히 적혀 있다. 경찰, 형사, 형무소 직원, 관리, 고무공장 지배인 등의 직업을 가진 사람들이다. 본적과 가족 수까지 적혀 있다.

• 문서 출처: Entry #299, Box 911

죠-냐, 너는 고흔 처녀 사랑스럽더라

북한의 국립미술학교 도안부 2학년 김진호가 쓴 시다. 제목은 〈죠-냐의 생각〉. 이 시는 평북 민청동맹 중앙본부에 제출한 고급중학교 학생들의 문학 작품 응모 원고 50여 편 가운데 하나다.

첫눈이 고요히

집 지붕에 길우에(길 위에) 나래(나려) 쌓이는 밤

나는 나의 그리운 벗

죠-냐를 생각하노라

죠-냐! 너는 고흔(고운) 처녀

사랑스럽더라

이 시를 쓴 학생은 '죠-냐'를 "붉은 전사인 아버지 따라 내 조국에 온 너"라고 부르고 있다. 러시아 군인의 딸로 북한에 왔던 소녀인 것으로 짐작된다.

"쬬 – 나의 생각" 98

첫눈이 고요히
집지붕에 길우에 나려 쌓이는 밤.

나는 나의 그리운 벗
쬬 – 나를 생각 하노라

쬬 – 나 !
너는 고혼 처녀
사랑스럽더라

붉은 전사인 아버지 따라
내 조국에 온 너

너는 언제나 나와
손짓 눈짓 온몸으로
많은 얘기 주고 받았으니

그대는 나의 스승
그대의 가르침 진정 고마워라

고급중학교 2학년생 김진호의 시.

• 문서 출처: Entry #299, Box 1143

6:

이런 문서들 ❷

– 미국이 쓴 한국전쟁

함포와 전투기만이 전쟁의 무기가 아니다. 기록이야말로 전쟁의 승패를 좌우하는 가장 강력한 무력이다. 군사 전략, 전술, 첩보, 작전 등 지휘관들의 머릿속에만 들어 있는 보이지 않는 전력(戰力)을 글로 옮겨 가시화한 것이 전쟁 기록이다. 기록은 사후에 정리된 것만을 일컫지 않는다. 사전 계획 역시 엄연히 기록으로 남는다. 기록에 실패한 지휘관 치고 전쟁에서 성공한 지휘관은 없다.

월턴 워커(Walton Walker), 매슈 리지웨이(Matthew B. Ridgway), 밴 플리트(Van Fleet), 마크 클라크(Mark Wayne Clark), 더글러스 맥아더(Douglas MacArthur) 등 1950년의 한국전을 지휘한 미군 지휘관들은 유럽과 아시아와 태평양에서 2차 세계대전이라는 인류사 최대의 전쟁을 막 치러 낸 최고의 전쟁 전문가들이었다. 이들이 한국전에 들여 온 건 불과 5년 전 세계대전을 승리로 이끈 무기 체계뿐만이 아니었다. 전쟁이 기록 싸움이라는 것을, 기록의 싸움이어야 한다는 것을 누구보다 잘 아는 이들은 전쟁 기록이라는 가장 강력한 무기도 한국전에 도입했다. 그리고 2차 세계대전 승리자의 언어인 영어로 아시아의 동쪽 끝(far east) 한반도에서 치른 최초의 유혈 냉전인 한국전쟁의 모든 것을 기록했다. 선배들한테서 배운 대로, 문서 작성 매뉴얼에 나와 있는 대로, 일기 쓰듯 전쟁일지를 썼고, 편지 쓰듯 작전 사후 보고서를 썼다.

그리고 이들은 이 모든 기록들을 고스란히 남겼다. 그 덕에 펜실베이니아의 미 육군 군사연구소까지 가지 않더라도 '한국전의 무기 목록'이라는 검색어만으로도 한국전 때 미군과 중국군, 북한군이 썼던 박격포의 제원은 물론 수류탄의 종류까지도 온라인에서 샅샅이 다 찾아볼 수가 있다. 미군이 남겨 놓은 한국전 문서들은 기록의 범위와 넓이, 깊이의 끝이 어디까지인지를 보여 주는 실증적 사례 연구의 대상이 되기에 전혀 하자가 없는 전쟁 기록물이다.

한국전의 순간순간을 기록한 문서 25건을 내셔널 아카이브의 문서고에서 뽑아 보았다. 수백만 장의 한국전 문서 가운데 극히 일부일 뿐이다. 한국전쟁을 이해하기 위해서라기보다는 미군이 도대체 어떤 내용까지 기록했고, 어떤 문서까지 남겼으며, 얼마나 많이 공개해 놓았는지를 들여다보기 위해서다. 그래야 미군이 치른 한국전을 더 잘 이해할 수 있을 것 같아서다. 이들이 기록한 것은 '한국전쟁'이나 '6·25 동란'이 아닌 'Korean War'다.

남한 진주 12일째, 하지가 분석한 '한국 상황'

해방 직후, 미 점령군 24군단을 이끌고 남한에 상륙한 존 하지(John Reed Hodge) 중장은 서울에 진주한 지 12일째 되던 날(1945년 9월 24일) 미 태평양 군사령관 앞으로 1급 비밀 보고서 한 건을 타전한다. 제목은 〈한국 상황(Conditions in Korea)〉. 한반도에 주둔하는 최초의 미 지상군 사령관이자 미 군정의 최고 통치자로서 처음 와 본 남한을 열흘 남짓 살펴보고 쓴 첫 인상록이다.

"한국이 서로 판이한 정책의 두 점령 지역으로 분단되어 있는 것은 통일국가 형성에 극복하기 힘든 장애가 될 것"이라는 게 그의 판단이었다. 그는 또 "연합군의 의도에 대한 한국인의 불신이 팽배하며, 두 점령군이 38도선을 경계로 한국을 양분한 것에 대한 불만도 크다"고 지적하면서, "일제 치하에서 상상을 넘어서는 부정부패와 수뢰, 독직의 관행이 있었다는 것이 밝혀지고 있다"고 군정 책임자로서의 견해도 밝히고 있다.

미 군정에 한국인을 참여시키는 것에 대한 그의 생각은 꽤 부정적이다.

한국인들은 몇몇 직위의 사람만 빼놓고는 대부분 신뢰가 가지 않고, 업무를 수행할 만한 능력이 없다. 전반적으로 한국인들은, 교육을 받은 사람들조차도 대부분이 몽상가이며 실제로 일을 어떻게 해야 하는지에 대한 구체적인 아이디어를 가지고 있지 않다.

── 전쟁 15개월 전, 국가안보위원회의 대통령 보고서

6·25 전쟁 발발 15개월 전인 1949년 3월 22일, 미 국가안보위원회(NSC)가 해리 트루먼 대통령에게 열아홉 장짜리 1급 비밀 보고서를 제출한다. 문서의 제목은 〈한국에서의 미국의 위치(The Position of the United States with Respect to Korea)〉. 1년 전인 1948년 4월 국가안보위원회가 작성했던 한국 보고서를 재평가하면서, 한국의 국방, 사회, 정치, 경제 상황을 분석한 문서다.

이 보고서는 빠른 시일 내의 통일 자주 국가 수립, 민주 독립국가의 기반 구축을 위한 경제와 교육 지원 등 대한국 정책의 3대 목표를 밝힌

다음, 결론 부분에서 "1949년 6월 30일까지 주한미군을 완전 철수할 수 있도록 준비한다"고 적고 있다. 특히 국방 분야에서는 1950년 회계 연도에 훈련과 무장이 잘된 한국군을 6만 5000명까지 양성하고, 해안 경비대를 4000명 수준으로 확충하며, 3만 5000명 규모의 경찰에게 지급할 소형 무기와 탄약을 지원한다는 내용이 담겨 있다.

6월 23일 합참 보고서, '한국, 전략적 가치 없다'

합참은 미국 입장에서 봤을 때 한국이 전략적 측면에서 그리 가치가 없다는 점에 동의했다. 따라서 군사적 측면에서 봤을 때 상호 방위 지원 프로그램에 따른 대한(對韓) 자금 추가 지원을 정당한 것으로 보기는 어렵다.

미 합동참모부의 합동전략기획위원회가 6·25 발발 이틀 전인 1950년 6월 23일에 작성한 〈한국에 대한 추가 군사 지원〉이라는 제목의 일곱 장짜리 1급 비밀 보고서에 나와 있는 내용이다. 전략적 가치가 없는 한국에 군사 지원금을 주는 것은 옳은 판단이 아니라는 분석이다. 그러나 미 합참은 정치적 판단에 의한 지원은 반대하지 않는다는 입장도 밝혔다.

그러나 정치적 고려가 우선시되어야 한다면 합참은 한국에 대한 추가 지원 제공에 반대하지는 않을 것이다. 추가 지원을 하더라도 지상군과 해안경비대 장비에만 국한시키는 방안을 고려해야 한다.

이 문서는 한미 상호방위지원법에 따른 군 장비 증강 계획에 초점이 맞추어져 있다. 한반도에서의 분쟁 발발 가능성에 대한 언급은 없다. 반자동화기(M3) 218점 추가 지원(당시 보유 1320점), 60밀리미터 박격포 49대 추가 지원(당시 보유 417대) 등 지상군 장비 증강과, 트랙터 및 크레인 등 공병 장비 추가 지원, 무전기 등 통신 장비 추가 보급 등에 대해서만 말하고 있다.

맥아더가 남침을 보고받은 시각, 09:25

한국전의 주력 부대였던 미 8군은 한국전쟁 전 기간에 걸쳐 '전쟁일지(War Diary)'를 작성했다. "북조선 인민군이 1950년 6월 25일 일요일 04:00시 38도선을 넘어 서울로 진격해 왔다. 치밀한 계획과 강한 무장력을 바탕으로 한 불법 기습이었다"로 시작되는 이야기체(narrative) 형식이다. 일본 점령 임무를 맡고 있다가 한국전에 투입되는 과정을 포함해 3년 1개월에 걸친 전쟁의 주요 전개 상황을 기록했다.

2차 세계대전 기간이었던 1944년 6월에 창설된 미 8군은 태평양 전쟁에서 남부 필리핀에서의 작전을 끝마친 후 2차 점령군으로 일본에 상륙했다. 일본에 주둔해 있는 동안 미 8군은 전투력 저하 등 정규 야전군으로서의 본래 역할이 탈색되어 갔고, 1948년 미 8군 지휘를 새로 맡은 월턴 워커가 훈련 강화 등 야전군으로서의 제 모습을 되찾으려는 노력을 기울였으나 큰 성공을 거두지는 못했다. 미 8군은 훈련과 장비 부족 상태에서 급히 한국전에 투입되었고, 결국 정규 야전군으로서의 기능을 제대로 발휘하지 못했다.

미 태평양군 문서군(RG 550 Records of United States Army, Pacific)에도 극동군 사령부가 작성한 한국전 초기 연표, 즉 한국전 진행 시간표가 들어 있다. 1950년 6월 25일부터 1951년 12월 31일까지의 기록이다. 이 한국전 연표는 전쟁 개전일인 6월 25일 01 : 00시에서 시작된다.

오전 1시경: 북한군 6사단 14연대가 해주를 출발, 취아리 남쪽 38도선으로 이동.

오전 4시경: 북한군 7사단(7월 3일 12사단으로 개편됨) 소속 전 예하 부대가 내평리 근처의 38도선을 넘어 총공격 개시. 인제-춘천 가도를 따라 서쪽으로 선회.

오전 5시경: 북한군 2사단의 4, 6연대가 38도선을 넘어 남진, 춘천에서 한국군 6사단과 교전.

오전 7시경: 한국군 1사단, 임진강 도강 후 교량을 파괴해 북한군 6사단의 남진을 저지시킴.

오전 9시 25분: 극동군 사령부의 맥아더 사령관, 북한 침략을 보고받음.

오전 11시: 평양 라디오 방송, '남조선의 공격을 북조선 인민군이 격퇴했으며, 남조선이 군사 도발을 중단하지 않으면 북조선은 단호한 대응을 할 수밖에 없다'는 내용을 방송. 이승만 대통령은 북한의 이 방송을 남한에 대한 '공식적인' 전쟁 수행으로 생각하지 않음.

한국군 2사단, 대전에서 서울 북부와 의정부 동쪽으로 이동.

한국군 수도사단은 서울에 잔류

개전 닷새째, 모스크바의 미 무관 '소련, 북한 잃을 것' 보고

전쟁 닷새째인 7월 1일, 미 육군참모부에 모스크바에 있는 미군 무관이 보내온 전문 한 장이 워싱턴의 미 육군참모부에 접수된다. 한국전에 대한 소련의 반응을 전하는 전문이다. 전문은 이런 내용을 담고 있다.

소련 언론은 미군이 한국전에 참전했다는 보도를 많이 하고 있지 않음. 한국 상황에 대한 언론의 사설도 없음. 소련은 한국 분쟁에 미국이 어떻게 대처할 것인지에 대해 판단을 잘못했으며, 미국과 유엔의 결단력이 결국 소련을 한국에서 소외시켜 버렸다는 것이 소련 언론들의 평가임. 본인은 소련이 이제 북한을 잃게 될 확률이 높으며, 북한은 유엔군이 점령하게 될 것으로 봄.

미 육군참모부가 위의 모스크바 전문을 받은 지 사흘 후인 7월 4일, 이번에는 육참이 도쿄의 극동군 사령부로 전문을 한 장 타전한다. 남한에 파견한 미군이 드디어 작전을 개시했음을 알리는 전문이다.

어제(7월 3일) 오후 북한군 남침 이후 최초로 미군이 작전을 개시했음.

이 전문은 "확고한 전선이 형성되지 않은 상태이며, 수원 북쪽 상황은 유동적"이라는 전황을 알림과 동시에 공식적으로 주한미군(USAFIK)이 창설되어 극동군 사령부의 지휘를 받게 된 것 등 미군 지휘 계통의 변동 상황도 전하고 있다.

미 해병대의 낙동강 전선 '살인자 작전' 첫 전투 인터뷰

미군은 각 군의 사단 사령부급에 전사(戰史)편찬부(Historical Division)를 두고 전투는 물론 작전, 정보, 군수 등 군 업무에 관련된 모든 진행 상황을 기록했을 뿐만 아니라, 모든 기록을 이야기체(narrative) 보고서 형태로 묶어 지휘 계통에 배포, 보관하게 했다. '작전 후 보고서(AAR, After Action Report)', '습득 교훈(LL, Learned Lessons)' 등의 이름으로 작성된 보고서가 그런 전사 기록들이다.

미 해병대 제323전투대대 작전장교 워런 니컬스 소령(Warren P. Nichols)을 인터뷰한 기록도 전사편찬부의 그런 기록물 가운데 하나다. 미 해병대 문서군(RG 127 Records of the U.S. Marine Corps)에 들어 있다. 니콜스 소령은 '살인자 작전(Operations Killer)'으로 불린 미 해병대의 낙동강 전투에서 북한군과의 첫 전투 작전을 지휘했던 사람이다. '살인자 작전'의 첫 전투 과정을 전사에 남기기 위해서는 그의 증언이 필수적이었다. 니컬스 소령을 인터뷰한 사람은 미 해병대사령부 전사부(戰史部) 담당 장교였다.

미 합참, '원자탄이 유일한 해결책일 수도'

> 미국이 이미 보유하고 있는 원자폭탄을 사용하는 것이 미군의 참변을 방지하는 유일한 물질적 수단이 되는 상황이 한국에서 벌어질 수도 있음.

1950년 12월 4일 미 합참이 국방부 장관에게 제출한 비망록에 기록되어 있는 내용으로, 미 합동참모부 문서군(RG 218 Records of the U.S. Joint Chiefs of Staff, 1941~1978)의 문서다. 중공군이 한국전에 개입한 직후였다.

트루먼 대통령은 합참의 이 비망록이 나오기 나흘 전인 11월 30일 기자회견 자리에서 "미국은 군사적으로 필요한 것이라면 어떤 수단도 다 취할 것"이라고 말했다. 기자가 물었다. "원자탄도 포함되는가?"

트루먼: 우리가 보유한 모든 무기가 다 포함된다.

기자: 우리가 보유한 모든 무기라고 말했는데, 원자탄 사용을 실제로 고려했다

(active consideration)는 의미인가?

트루먼: 사용을 늘 실제로 고려해 왔다.

트루먼의 이 발언은 큰 파장을 몰고 왔고, 국무부는 〈원자탄 사용 (Use of Atomic Bomb)〉이라는 제목의 보고서를 서둘러 작성했다. 합참의 비망록은 이 국무부의 문건이 나온 직후 원자탄 사용 가능성에 대한 군부의 견해를 밝힌 것이다.

맥아더 '평양 사수 불가, 서울로 후퇴'

1950년 12월 3일, 도쿄의 극동군 사령관 맥아더가 워싱턴의 합동참모부에 타전한 1급 비밀 전문은 "미 10군단이 최대한 신속하게 함흥으로 철수 중"이라는 말로 시작된다. 이 전문(電文)에는 맥아더 사령부에서 작성하는 문서 특유의 과장되고 격한 표현들이 곳곳에 드러나 있다.

미 8군 내부 상황은 점점 더 위태로워지고 있음. 평양 지역 사수가 불가능하며, 적군의 압박이 지속될 경우 서울 지역으로 밀려나는 것은 의심의 여지가 없다는 것이 (8군 사령관) 워커 장군의 보고임. 본인도 워커 장군의 평가에 동의함.

맥아더의 구술을 받아 적었을 것이 틀림없는 이 전문에서 맥아더는 또 "본인이 이미 보고한 바대로, 한반도의 허리 지역을 따라 방어선을 구축하는 것은 긴 방어선과 현 우리 병력의 수적 열세 때문에 가능하지 않다"며 자신의 전략을 그 특유의 부정 어법을 구사해 한 번 더 강조한다. 즉, 한반도 중부에 동과 서를 잇는 150마일 길이의 방어선을 구축할 경우 미 7개 사단 병력으로 그 긴 전선을 방어하려면 1개 사단의 방어 범위가 20마일을 넘게 되는데, 그렇게 되면 수적으로 월등한 적군(중공군)이 산악 지형을 통해 야간 침투하는 것을 막아 내기가 물리적으로 불가능하다는 말이다.

미 태평양군 문서군에 들어 있는 〈흥남 철수 작전 보고서(Action Report)〉에 따르면, 흥남 철수를 위한 미군의 첫 작전 회의가 열린 날짜는 12월 9일이다. 이 보고서는 철수 작전의 첫 지휘관 회의에서 철수 작전이 완료된 12월 25일까지의 작전 전개 상황을 이야기체로 기술하고 있다. 여기서는 중국 공산군의 개입으로 유엔군이 후퇴하면서 유엔군 병력이 한반도 동서 해안으로 분산되고 말았다고 흥남 철수의 배경을 분석하고 있다.

맥아더 해임을 통고한 1급 비밀 전문

트루먼 대통령으로부터 귀관께 아래 메시지를 전달하라는 지시를 받았음.

오마 브래들리(Omar Nelson Bradley) 미 합참의장이 극동군 사령관 맥아더에게 보낸 해임 통고 전문(電文)은 이렇게 시작된다. 1951년 4월 11일 자 전문이다. 미 정치사와 군사(軍史)를 통틀어 초유의 일이고 세계사의 물줄기가 바뀌는 순간이다. 내용이 중대 사안인 만큼 비밀 등급은 1급이고, 타전 우선순위도 제1급인 '화급(Flash)'으로 지정되어 있다. 화급으로 지정된 전문은 다른 어떤 문서보다 우선 타전해야 하며, 한밤중이든 새벽이든 상관없이 수신자에게 즉각 전달해야 한다. 게다가 이 전문에는 "합참의장 브래들리가 맥아더에게 직접 보내는 문건"이라는 송

수신 제한 코드까지 붙어 있다.

　브래들리 합참의장은 위의 짤막한 문구만 자신이 썼을 뿐이고, 나머지는 트루먼이 전하는 메시지를 그대로 옮겨 놓았다.

　대통령으로서 귀관을 연합군최고사령관, 유엔 사령관, 극동군 사령관, 미 극동 육군사령관직에서 해임하는 직무를 수행하게 된 것을 매우 유감스럽게 생각함.

　지지율 22퍼센트로 미 역사상 가장 인기 없었던 대통령이 미 국민의 최고 지지를 받고 있던 전쟁 영웅을 역사의 무대에서 끌어내린 이 명령서는 영문으로 단 세 문장이었다. 아시아의 '영원한 황제'로 군림하던 오성 장군과 임기가 고작 2년밖에 남지 않은 한 정치인의 명운을 건 정치 싸움은 이렇게 막을 내렸다.

정전협정 2개월 전, 미국의 여섯 가지 선택지

　정전협정 2개월 전인 1953년 5월 19일, 브래들리 미 합참의장이 국방부 장관에게 제출한 1급 비밀 비망록에는 〈한국에서의 행동 방향〉이라는 제목이 붙어 있다. 한반도에서 미국이 택할 수 있는 여섯 가지의 선택지를 짤막짤막하게 적은 문서로, 공격의 범위와 강도가 단계별로 확대 강화되는, 일종의 수순별 대응 전략이다.

　A. 주한미군의 제한적 철수를 염두에 두고 한국군을 증강하는 한편, 적군에 대해서는 현 수준의 군사적 압박을 지속한다.

　B. 미국이 수용 가능한 정전협정안에 적군이 동의를 하도록 적군에 더 큰 타격을

가하며, 이를 위해 해군과 공군의 공세적인 작전을 지속하는 한편 지상군 작전을 확대함으로써 적에 대한 군사적 압력을 가중한다.

C. 현 전선에서 지상군 협동 작전을 전개하는 한편 해군과 공군 작전을 더욱 공세적으로 전개한다.

D. 만주 지역과 중공군에 대한 직접 공습 및 해상 봉쇄를 포함, 군사적 압력을 확대 강화한다.

E. 만주 지역과 중공군에 대한 직접 공습 및 해상 봉쇄를 포함, 한반도 허리 지역에 대한 협동 공격을 실시한다.

F. 만주 지역과 중공군에 대한 직접 공습 및 해상 봉쇄를 포함, 한반도에서 대규모 협동 공격을 실시한다.

합참이 선택한 것은 정전협정이 개시된 이후 변함없이 적용되어 온 A안이었다. 한국전의 성격을 '제한전(limited war)'으로 규정한 개전 초기의 미 전략이 정전협정 때까지도 그대로 유지된 것이다.

덜레스, '이승만이 우리 등 뒤에서……'

전쟁포로 송환 문제로 정전협정이 마지막 진통을 겪고 있던 1953년 6월 18일, 미군이 관장하던 남한 전역의 포로수용소에 수감되어 있던 2만 6000여 명의 반공포로들이 탈출하는 사건이 터졌다. 이승만 대통령의 지시로 이루어진 '반공포로 석방'이다. 사건은 결국 한미 간 외교 문제로 번졌다.

때마침 한국의 백두진 국무총리가 워싱턴에 체류 중이었다. 존 덜레스(John Foster Dulles) 국무장관은 백두진 총리에게 자신의 사무실로 와

줄 것을 요청했다. 6월 28일 오후 두 시 반, 백두진 총리는 양유찬 주미 대사 등과 함께 국무장관실로 갔다. 덜레스를 비롯, 월터 로버트슨 (Walter S. Robertson) 극동 담당 차관보 등이 한국 측 인사들을 맞이했다. 이때 이들이 앉아 나눈 대화 내용을 기록한 문서가 〈한국의 일방적인 북한군 포로 석방〉이라는 제목의 대화 비망록이다.

덜레스는 트루먼이 이미 이승만에게 전했던 미국의 입장을 재차 한국 측 참석 인사들에게 강조한다. "이승만 대통령이 즉각적이고 분명하게 유엔 사령부의 권한을 수용할 태세가 되어 있지 않는 한, 다른 사태에도 영향이 미칠 것"이라는 경고였다.

외교적 언사로 절제되어 있긴 하지만 이 비망록에는 다른 외교 문서에서는 흔히 보기 힘든 격한 단어들이 줄줄이 기록되어 있다. 이승만의 일방적인 반공포로 석방을 미국이 어떻게 받아들이고 있는지를 잘 보여 주는 문서다.

이승만 대통령의 행동은 적군만 이롭게 할 뿐이다. 이승만 대통령이 우리 등 뒤에서 어떻게 계획을 세우고 행동에 옮겼는지 우리는 전혀 모르고 있었다…….

— 무초와 이승만의 정전협정 신경전

미 해외 공관 문서군에 들어 있는 1951년 7월 2일 자 '대화 비망록'은, 무초 주한 미 대사가 정전협정을 반대하는 이승만 대통령을 설득하기 위해 찾아가 나눈 대화 내용을 기록하고 있다. 〈정전협정 관련 대화〉라는 제목이 붙어 있다.

무초 대사는 "요즈음 (정전협정 때문에) 격앙되어 있는 한국 측 인사들의 심사를 가라앉히고 (한국 정부의 정전협정 관련 발표에) 영향을 미치기 위해 가능하면 자주 이승만 대통령과 한국 정부의 고위급 인사들을 만나오고 있다"라고 이승만 면담의 배경을 밝힌다.

네 장짜리 이 면담 대화록은 정전협정을 추진하는 미국의 입장을 이승만에게 설득하면서, 주로 이승만의 반응과 정전협정에 반대하는 한국 측의 논리를 상세하게 소개하고 있다. 이승만은 "한국은 미국과 유엔이 어떤 결론을 내리든 그 결정에 따라갈 것"이지만, "지금 정전에 동의를 하면 우리가 약하다는 것을 보여 주는 것이며, 그 약점을 노출함으로써 결국은 3차 세계대전이 이어질 것"이라는 주장을 굽히지 않고 있다.

〈이승만, 협상 입지 강화 위해 정전협정 반대 선동 활용〉이라는 제목의 정보 분석 보고서도 미 해외 공관 문서군에 들어 있다. 국무부 정보 연구실(OIR, Office of Intelligence Research)이 정전협정 직후인 1953년 8월 7일에 작성한 것이다.

이 보고서는 이승만이 정전협정 이후의 정치 회담에서 협상 입지를 유리하게 끌어가기 위한 목적에서 정전협정 반대의 목소리를 높이고 있다고 분석하고 있다.

이승만은 유엔군과 공산군 사이에 정전협정 서명이 이루어진 후에도 정전 반대의 입장을 굽히지 않았다. 그러면서도 자신의 공식 입장은 "정전협정을 방해하지는 않겠다"는 것이었다. 단, "정치 회담 개시일로부터 90일 이내에만"이라는 단서를 붙였다.

국무부의 이 정보 분석은 이승만의 이 조건부 정전협정 수용안이 결국 정치 회담에서 그의 협상 입지를 강화하는 데 결정적인 기여를 한 것으로 분석하고 있다.

극동군 사령부 G-2가 분석한 북한의 남침 가능성과 공격 시점

한국전 정전 3년 후인 1956년 2월, 미 태평양군사령부 군사편찬실(OMH, Office of Military History)이 편찬한 한국전쟁 문서 중에는 〈침략 전(前) 북한의 무력 증강(The North Korean Pre-Invasion Build-up)〉이라는 제목의 정보 보고서(Intelligence Report) 한 편이 들어 있다. 한국전쟁에 대한 사후 평가 보고서 가운데 하나로, 미 극동군 사령부 정보참모부(G-2)가 작성한 것이다.

'철의 장막' 뒤에서 행해진 북한의 남침 이전의 모든 군사작전은 정보참모부 산하 정보기관에 의해 면밀히 탐지되었으며, 포괄적인 보고서가 작성되어 육군부에 보고되었음. (중략) 1949년 10월부터 1950년 6월 사이에 취득된 정보에 의하면 북한군이 잠재적인 공세 의도를 가지고 있었음이 드러남.

보고서는 또 "북한군의 남침 가능성과 관련, 정보참모부는 단 한 번도 북한이 자발적으로 공세적 태도를 취했다고 본 적이 없으며, 북한 괴뢰정부 배후에는 소련 크렘린의 강력하고 의도적인 조종이 있음을 인식하고 이에 대한 보고를 해 왔음"이라고 적고 있다.

이 보고서에 따르면 북한의 공세적 태도는 자발적인 것이 아니라 크렘린의 조종을 받는 의존적인 것이었다는 게 맥아더의 극동군 사령부 정보참모부의 판단이었다. 정보참모부는 또 북한이 남침 시점에 대해서는 신중한 태도를 취했는데, "세계정세 추이 및 아시아권 공산국가 내부의 갈등을 염두에 둔 모스크바 고위층의 지시를 따라야 했기 때문"이라고 분석하고 있다.

미 해병대원들의 '냄비 흥정'

미 극동군 사령부는 한국전에 참전한 미 해병대 1사단 대원들의 경험담을 엮은 문서철("*With the First Marine Division in Korea*: Stories of the U.S. Marine Soldiers in Korean War")도 보관했다. 미 해병대 1사단 공보과가 만들어 배포한 군 홍보용 자료다. 미 해병대원들이 쓴 '내가 겪은 한국전' 문서철에 들어 있는 이야기 두 꼭지를 여기서 소개한다.

물건 값 흥정은 동양에서는 예술에 속한다. 말다툼이 되기도 한다. 서로 말이 안 통하긴 하지만 서로 자기 할 말은 다 한다. 김포 근처의 길거리에서 한 해병대원이 양은냄비를 사면서 벌어진 일이다. 인내에도 한계가 있는 법이다.

"이 냄비가 얼마라고?"

"만 오천 원."

"만 오천 원? 에~이. 너무 비싸. 팔천 원. 오케이?"

"절대 안 돼. 만 오천 원!"

"이거 순 날강도네. 만 원 줄게, 더 이상은 안 돼. 만 원!"

"좋아, 만 사천 원."

"누굴 바보로 아나! 서울에서는 이거 팔천 원이야."

"서울, 만 오천 원, 너한테는 만 사천 원, 오케이?"

이성채. 까만 머리에 눈망울이 반짝이는 열두 살의 한국 꼬마. 예술품이 무엇인지는 모르지만 달러를 낚아채는 방법은 이미 터득하고 있다. 성채는 해병대 기지에 숨어들어 와 갖은 잡일을 다 하면서 '프레젠토'를 얻어 가는 조무래기다. 트럭 세차도 하고 난로 청소도 하며, 대신 사탕, 담배, 돈을 얻어 간다.

김포에 주둔한 미 해병대 11포병 연대의 전방관측학교 운동장에서 성채는 웨스트 버지니아 출신의 폴 하인즈 소위를 흘끔흘끔 훔쳐보고 있다. 하인즈 소위는 작은 나무조각 하나를 깎고 있었다. 목각품이 다 완성되자 성채가 슬그머니 다가가 작전을 편다.

"소위님, 할로!"

"하이, 성채! 잘 있었어? 웬일이냐?"

성채는 목각품을 가리키며 "이찌 봉(최고다)!"이라고 추켜세운 뒤 본론으로 들어갔다.

"이거, 나한테 선물로 줄래요?"

하인즈 소위는 목각품을 성채에게 주었고, 성채는 목각품을 손에 쥐자마자 쏜살같이 사라졌다. 하인즈 소위는 성채가 그 목각품을 집에 가져갔으려니 했다.

잠시 후, 하인즈 소위는 천막 바깥에서 한 해병대원이 동료한테 하는 얘기를 들었다.

"헤이, 조! 이거 1달러 주고 어떤 꼬마한테 산 건데, 진짜 한국 목각품이래."

하인즈 소위가 보니 자기가 성채한테 준 목각품이었다. 저만치서 기다란 나무 하나를 어깨에 맨 성채가 걸어오고 있었다.

심리전 전단 살포 작전 '물라(MOOLAH)'

미군은 심리전의 일환으로 실시된 38선 이북에 대한 전단 살포 작전에서 큰 성과를 거두었다는 평가를 내렸다. 항공기에 의한 대량 살포가 먹혀들었다고 판단한 것이다. 전단 살포 심리전으로 동요된 후방 지역의 공산군들이 전방으로 이동하기를 꺼린다는 정보 평가도 나왔다.

미 극동군 사령부는 1953년 2월 적 후방 지역만 목표로 하던 전단 살포 작전을 근본적으로 개편, 3월부터는 적 후방의 동서 해안 지역을 주요 목표로 대량 살포 작전에 돌입했다. 3월 4일과 5일 이틀 사이에 항공기가 동서 해안 150여 개 목표 지점에 살포한 전단지 수는 무려 600만 장에 달했다.

3월 초에는 미 육군부가 북한 지역에 거주하는 러시아인을 상대로 한 러시아어 전단 살포도 검토했으나, 미 극동군은 이미 '이반 작전(Plan Ivan)'으로 러시아어 전단지를 살포하고 있다는 회신을 보냄으로써 러시아어 전단지 살포는 실행되지 않았다. 이반 작전은 2월 1일부터 5월 31일까지 펼쳐졌다.

미 극동군은 이밖에 '물라(MOOLAH)' 작전도 펼쳤다. 공산군 귀순 조종사에게는 10만 달러의 상금을 사례금으로 준다는 내용의 심리전 전단지를 적 후방 지역에 살포하는 작전이었다.

미 극동 공군이 실시한 전단지 살포는 전쟁 초기만 해도 큰 성과가 없었다. 극동 공군의 폭격 팀이 폭격기에 포탄 대신 전단지를 싣고 목표 지점으로 날아가 떨어뜨리는 초보적인 형태의 야간 작전이었던 탓에 효율성이 낮았다. 전단지를 투하하는 폭격 팀은 폭격 전문가들이었지 전단지 투하 전문가들이 아니었다. 전단지 투하는 마지못해 하는 부업일 뿐이었다. 전단지 투하를 위한 비행 횟수는 제한적일 수밖에 없었고, 전단지가 목표 지점이 아닌 다른 지점으로 흩어져 살포되는 경우도 비일비재했다.

미 극동군 사령부의 작전조사실(ORO, Operations Research Office)은 전단지 살포의 비효율성을 개선하기 위해 존스홉킨스 대학의 심리전 전문가 윌리엄 도허티에게 전단지 살포 재평가 작업을 의뢰했다. 도허티는 극동 공군 소속 전단지 살포 비행 팀원들을 일일이 만나 인터뷰를 하고 문제점을 기록해 1951년 1월 3일 참모 비망록 형태로 보고서를 작성한다.

도허티 보고서에는 〈극동 공군의 한국에서의 전단지 살포〉라는 평범한 제목이 붙어 있다. 열세 장짜리 3급 비밀문서다. 이 보고서는 전단 살포 작전을 주관하는 극동군 사령부 정보참모부 소속의 특수 임무 팀 (SPB, Special Projects Branch)과 실제 전단지 투하 임무를 수행하는 극동 공군 폭격 팀 사이의 소통 부재라는 결정적인 문제점을 지적해 내는 데 성공했다. 미 극동군 사령부 전단 살포 작전은 이 보고서 이후 전혀 다른 모습을 보였기 때문이다.

6·25 전쟁 전 기간에 걸쳐 미군이 뿌린 전단지는 23억 9200만 장이 넘었다.

전남 형제도 조기 어장 폭격 사건

유엔한국민사지원사령부 전라남도 팀의 미 8201 육군부대가 지원사령부 사령관 앞으로 보낸 〈어장 폭격 사건 조사 보고서〉라는 게 있다. 미 극동군 사령부 문서군에 들어 있는 것이다. 1953년 5월 전남 영광군 형제도 부근의 조기 어장에서 미군이 폭격 연습을 실시하자 영문도 모른 채 현장에서 조업 중이던 어민들이 대피한 사건이다. 마른하늘에 날벼락이었다.

지원사령부 전남 팀이 현지 어민을 상대로 조사를 벌였다. 폭격은 거의 매일 실시되었으며, 5월 15일에 마지막 폭격이 있었다는 점이 밝혀졌다. 어민들의 증언에 의하면 폭격기에는 성조기 마크가 새겨져 있었고 단발기 또는 쌍발기였다. 다행히 어민들의 인명 피해는 없었다.

5월 22일 자로 된 8201 부대의 보고서는 폭격기가 어느 기지에서 출격했는지에 대한 정보를 아직 얻지 못했으며 미 공군과 접촉해 더 이상 폭격이 없게 하겠다고 적고 있다. 열흘 후인 6월 3일, 지원사령부는 전남 팀에게 폭격 사건에 대한 회신을 보낸다.

폭격기는 K-8의 제3폭격대 소속이었으며, 사전에 인가를 받은 폭격 연습이었음. 5월 20일 자로 해당 지역에 대한 폭격 연습은 중단되었으며, 제3폭격대 작전 장교로부터 해당 지역에 대한 폭격 연습은 더 이상 실시되지 않을 것이라는 회신을 받았음.

탄약 부족? '쏘고 싶을 때 쏠 수 있을 만큼 충분하다'

1953년 3월 미 의회에서 난데없이 '한국전의 탄약 부족설'이 제기되었다. 미 극동군 사령부의 1953년 3월 지휘 보고서 가운데 병참 부분을 다루고 있는 이 문서가 의회에서 제기된 탄약 부족설을 둘러싼 논쟁에 대해 언급하고 있다.

문제의 발단은 "미 8군에 보급되고 있는 탄약의 양이 부족하며 때로는 심각한 부족 사태를 겪기도 한다"는 전 미 8군 사령관 밴 플리트의 발언이었다. 밴 플리트는 2월 11일 미 8군 사령관직에서 막 물러나 워싱턴에 돌아온 직후였다.

버드 상원 의원 등이 밴 플리트의 이 발언을 파고들었다. 그러자 극동군 사령관인 클라크가 진화에 나섰다.

포탄이 할당제로 지급되고 있긴 하나 우리가 쏘고 싶을 때 얼마든지 쏠 수 있을 만큼의 탄약을 충분히 가지고 있다. 더구나 미 8군은 공산군의 공세를 저지할 수 있는 충분한 탄약을 보유하고 있다.

탄약 부족설을 둘러싼 논쟁은 미 의회에서도 오래가지 못했다. 클라크 사령관 등 군 지휘부가 적극적으로 미 언론과 접촉해 해명하는 한

편 의회 지도부에도 해명 자료를 제출하고 의원들을 설득하는 등 성공
적으로 워싱턴 게임을 이끈 덕이었다.

미 정보 보고서, 지리산의 빨치산 한 자릿수까지 파악

미 태평양군사령부 문서군에 들어 있는 한국후방관구사령부(KComZ,
Korean Communications Zone)의 정보 보고서 중에는 1952년 8월 27일 현재
남한 내 빨치산 1629명의 분포 지역과 활동 상황을 기록한 문서가 있다.
지리산, 회문산, 백운산, 덕유산, 대둔산 등에서 활동 중인 빨치산의 지
역별 숫자에서부터 무장 상태, 활동 상황을 비롯해 그야말로 빨치산의
모든 것이 기록되어 있다. 인원을 표시한 숫자는 '약 몇 명'이 아니라 한
자릿수까지 구체적으로 표기했다.

1629명 가운데 967명은 무장을 했고, 662명은 비무장이다. 빨치산
의 85퍼센트인 1386명이 남부 사령부에 집중되어 있으며, 96명이 중부
사령부 지역에서, 69명이 북부 사령부 지역에서 활동 중이며, 제주도에
는 78명이 있다.

미군의 한국전 관련 문서들은 빨치산을 '산적(bandit)' 또는 '게릴라'
로 표현한다. 전투 부대의 정보 보고서에서 빨치산들의 규모와 활동 등
이 거론되기는 하지만 정규군의 작전 대상에서는 제외시키고 있다.

1952년 8월 23일에서 29일 사이에 빨치산 활동이 총 109건 보고되
었으며, 열 개 그룹의 52명이 가담했다. 대부분의 빨치산 활동은 식량
이나 옷을 약탈하는 것이며, 유엔 소속 민간인이나 차량을 상대로 한 약
탈은 단지 세 건에 불과하다고 이 보고서는 적고 있다.

주한 미 대사관 '독도 분쟁에 끼어들면 안 된다'

미 국무부의 해외 공관 문서군에는 한일 간 독도 영유권 분쟁 초기 단계에서 미국이 어떤 입장을 취했는지를 보여 주는 문서들이 꽤 된다. 한국전쟁이 한창이던 1952년 10월 15일 주한 미 대사관이 작성한 한 3급 비밀 비망록도 그런 문서 가운데 하나다. '독도 영유권 분쟁에 개입하는 것은 미 국익에 도움이 되지 않는다'는 내용이다. 이 비망록이 작성될 당시 독도는 미 공군의 폭격 연습장으로 사용되고 있었다. 다음은 이 문서의 주요 내용을 그대로 옮긴 것이다.

한일 간 분쟁 대상인 독도 영유권 문제에 미국은 개입하기를 원치 않음. 그러나 주일 미 대사관이 보내 온 10월 3일 자 문서를 보면, 미일 안보 협약을 이끌어 낸 합동위원회가 독도가 불발탄 하치장으로 쓰였던 점을 들어 과거 한때 '이 섬을 일본 정부 시설로 지정한다는 것에 동의'했던 것으로 나타나 있음. 일본과 그런 협약에 동의했다는 것은 미국이 독도를 일본 영유로 인정했다는 의미로 봐야 함.

아래 사례에서 예시된 것처럼 한국 정부는 지속적으로 독도 문제에 관심을 보이고 있음. 9월 7일 한국 해군의 손원일 제독은 유엔군 사령부 해군 사령관에게 '한국의 과학 조사단'이 교통부 소속 선박을 이용해 울릉도 및 독도를 방문한다는 사실을 통보한 바 있음. 이 방문은 명백히 정부가 후원하는 탐사이며 독도가 한국 령이라는 주장을 뒷받침하기 위한 것임이 분명함.

유엔사 해군 사령관은 한국 선박이 폭격당할 위험이 있으므로 이를 방지하기 위해 관례에 따라 유엔사 소속 해군에 한국 선박의 예정된 방문을 통보했음. 그 뒤 탐사단장이었던 언론인 홍종인 씨에 따르면, 탐사단은 두 차례에 걸쳐 독도 상륙을 시도했으나 '미국 것임에 틀림없는' 비행기가 나타나 폭탄을 투하하는 바람에 상륙을 하지 못했다고 함. (탐사단은 울릉도에는 별 문제 없이 상륙했음.) 한 지역 언론은 이를 보도하면서 한국 주권에 대한 침해라고 지적하며 폭탄을 투하한 유엔사를 비판했음. 이 보도는 또 1946년에도 이와 같은 사건이 발생해 독도에서 한국인들이 사망한 적이 있다는 사례를 덧붙였음.

독도를 계속 폭격 연습장으로 사용하게 되면, 때때로 섬 주변에서 고기잡이를 하는 어부들이 폭격에 사망하거나 부상을 당할 경우 법적 문제가 제기되는 것은 물론 여론에도 좋지 않고 미국이 영유권 분쟁에도 말려들 수 있음.

6월 25일 새벽 38선을 넘어 남진했던 인민군 포로 심문서

미 극동군 사령부의 연합통번역과(ATIS, Allied Translator & Interpreter Section)는 영어가 아닌 외국어로 작성된 문서나 외국인 포로 심문서 등을 영어로 번역 또는 통역하는 임무를 수행하는 부서였다. 2차 세계대전 당시에는 주로 일본어, 한국전쟁 기간에는 주로 한국어와 중국어 통번역 업무가 많았다. 한국전 기간 인민군 또는 중국 공산군 포로 심문 보고서도 이 ATIS 파일에 들어 있다.

한국전 개전 직후인 1950년 7월 14일 청주에서 조선인민군 전사(이등병) ○○○이 한국군에게 생포된다. ATIS는 ○○○을 심문한 후 포로 심문 보고서를 작성했다. 심문 보고서에는 ○○○의 신상, 입대 과정과 부대 이동 경로 같은 내용이 상세하게 기록되어 있고, 피심문자의 진술 내용에 신빙성이 있으며, 피심문자가 협조적이고 자유롭게 진술했다고 평가하고 있다.

○○○은 23세였다. 함경남도 단천군 출신으로 소학교 2학년을 마쳤고, 제재소에서 노동자로 일하다가 1950년 2월 24일 함흥에서 인민군에 징집되어 2사단에 입대했다. 같이 징집되어 2사단에 입대한 사람은

약 3000명 정도이며, 평균 나이는 16~26세였다. 3개월 동안 기초 훈련을 받은 뒤 대부분의 병력은 2사단 소속 4보병 연대에 배치되었다. 6월 12~13일 군용 열차로 2사단 전 병력이 철원으로 이동하기 전까지 보병 돌격 훈련을 받았다. 같은 날 4보병 연대는 화천으로 이동하라는 명령을 받았고, 화천 이동 후에는 38도선을 따라 배치되었다.

4보병 연대는 6월 25일 새벽 38도선을 넘어 남진을 시작, 별다른 저항을 받지 않은 채 이튿날 춘천을 점령했다. 2사단의 선두 돌격대였던 4보병 연대는 수많은 마을들을 점령하면서 남진을 계속해 청주에 도착했고, ○○○은 동료 전사 두 명과 함께 청주에서 한국군에게 생포되었다.

병사들에게 노래를 가르쳤던 18세 중공군 포로

1950년 11월 21일 인천 포로수용소에 수감된 한 10대 중공군 포로의 진술 내용을 토대로 작성된 문서 한 장이 주한 미 대사관에 전달된다. 〈중공군 포로 심문〉이라는 제목이 붙은 이 문서는 다시 워싱턴의 국무부로 타전이 된다. 제목만 보면 포로 심문서 같지만 사실은 포로 심문에서 얻어 낸 특기 사항을 적은 비망록이다. 포로에게서 어떤 내용을 얻어 내기에 미 국무부에까지 보고가 되었을까. 평범하기 그지없는 한 중국인 청년이 전쟁터 '조선'에 발을 들여놓기까지의 사연은 이렇다.

포로의 이름은 '양'. 나이는 18세이고 후난성 창더 현 출신이다. 고등학교에서 화학을 전공했고, 대학에 진학하고 싶었지만 집안이 가난해 포기했다. 1949년 6월 22일 창더 현의 국민당 간부에 의해 징집되어, 국민당 군대에 입대했다. 같은 해 8월까지 국민당 군인이었다가 8

월 이후 중국 공산당 군대로 군적이 바뀌었다.

양은 이후 고등학교 졸업생, 대학 재학생 또는 대학 졸업생 등 고학력자 출신들로 구성된 38군 정치대대로 배치된다. 양은 이 정치대대에서 자신이 맡은 임무는 병사들에게 노래와 드라마를 가르치고, 병사들이 고향 집에 편지 쓰는 것을 도와주는 일이라고 했다.

1950년 7월 부대가 나산으로 이동했을 때 양은 그곳 지역신문을 통해 한국에서 전쟁이 일어났다는 사실을 알게 되었다. 그 신문에 따르면 한국군이 북침을 했다고 했다. 한국에 대해서 양이 알고 있는 것은 이것이 전부였다. 정치대대에 배속되어 있긴 했지만 한국전에 투입되기 전까지 그는 한국에 대해 별로 아는 것이 없었고, 한국전쟁에 대해 중국 공산군의 주입식 교양 교육을 받은 적도 없었다.

7:

이런 문서들 ❸

– 문서가 남긴 이야기들

주한 미 영사가 기록한 1960년 4월 19일

    서울에 주재하던 한 외교관이 1960년 4월 19일 '피의 화요일'을 기록했다. 시위에 참가했던 한 대학생의 증언을 그대로 적은 것이다. '의거'라는 말이 아직 나오지 않았을 시점에서, '혁명' 이전의 시각에서, 그 날을 재구성한 한 외국인의 현장 보고다.

    주한 미 영사관의 홀(W. V. Hall) 영사(Consulate)는 4·19 당일 영사과 업무를 보고 있었다. 미국 입국 비자를 신청하러 온 두 명의 한국인에게서 길거리 시위 현장에 대한 얘기를 들었다. 한 사람은 한국 정부 공무원이었고 또 한 명은 대학생이었다. 두 사람 모두 길거리에 폭력이 난무한다고 했다.

    홀 영사는 이틀 후인 4월 21일, 서울대학교 문리대 2학년에 재학 중인 한 학생에게 연락을 취해 만나자고 했다. 4·19 당일 시위에 참가했던 학생이었다. 그가 겪은 얘기를 듣고 싶었다. 이튿날 홀 영사는 이 서울대 학생에게서 들은 이야기를 워싱턴의 국무부 정치과로 타전했다. 보고서에는 '화요일 시위에 참가했던 한 서울대학교 학생과 나누었던 대화록'이라는 짧막한 발문을 곁들이면서 〈서울대학교 학생과의 대화〉라는 제목을 붙였다.

외교관이 작성하는 현장 보고서는 군더더기 없이 깔끔하고 간결해야 한다. 사실 묘사도 구체적이어야 한다. 그렇지 못하면 현장 보고서로서의 가치가 떨어지고 윗사람도 그런 보고서는 잘 읽지 않는다. 깔끔하고 구체적이고 감칠맛 날 것, 이게 보고서가 갖춰야 할 기본 요건이다. 홀의 보고서가 그렇다. 다음은 홀의 보고서를 그대로 옮긴 것이다.

이름을 밝히지 말아 달라고 한 이 학생은 서울대학교 문리대 2학년생이다. 화요일 아침 평소처럼 등교했으나, 수업 시작 전 교정 바깥에서 고교생들이 무리 지어 행진하는 것을 보고 다른 학생 100여 명과 같이 시위에 참가했다. 이때가 오전 9시 30분이었다.

서울에서 무슨 일이 일어나고 있다고 판단한 경찰들이 집결하기 시작했다. 손에는 진압봉을 들고 있었다. 경찰이 대학생들을 공격하기 시작했고, 대학생들은 교정으로 밀려들어 갔다가 대오를 정리한 후 교정 바깥으로 다시 나왔다. 그사이에 경찰 수는 불어나 있었다. 이번에는 경찰을 피해 가기로 했다. 시위대는 서울대 교정에서 종로 쪽으로 진출했고, 종로3가 사거리에서 광화문 쪽으로 방향을 틀었다. (1960년 당시 서울대학교 문리대 교정은 현재의 대학로인 동숭동에 있었다. 서울대 학생 시위대는 동숭동 교정에서 나와 종로를 따라 광화문으로 움직였다. - 필자 주)

시위대가 파고다공원 앞에 이르렀을 때 경찰들이 시위대에게 한두 발씩 최루탄을 쏘기 시작했다. 그러나 시위대의 행진을 막기에는 역부족이었다. 시위대가 화신백화점과 신신백화점이 있는 사거리에 도착했을 때 그곳에는 이미 2000여 명의 학생들이 모여 있었다. 3500명이 넘는다는 사람도 있었다. 어느 학교에서 나왔는지는 모르겠으나 시위에 참가한 여학생들이 이 사거리에서 처음 보였다.

시위대는 국회의사당으로 몰려가 의사당 앞 길바닥에 앉았다. 누군가가 나와 시위대에게 무슨 말이든 하리라 기대했다. 이 학생은, 정부에서 누군가가 시위대 앞에 나오기만 했더라도 시위대는 만족하고 해산했으리라는 점을 대화 내내 강조했다. 시위대는 (1)3월 부정선거, (2)마산 사건, (3)홍진기 내무부 장관, (4)최재유

교육부 장관, (5)이기붕 국회의장 등에 관한 다섯 가지 사안을 반대했다. 서울대 학생 시위대 대표는 3·15 부정선거의 내막을 밝힐 수 있는 자료를 요청하기 위해 대법원으로 갔다.

국회의사당 앞에서 시위대가 기다리고 있을 때, 일부 시위대가 구 의사당 건물 쪽으로 행진을 시작했다. 서울대 학생들도 그 시위대의 뒤를 따랐다. 시위대는 경기도청 사무실이 있는 건물까지 나아갔다. 이때가 오후 1시쯤이었다. 군 헌병들은 경무대로 가는 길목이 아닌 다른 쪽 길을 막고 있었고, 경찰들이 탄 트럭 한 대가 경기도청 청사 앞으로 오고 있었다. 서울대 학생들이 이를 막아섰다. 첫 총소리를 들은 것은 이때였다. 경찰들은 내자동과 경무대로 향하는 양쪽 방향에서 나와 시위대와 대치했다. 그때 동국대학교 학생들이 경무대 쪽으로 나아가기 시작했고, 서울대 학생들이 그들과 합류했다. (이 학생은 이 대목을 말할 때에도, 학생들이 국회의사당 앞에 앉아 있었을 때 정부 사람이 누구라도 나왔다면, 학생들은 시위를 해산하고 집으로 돌아갔으리라는 점을 재차 강조했다.)

내자동–경무대 사거리는 온통 최루탄 가스로 자욱했다. 학생들은 눈을 뜨지 못한 채 서로를 붙들고 더듬어 가면서 경무대 쪽으로 나아갔다. 동네 아주머니들이 물동이에 물을 담아다 날랐다. 학생들은 그 물로 눈을 씻었다. 서울대 학생 시위대의 뒤쪽에 있었던 이 학생은 삼일당 건물 앞쯤에 위치해 있었다. 내자동 사거리와 경무대 정문 사이에는 시위대가 들어차 더 이상 나아갈 곳이 없었다. 그때 북쪽 방향에서 총소리가 잇달아 들려오기 시작하더니 남쪽으로 번져 내려왔다. 오후 2시 30분께였다. 이 학생이 경찰 발포에 쫓긴 시위대에 섞여 집으로 돌아온 것은 오후 4시였다. (시위대 일부가 경무대 입구로 몰려들었을 때 서울 길거리의 시위대 숫자는 이미 10만 명을 넘어섰고, 경찰은 처음에는 최루탄과 공포 사격으로 시위대를 저지하려고 했다. 정부는 시위가 확산되자 오후 1시에 경비계엄을 선포했고, 오후 5시에는 비상계엄으로 바꾸었다. - 필자 주)

그날 하루 동안 있었던 일을 듣고 난 다음, 나는 몇 가지 질문을 했다. 학생 시위대들은 사전에 조직된 것인가? 그랬다면, 누가 조직을 했는가? 이 학생은 이렇게

대통령의 욕조

대답했다. "아니다. 사전에 조직된 것이 아니다. 자발적으로 움직였다. 적어도 나하고 내 친구들은 그렇게 움직였다. 학생들이 눈덩이처럼 불어난 것이다."

군대 출동과 비상계엄령 선포를 어떻게 생각하느냐고도 물어보았다.

"군대가 데모 진압에 동원되지 않았더라면 시위대는 점점 더 커졌을 것이다. 군인들이 나서면서 인명 피해가 줄었다고 본다. 군인들은 경찰만큼 나쁘지는 않으나, 군인도 발포해야 할 상황이었다면 발포했을 것이다."

그날 나는 미국 입국 비자를 신청한 두 명의 한국인에게서 시위대에 대해 들은 말이 있었다. (한 명은 공무원이었고 또 한 명은 학생이었는데, 비자 신청을 한 그 학생은 그날 시위에 참가하지 않고 온종일 친구들 집에 있었다고 했다.) 이들이 전하는 말에 따르면 그날 학생 시위대 속에는 깡패와 폭력배, 구두닦이가 섞여 있었는데 이들이 폭력을 행사하기 시작해 건물을 불태우기도 했다는 것이었다. 나는 이 학생(서울대 학생)에게 이 말이 맞느냐고 물었다. 그는 이렇게 대답했다. "그들도 시위에 참가했을 수 있다. 그들이라고 해서 데모해서는 안 된다는 법이라도 있느냐. 구두닦이들도 반정부 데모는 할 수 있는 것 아닌가."

이 학생은 이렇게 대답하고 나서 내게 몇 가지를 물었다. 미국이 어떤 행동을 취할지, 무슨 행동을 취할 수 있는지 그런 것들에 대한 질문이었다. 나는 이런 질문에 그 학생이나 나 자신이 만족할 만한 답을 들려줄 수 없었다. 그러자 그 학생은 나더러 묻기만 하고 대답은 하나도 해 준 것이 없다며 불평을 털어놓았다.

학생은 밤을 새워 가며 내게 가능한 한 많은 얘기를 들려주려고 애를 썼다. 학생의 어머니는 내가 학생 집에 와 있는 것을 탐탁하게 생각하지 않았다(내가 학생을 만나자면서 장소는 어디든 좋다고 했을 때 그는 자기 집으로 와 줬으면 좋겠다고 했었다). 집 밖에는 내가 타고 간 승용차도 세워져 있었다. 혹시라도 이 때문에 해코지라도 당하는 게 아닌가 걱정하는 눈치가 역력했다. 내가 만났던 이 학생도 마음이 편치 않아 보였다. 시위에 참가했던 그날 이 학생은 친구 두 명을 잃었다. 시위에서 경찰 총에 맞아 희생되었고, 그날 오후에 장례를 치렀다. 다른 한 친구는 장례식에 다녀온 후 집에서 울기만 했다고 한다.

홀 보고서가 담긴 문서 파일 속에는 4·19 현장을 기록한 현장 보고문 형식의 다른 문서도 여섯 종류가 더 들어 있다. 그중 하나가 주한 미 대사관 요원이었던 에드윈 크롱크(Edwin M. Cronk)가 작성한 〈학생 시위 관찰기〉라는 제목의 비망록이다. 4·19 당일 자신이 직접 체험한 시위 현장을 보고서 형식으로 쓴 것이다.

크롱크는 4월 19일 오후 1시 15분 주한 미 원조사절단(USOM, U.S. Operation Mission) 본부의 모이어(Moyer) 박사를 만나기 위해 사절단 사무실이 입주해 있던 당시 건설교육부 건물을 찾아갔다. 주한 미 원조사절단에는 당시 열두 명의 직원이 근무하고 있었으며, 시위가 확산되자 직원들을 건물 밖으로 대피시켜서 보호하기 위해 미 대사관에 도움을 요청했던 참이었다. 크롱크가 사절단 사무실에 들어간 뒤 얼마 지나지 않아 건설교육부 건물은 시위대에 둘러싸였다.

크롱크는 학생들의 시위 현장을 유심히 관찰한 후 보고서 끄트머리에 다음 네 가지 결론을 내린다. (1)학생들은 대체적으로 질서 있게 행동했으며(generally orderly) 호전적이지는 않았다(not belligerent). (2)학생 시위대에는 이렇다 할 지도자가 없는 것 같았으며, 집단 본능(mass instincts)에 따라 움직였다. (3)나이 든 사람들은 학생들의 안전을 염려했으나, 자신들이 직접 나서서 학생들의 안전을 위해 무슨 조치를 취하려 들지는 않았다. (4)경찰들은 시위대에 겁을 먹고 있었으며, 소방차 위의 시위대나 학생들이 경찰에 돌맹이를 던지기 전까지는 폭력적인 진압을 하려 하지 않았다.

• 문서 출처: 미 국무부 해외 공관 문서군(RG 84 Records of the Foreign Service Posts of the Department of State), Entry #UD2846, Box 9.

와세다 대학의 한국 청년 게오르그 김

　　내셔널 아카이브 문서에는 수많은 한국인들이 등장한다. 멀리는 구한말의 대원군 이하응, 박영효에서부터 가깝게는 전두환, 노태우에 이르기까지 한국 정치사의 주연급 인물들은 물론이고, 재계·언론계·학계·문화계·교육계 등 각 분야에서 활동한 인물들까지 그 이름을 올려놓고 있다.

　　게오르그 김(George Kim)이라는 한국인의 이름도 들어 있다. 주연급 인물과는 등장의 형태가 여러 모로 다르다. 미 전쟁부(War Department) 문서더미 속의 딱 두 장에서만 그 낯선 이름이 언급된다. 게오르그 김을 주목하는 이유는 그가 유명 인사이거나 주요 인물이어서가 아니다. 오히려 그 반대다.

　　미 군 정보기관의 문서 한 건이 보여 주는 그의 삶의 궤적은 길지 않다. 상세하지도 않다. 그러나 그의 출생과 성장, 현재의 모습 그 자체만으로도 게오르그 김의 존재감은 미 문서 속에 등장하는 한국인 그 누구 못지않게 묵직하다.

　　게오르그 김을 언급하는 문서는 미 전쟁부 군사정보국(MID, Military Intelligence Division)의 한국 관련 '지역 문서(Regional File)' 속에 들어 있다.

정보참모부(G-2)의 정보실장실이 이 지역 문서를 관리했다.

1943년 2월 25일 자로 되어 있는 이 문서는 군사정보국 샌프란시스코 분소에서 작성한 것으로 되어 있다. 게오르그 김이 아닌 러시아계 미국인 아나톨 콜파코프라는 사람에 대한 기술로 이 문서는 시작된다. 게오르그 김이라는 인물의 존재와 신상 정보를 정보국에 처음 알린 콜파코프가 어떤 사람이며 이 정보 제공자의 신뢰도는 어느 정도인지를 이 문서는 먼저 검증하고 있다.

정보 출처 및 신뢰도

아나톨 콜파코프(Anatole Kolpakoff). 1917년 러시아 페트로그라드 출생, 1920년 부모와 함께 만주의 하얼빈으로 이주. 하얼빈에서 성장해 피아노 연주자가 됨. 안토 린조(Anto Rinzo) 중장이 그를 좋게 봐 양자로 삼고 싶어 했으며, 린조 중장은 그의 집에서 일본인 관리들에게 콜파코프를 소개해 준 적도 있음.

콜파코프는 1937년 12월부터 1941년 1월까지 도쿄에 거주했었으며, 1941년 2월 6일 샌프란시스코로 건너왔음. 그는 미국 시민이 꼭 되고 싶어 했으며 시민권을 신청해 미 국적자가 되었음. 그의 부모는 아직 하얼빈에 거주하고 있고, 그 자신은 샌프란시스코에서 대일본 단파 라디오 방송을 하는 일급 아나운서로 일하고 있음. 일본어를 모국어처럼 능숙하게 구사하며, 영어로 하는 의사소통도 아무 지장이 없음. 재미있는 이야기도 잘하는 편이며 과장해서 꾸며 대는 이야기 같지는 않음. 전쟁정보실에서는 신뢰할 수 있는 인물로 평가하고 있고, 신분 조사 결과 아무런 하자가 발견되지 않았음.

1943년 당시 26세였던 러시아 태생의 콜파코프는 만주, 일본을 거쳐 샌프란시스코에 정착한 미국 시민이다. 미국에 정착한 지 만 2년째이고, 지금은 미군 정보기관의 요원으로 일하고 있다. 전쟁정보실(OWI, Office of War Information)에서도 그를 신임한다. OWI는 2차 세계대전 때

군 홍보 및 단파 라디오 방송을 전담했던 미국의 정보 홍보기관이다. 1942년 6월에 설립되어 1945년 9월까지 운영되었다. 콜파코프 개인 정보에 이어 문서는 게오르그 김을 언급하기 시작한다.

요약

이 인물 관련 정보(Who's Who)는 일본 와세다 대학에 재학 중인 한국인 청년 게오르그 김(George Kim)에 관한 것이며, 인물 사진 다섯 장이 첨부되어 있음.

정보참모부(G-2)의 견해

게오그르 김은 러시아어는 완벽하게 구사하지만 한국말은 못 함. 일본 대학에서 공부하고 있는 한국인 학생치고는 특이한 배경을 가지고 있지만 일본을 대하는 자세는 전형적인 한국인임. 와세다 대학 학생복을 입고 찍은 그의 사진은 일본-만주 분소의 서류함에 보관되어 있으며, 요청 시 복사본 입수가 가능함.

문서에는 게오르그 김의 사진이 첨부되어 있다고 했으나, 3급 비밀로 분류되어 있는 두 장짜리 이 문서 외에 그의 사진은 찾아볼 수 없다. 정보참모부가 게오그르 김에 대해 별도의 정보 내용을 진술하고 있는 것으로 볼 때, 미 군사정보국은 게오르그 김에 대한 콜파코프의 진술을 받기 전이나 또는 그 후에 자체적으로 게오르그 김의 배경을 조사했던 것으로 보인다. 왜 군사정보국이 게오르그 김을 주목하고 있으며, 인물 정보 문서철에까지 그의 이름을 올려놓았는지에 대해서는 이 문서는 아무런 언급도 하고 있지 않다.

하지만 게오르그 김을 군사정보국에서 꽤 중요한 인물로 다루고 있다는 점은 어렵지 않게 추측해 볼 수 있다. 우선, 군사정보국의 인물 관련 정보(Who's Who)는 인지도가 높은 주요 인사나 정보국 운영에 필요한 인물을 대상으로 한다. 이 문서가 작성될 당시 군사정보국의 인사철에 등장하는 한국인들만 봐도 그렇다. 간략한 내용이긴 하지만 이광수, 조만식, 윤치호, 김성수 등의 개인 정보가 군사정보국의 인사 파일 안에 들어 있다. 또 이 문서를 작성한 사람이 군사정보국 샌프란시스코 분소의 고위급 책임 장교인 아렌즈(A. E. Ahrends) 대령이라는 점도 게오르그 김을 군사정보국에서 얼마나 큰 비중으로 다루고 있는지를 짐작케 한다.

콜파코프의 입을 통해 이제 게오르그 김을 들여다보자.

게오르그 김은 내가 도쿄에 살 때부터 잘 알고 지냈음. 그는 우시고메구 타우루나키조 와세다 223번지에 살고 있었는데, 나중에 요도바시구 토추카 1조메 523번지 뉴 그랜드 하우스로 이사한 것이 분명함.

게오르그 김은 지금 스물네 살쯤 되었을 것임. 그는 한국 사람이며 러시아에서 태어나 만주 하얼빈에서 자랐음. 한국말은 할 줄 모르지만 러시아어가 모국어이기 때문에 러시아어는 완벽하게 함. 아주 특이한 경우임. 그는 하얼빈에서 YMCA 고등학교를 졸업했고, 지금은 도쿄에서 와세다 대학에 다니고 있음. 일본어가 유창하지 못하기 때문에 정규 대학 수업을 듣기 전에 1년 반 동안 일본어 수업을 들어야 했음. 그는 진지하고 성실한 학생이기 때문에 다른 외국인 학생들처럼 일본어 수업을 대충 때우지는 않았을 것으로 본인은 확신함.

김은 일본인의 지배를 받은 사람들이 다 그렇듯이 일본인을 혐오함. 우리처럼 하얼빈에서 살았던 사람들 대부분은 공포심 때문에 일본인 혐오증을 갖기 마련임. 그는 현대 러시아문학에 아주 심취해 있으며, 마르크스와 레닌의 저작물에 나오는 말을 인용하는 것을 아주 좋아함.

러시아인에게 깊은 동정심을 가지고 있고 많은 러시아인들과 장시간 논쟁을 벌이곤 했음. 러시아 사회주의에 호감을 가지고 있는 덕에 와세다 대학, 특히 뉴 그랜드 하우스 입주자 중에 친구들이 꽤 많음. 뉴 그랜드 하우스는 집세가 그리 비싸지 않은 아파트인데, 한국인, 만주인, 러시아인, 중국인 등 60~70명 정도가 살고 있으며, 입주자 대부분이 와세다 대학 학생들임.

이 아파트에는 내가 여러 차례 가 보았는데, 갈 때마다 평범한 일본 학생들까지도 '자유롭게 드나들며(open up)' 소련에 대해 토론하는 것을 보았으며, 공산주의에 호감을 가진 일본 대학생들도 꽤 있었음. 그러다 보니 자연스럽게 뉴 그랜드 하우스는 일본 경찰들의 주목 대상이 되었으며, 경찰이 아파트 방을 돌아다니며 종종 러시아문학 서적을 거둬 가곤 했음.

게오르그 김의 부모님은 지금 하얼빈에 살고 있으며 김의 대학 학비를 대 주고 있음. 김의 아버지는 하얼빈에서 청량 음료수병과 맥주병을 만드는 큰 공장을 가지고 있음.

문서는 여기에서 끝난다. 게오르그 김에 대해 우리가 알 수 있는 것은 이것이 전부다. 1943년 일본 와세다 대학에서 유학을 했던, 러시아문학에 심취한 한국인 유학생. 이것이 게오르그 김의 전부라면 우리는 게오르그 김이라는 사람의 존재에 크게 주목하지 않았을 것이다.

게오르그 김은 한국에서 태어나지도 않았고 한국에서 자라지도 않았다. 러시아에서 태어났고, 하얼빈에서 자랐다. 그리고 일본 와세다 대학으로 유학을 갔다. 그의 짧은 이력에 '한국'이라는 지리적 흔적은 전혀 없다. 러시아와 중국, 일본이 있을 뿐이고, 이제는 미 군사정보국의 인사철에 그의 이름이 등장한다. 러시아와 중국, 일본, 미국이라는 네 개의 동심원이 게오르그 김을 에워싸고 있다.

그는 한국말을 못 한다고 했다. 그러나 그는 한국인이다. 그의 존재를 밝힌 미군 정보기관 문서의 제목도 그에게 한국 국적을 부여한다. ― 〈게오르그 김, 도쿄의 한 한국인〉. 게오르그 김이라는 또 하나의 '디아스포라'는 여러 물음을 던진다. 게오르그 김은 과연 누구인가? 누구여야 하는가? 한국인은 과연 누구이며, 누구여야 하는가? 게오르그 김의 개인사는 한국 근현대사와 얼마나 닮았으며, 또는 얼마나 닮지 않았는가? 이런 물음에 답할 수 있을 만큼 우리는 게오르그 김의 존재를 객관적으로 들여다보고 있는가? 나 자신이 얼마든지 게오르그 김일 수 있다는 생각을, 혹시 잊고 있는 것은 아닌가?

• 문서 출처: 미 전쟁부 문서군(RG 165 Records of the War Department General and Special Staffs), Entry #77, Box 2263.

아펜젤러와 미 군사정보처

한국 근현대사의 주연급이었던 미국 선교사들은 팔방미인이었다. 전공과목인 선교는 물론 교육과 문화의 개척자였고, 정치와 경제에서도 늘 가운데 자리에 앉아 있었다. 외교, 안보, 군사에서도 맡은 바 역할이 있었겠지만 그 족적이 뚜렷하지는 않다. 활동이 없었기 때문이 아니라, 이들이 주로 활동하던 시기에는 한국의 국가 안보, 대외 관계, 국방이라는 것이 고작 이름뿐으로 알맹이가 없었거나 아예 이름조차 남의 것을 쓰고 있던 때였기 때문이다.

미 선교사들은 모국인 미국에게도 귀중한 자산이었다. 선교사들은 모국을 위해서도 일했다. 당연한 일이다. 눈 흘길 일이 아니다. 어떤 일을 어떻게 했는지 짐작은 가지만 추측일 뿐이다. 자료도 많질 않다. 미국에도 흔치 않고 한국에서는 찾아보기조차 힘들다. 다행스럽게 미 전쟁부 문서군에 그 흔적이 남아 있다. 미 선교사의 대명사격인 아펜젤러와 언더우드의 이름이 등장한다.

먼저 나오는 사람은 아펜젤러다. 1942년 미 전쟁부 군사정보처(MIS, Military Intelligence Service)가 작성한 〈한국, 서울시 전경〉이라는 제목의 한 장짜리 문서다. 1942년 8월 18일에 작성되었고 8월 24일에 정보참모부에 접수되었다. 이 문서는 1929년에 촬영된 서울 전경 사진 한 장이 첨부되어 있다고 밝히고 있으나, 정작 문서에는 사진이 첨부되어 있지 않다.

정보국은 '제공자(출처: source)와 신뢰도'라는 항목에서 1929년 서울의 전경을 담은 사진을 제공한 사람이 리처드 아펜젤러(Richard D. Appenzeller)라고 밝히면서, 그의 신상 정보를 간략하게 적어 놓았다.

리처드 D. 아펜젤러: 현재 캘리포니아 UC 버클리 대학 학생임. 그의 부모가 선교사로 일하며 거주했던 한국에서 태어났음. 출생 이후 대부분의 시간을 한국에서 보냈으며 1941년에 캘리포니아로 돌아왔음. 현재는 캘리포니아 UC 버클리 대학의 인터내셔널 하우스에서 살고 있음. 믿을 만함(reliable).

리처드 D. 아펜젤러는 우리나라 최초의 근대식 중등교육기관인 배재학당 설립자 헨리 G. 아펜젤러(Henry Gerhardt Appenzeller, 1858~1902)의 손자다. 헨리 G. 아펜젤러는 27세였던 1885년 2월 미 감리교 샌프란시스코 해외선교부에서 목사 안수를 받은 후 일본을 거쳐 한국선교부 부감리사로 한국에 첫발을 디뎠고, 이후 한국에 뿌리를 내렸다. 아들 헨리 D. 아펜젤러(Henry Dodge Appenzeller)를 한국에서 낳아 키웠고, 그 아들 역시 선교사의 딸인 루스 노블(Ruth Noble)과 한국에서 결혼해 리처드 D. 아펜젤러를 낳았다.

리처드 D. 아펜젤러가 미 캘리포니아로 돌아가 UC 버클리 대학의 학생이 된 것은 그의 나이 20대 중반 때였다. 이 문서는 리처드 D. 아펜젤러가 미 군사정보처와 어떤 관계인지에 대해서는 아무런 언급을 하고 있지 않다. 어떤 경로로 그가 군사정보처에 사진을 제공했는지에 대한 언급도 없다. 그저 사진을 제공한 '출처(source)'로 그를 거명했을 뿐이다. 군사정보처 문서들은 정보처 소속은 아니지만 정보처에 일시 고용되어 구체적인 정보를 제공하는 정보 제공자들을 '정보원(informant)'이라 부른다. 리처드 D. 아펜젤러를 '정보원'으로 분류하지 않은 것으로 보아 그가 군사정보처와 긴밀한 관계를 맺고 있었던 것 같지는 않다.

그래도 '출생 이후 대부분의 시간을 한국에서 보낸' 리처드 D. 아펜젤러가 미 군사정보처 입장에서는 소중한 자산이었음이 틀림없다. 이 문서 끄트머리에는 리처드 D. 아펜젤러의 말을 인용해 이렇게 적어 놓았다.

서울의 모습을 담은 이 사진은 1929년에 촬영된 것임. 촬영 당시보다 지금은 훨씬 많은 건물들이 새로 들어섰지만, 철로, 정부 건물, 궁궐 등 전반적인 도시의 구조는 거의 변하지 않았음.

사진 촬영자가 누구인지도 이 문서에는 밝혀져 있지 않다. 내용만 봐서는 촬영 당시 10대 중반이었을 리처드 D. 아펜젤러 자신이거나 아니면 아펜젤러 집안사람이었을 수도 있다. 촬영자가 아펜젤러 집안사람이 아니라면, 사진의 입수 경로나 촬영자 이름이 문서에 밝혀져 있지 않았을까.

미 전쟁부는 일본 식민지였던 한반도의 지리를 조선총독부 못지않게 훤히 꿰고 있었다. 물줄기 하나에서부터 동네 뒷산, 산맥, 해안 지형에 이르기까지 세밀한 지형 정보는 물론, 부산의 강수량과 원산의 월별 기온표 등 주요 도시의 기후 정보도 '코리아 파일' 안에 들어 있었다. 인천, 진남포, 해주, 군산 등 항구와 흥남 등 해안 공업 지대 전경을 촬영한 파노라마 흑백 사진만 해도 수천 점에 이른다. 모두 군사 전략 정보들이다.

전쟁부는 이 군사 정보들을 모아 '합동전략정보집'으로 만들었다. 이 정보집에 담겨 있는 지형 시각 정보는 대부분 당시 한국에 거주하던 선교사나 사업가 등 미국인들이 촬영한 것이다. 근접 촬영, 원경, 전경 (파노라마) 등 다양한 각도로 촬영된 사진들은 군사용으로 활용하기에 전혀 손색이 없는 수준급이다. 전문가 수준의 사진 촬영 기술이 아니고는 나올 수 없는 영상들이다. 리처드 D. 아펜젤러가 군사정보처에 제공한 1929년의 서울 전경 사진도 이런 사진들 가운데 하나였을 것으로 추측된다.

리처드 D. 아펜젤러가 군사정보처를 위해 구체적으로 어떤 역할을 했는지는 이 문서를 통해서는 알 길이 없다. 이 문서는 다만 미 군사 정보기관과 리처드 D. 아펜젤러가 어떤 형태로든 연결되어 있었으며, 한국에서 태어나고 자라난 선교사 집안사람들이 미 군사 정보기관의 정보 수집 활동에 일정 부분 기여를 했다는 사실을 밝히고 있을 뿐이다. 호러스 언더우드의 경우도 마찬가지였다.

1943년 6월 17일 뉴욕에 있는 미 장로교 해외선교위원회의 호러스 H. 언더우드(Horace H. Underwood)가 버지니아 주의 로버트 키니(Robert A. Kinney) 앞으로 편지 한 장을 보냈다.

호러스 H. 언더우드는 1885년 헨리 G. 아펜젤러와 함께 처음 한국에 들어온 미 최초의 장로교 선교사 호러스 G. 언더우드(Horace G. Underwood, 1859~1916)의 아들이다. 나중에 원한경(元漢慶, 1890~1951)이라는 한국 이름으로 활동했다. 수신자인 로버트 키니는 미 군사정보처 정보참모부에서 오랫동안 근무한 아시아 전문가로 주로 일본과 한국 관련 정보를 담당했던 인물이다.

키니 씨께

이선용(Lee Sun Yong)이라는 한국 이름을 가지고 있고 자신을 아서 와일리 (Arthur Wylie)라고 부르는, 미 육군 제복을 입은 한 한국 젊은이가 어제 제 사무실로 저를 찾아왔습니다. 미 육군이 한국과 관련된 어떤 계획(plans)을 가지고 있는지, 그 계획이 얼마나 비밀스러운 것인지에 대해 저는 아는 바가 없습니다. 저는 단지 제가 알고 있는 한, 실제 한국 침공에 앞서 이 젊은이는 한국에서 잘 활용할 만한 사람이라는 점을 전해 드리기 위해 이 글을 씁니다.

이 젊은이는 꽤 이름 있는 가문 출신이며, 이 젊은이를 직접 알게 된 것은 그리 오래되지 않았으나, 이 젊은이의 조부와 부친, 두 형제를 잘 알고 있어서 이 젊은이에 대해서는 꽤 오래전부터 이름을 들어 왔습니다.

그런 일(정보 관련 군사 업무를 말하는 듯함-필자주)을 하기에 이 젊은이의 가장 큰 약점은 아마도 짧은 일본어 실력이 아닐까 싶습니다. 제가 보기에 그는 미국에 온지 오래되어서인지 일본어가 그리 유창하지 못합니다.

그의 남동생은 현재 조선신학교 교수이며, 귀하가 한국에 계셨을 때 우리 체육위원회 위원장직을 맡고 있던 그 남동생을 한 번 만난 적이 있지 않을까 싶습니다. 이씨 가문은 한국 중남부 지방에서는 꽤 널리 알려져 있는 집안이며, 이 젊은이의 부친이 소유한 토지에만도 소작인 수백 명이 대대로 땅을 부쳐 먹으면서 이씨 집안 덕분에 생계를 유지하고 있습니다.

훌륭한 양반 가문 출신들이 그러하듯이 이 젊은이도 자기 동족을 지나치게 경계하는(too suspicious) 듯한 경향이 있는 것 같으며, 어쨌거나 서로 노력해 단합하고 협력해야 하는 미국 땅에서는 이 점이 결정적인 약점으로 작용하는 것 같습니다. 그렇긴 하지만 또 한편으로 보면, 특수 임무를 띤 사람에게는 남을 의심스럽게 보고 경계하는 자세가 반대로 장점이 될 수도 있습니다. 사람을 너무 믿었다가 배신당해 일본인에게 밀고되는 경우도 있는데, 그런 꼴을 당하지 않고 살아남으려면 남을 경계하는 자세도 큰 도움이 될 것입니다.

따지고 보면 이런 것들은 제가 드릴 만한 말씀은 아닙니다. 하지만 까다로운 특수 임무에 아주 적합할 것처럼 보이는 사람이 일반 사병에 비해 하나도 나을 것이 없는 경우도 보았는데 저는 그런 경우를 아주 싫어하는 편입니다. 제가 여기에 드린 말씀이 도움이 되었으면 합니다. 우리 두 사람 모두 지대한 관심을 갖고 있는 분야에 대해 뭐라도 제게 주실 말씀이 있으시면 언제라도 경청하겠습니다.

부인에게도 안부 전해 주시고, 워싱턴에서 만나시는 모든 한국인 친구들에게도 제가 안부 묻더라고 전해 주십시오. 고맙습니다.

호러스 H. 언더우드

아무나 쓸 수 있는 편지가 아니다. 한국 사정을 훤히 꿰뚫고 있는 호러스 H. 언더우드 같은 사람이니까 가능하다. 리처드 D. 아펜젤러는 미 군사정보처에 사진을 제공했으나, 호러스 H. 언더우드는 미 군사정보처가 활용할 만한 사람을 추천하면서 첩보 업무에 필수적인 배경 설명까지 곁들이고 있다. 리처드 D. 아펜젤러보다는 미 군사정보처와의 관계가 좀 더 긴밀했음을 알 수 있다.

선교사들이 순수하게 선교 활동에만 전념한 것으로 이해하는 것도 곤란하지만, 선교사들을 무조건 정보기관의 첩보원이라고 못 박아 버리는 것 역시 위험천만한 태도다. 둘 다 역사를 보는 눈에는 아무런 도움도 되지 않는다.

• 문서 출처: 미 전쟁부 문서군(RG 165 Records of the War Department General and Special Staffs), Entry #77, Box 2263.

'국회의원 사찰' 극비 지시서

학원 사찰, 정치인 사찰, 기업인 사찰 …… 귀에 못이 박힌 단어들이다. 그러나 정작 '사찰(査察)'의 실체는 볼 수도 없고 들을 수도 없다. 보고 들을 수 있다면 그건 이미 사찰이 아니다. '사상적 동태를 조사'하는 사찰의 주체는 전혀 존재감이 없다. 흔적 없고 실체 없는 것이 사찰이다.

하지만 사찰도 글을 피해 가지는 못한다. 사찰 지시서는 글로 기록되고, 사찰 결과 보고서는 문서로 작성된다. 작성되었던 문서를 없앴다면 모를까 남겼다면 언젠가는 누군가에게는 알려진다. 경찰 총수인 치안국장이 1952년 6월 각 시도 경찰서 사찰과에 하달한 국회의원 사찰 지시서가 그런 문서 가운데 하나다.

〈극비 - 치안국장 훈시 및 지시 사항〉이라는 제목이 붙어 있는 이 문서의 출처는 한국의 치안국 문서함이 아니다. 내셔널 아카이브의 노획 북한 문서다. 남한에서 작성되어 경기도 경찰국 사찰과 문서함에 보관되어 있던 문서를 전쟁통에 조선인민군이 노획해 북한으로 가져갔고, 이를 다시 미군이 노획해 워싱턴으로 가져가 보관해 두었다. 덕분에 말로만 듣던 '사찰 지시'를 60여 년이 넘어 '서(書)'로 읽는다.

타자기로 작성한 인쇄물이 아니라 모두 손으로 쓴 글이다. 토씨만 한글이고 나머지는 모두 한자로 되어 있다. '극비(極秘)'라는 단어만 붉은색 도장으로 찍혀 있다.

사찰 대상이 되었던 특정 정치인은 물론, 어쩌면 대통령이나 내무부 장관조차 구경하기가 쉽지 않았을 이 사찰 지시 문서는 치안국장의 훈시로 시작된다. (문서에 나오는 한자는 문맥 이해에 꼭 필요한 경우에만 괄호 안에 넣으면서 바깥에 한글로 바꾸어 썼고, 한문 투로 된 일부 용어는 별도로 괄호 안에 필자 주를 덧붙였을 뿐, 문서 원문에는 손대지 않았다. - 필자주)

5월 30일 세계 열국의 환시리에 시행된 역사적 제2회 총선거는 민국(民國) 수립 후 자주적으로 실시된 최초의 총선거로서, 2천3백여 명의 입후보자의 대혼전과 북괴 괴뢰 집단 및 남로당계 공산 도배(徒輩)의 집요한 방해 공작으로 인하여 다소의 선거 사범과 약간의 공비 피해가 있었으나, 투표 당일에는 아무 사고도 없이 투표율 92%라는 유례없는 호성적(好成績)으로 대성공리에 종료한 것은, 오로지 직접 선거에 관한 사찰 사무를 담당한 제관을 비롯하야 사찰에 전위하는 경찰관은 물론 기타 일반 경찰 제위의 애국 지성과 불면불휴의 노력의 결정으로서 만강(滿腔)의(마음 속 가득히 - 필자주) 사의를 표하는 바이다.

총선거 실시 전에 본관은 제헌국회를 회고하고 금반 총선거의 중대성과 그 대책에 관하여 제관에게 부탁한 바 있었거니와, 이제 총선거 결과를 살펴보건대 소위 개헌파를 위시한 국회 기성 세력은 몰락하고 제3세력이 대두하였다는 것은 엄연한 사실로서 췌언(贅言)을 불요(不要)하는 바이나(더 말할 필요가 없으나 - 필자주), 금번 당선된 국회의원 중에 제1차 5·10 총선거를 단선(單選)이라 하여 거부하고, 대한민국을 단정(單政)이라 하여 반대하고 이(李) 대통령 독립 노선을 반동적 자본주의 제국주의 노선이라 하여 비난하든 부류가 전비(前非)를 회오(悔悟)하고(과거의 잘못을 뉘우치고 - 필자주) 대한민국에 충성을 다하겠다고 표명한 이상, 그네들에 대하여 이미 대통령 각하 및 내무부 장관의 언명한 바와 같이 문호는 개방할 것이며 관대히 포섭하여야 할 것이로되, 사찰 경찰의 사명으로서는 그들의 언동에 대한 내사를 게을리하여서는 아니될 것이다.

그리고 아직 실지(失地)는 회복되지 아니하고, 북한 괴뢰 집단의 독아(毒牙)는 호시탐탐 남침의 기회를 노리고 있으며, 또 제헌국회에서 일부 자각 없는 의원의 탈선적 행동이 초창기 민국의 건설 과정에 지대한 악영향을 미친 것과, 더욱이 민주 정치는 의회 정치이며 정치 무대는 의회가 중심이 되는 것인 만큼 제3세력이 대두한 신국회는 대한민국의 민주 발전 여부와 삼천만 배달민족의 성쇠를 좌우할 만한 중대한 영향을 재래(齎來)할 것이니(가져올 것이니-필자 주), 제관은 차제에 신국회를 구성하는 의원의 동향을 예의진지하게 내사 파악하여 민국 발전을 위한 중요 시책 실천에 추호의 착오 없기를 기함은 사찰 경찰 담당관의 중대 위무이니 제관은 자성자각하여 부하(負荷)된 업무 완수에 유루(遺漏) 없기를 바라는 동시, 본관은 현하 당면한 중요 안건을 몇 가지 들어 제관의 분발을 요망하는 바이다.

1. 치안 확보와 민의 수습에 관하여

총선거 실시를 방해하기 위하여 공산 잔비(殘匪)의 국내 수개소에 대한 불상 사고가 발생하였음은 유감스러운 사례이오니, 목하 무성기(茂盛期)에 제(際)하여 사찰의 철저와 잔비의 완전 소통으로 치안에 완벽을 기하는 동시, 별도 지시하는 바에 의하여 경찰 선전과 민심적 일책에 만유감 없도록 기할 것.

2. 국회의원 동향 내사에 관하여

본건에 관하여는 별도 통첩과 지시가 유(有)할 것이나, 의회는 정치 활동의 중심 무대인 만큼 의원의 일거수 일투족에 대하여 엄밀 내사하여 기달(既達) 지시(이미 지시 하달한-필자 주) 국회의원 동향 내사 명부에 그 시(時)마다 등기하고, 소정 보고에 자(資)하여 소기의 목적 달성에 노력할 것.

3. 총선거 사찰 경계 계속 실시에 관하여

본건 수차 지시한 바 유(有)하거니와, 총선거 종료 후의 민심은 표면 평온하다 할 수 있으나, 선거 소송, 당선 이의 등 당락자간이 알력이 있을 것이 예상되는 바이며, 이것이 민심에 파급하는 영향 역시 다대(多大)하오니 사찰 경계는 추호도 이완(弛緩)함이 없이 거등(渠等)의 동정 내사에 만전을 기할 것.

이 훈시에 따르면 지시를 받은 사찰 경찰들은 새로 구성된 2대 국회의 의원들 동향을 내사 파악해야 한다. 국회의원의 '일거수일투족'을 감시해 '동향 내사 명부'에 매 시간 단위로 기록한 후 동향 보고 양식에 따라 보고하는 것이 사찰 경찰이 할 일이다.

이 문건의 작성 시기는 단기 4285년 6월로 되어 있다. 1952년 6월이다. 5월 30일 실시됐던 2대 국회의원 총선거가 끝난 직후다. 이태 전인 1950년 5월 10일에는 첫 번째 국회의원 선거인 이른바 제헌국회의원 총선거가 있었고, 한국전쟁 중인 1952년에 두 번째 국회의원 선거를 치렀다.

남한만의 단독정부 수립을 반대했던 남북 협상파 정치인들은 제헌의회 선거 때 입후보하지 않았다. 그러나 2대 총선에서는 이들이 무소속으로 총선에 나왔고, 대거 국회에 입성했다. 전체 210석 가운데 무소속이 무려 128석을 차지했다. 이승만 지지 세력은 전체 의석 수의 불과 4분의 1인 24명밖에 당선되지 못했다. 이른바 제3세력이 등장한 것이다. 치안국장의 국회의원 사찰 지시 문건이 나온 배경이다.

훈시에 이어 이 문서는 아홉 개 항목으로 된 치안국장의 지시 사항을 열거한다.

지시 사항

1. 국회의원 및 동 접촉 인물 등의 동향 파악에 관한 건

전차(前次) 제헌국회 종말에 개헌 문제를 위요(圍繞)하고(둘러싸고 - 필자주), 국민 (國民)·민국(民國)의 양대 정당이 여야당 색채를 명백히 하고 쌍방 상호 질시 중, 5·30 총선거에 임하여 양당은 패권 탈취를 획책중 2대 정당 거물급은 몰락하고 소위 중간 세력시하는 무소속이 대거 등장하여 정계의 금후는 과연 괄목할 일대 변동을 초래케 할 것으로서, 앞으로 원내 분포 세력 규합 조직 구성이 민국 정부 시책에 지대한 영향을 줄 것이며, 그 중간 계열 중에는 아직 완전히 과오를 청산치 못한 분자의 개재(介在)도 불무(不無)타고 단언키 난(難)하오며(분자들이 없다고 말하기 어려우며 - 필자주), 또 국회의원의 주위 접촉 인물 등 그 동향에 대하여는 내치사비(內治査秘) 제11784호 '국회의원 명부 작성 비치에 관한 건'에 의하여 조치 유루 없기를(빠짐없기를 - 필자주) 기필하시앞.

(중략)

4. 정당 단체 조사표, 정치 요인 및 언론인 명부 제출에 관한 건

본건에 대하여는 통첩 또는 회의시 누차 지시한 바 유(有)함에도 불구하고 상금(尙今)(지금까지 - 필자주) 각국의 보고 성적이 극히 불량하오니, 이후(爾後)(그 후 - 필자주) 철저히 이행, 전기(前記) 국회의원 명부와 상후 완벽을 기하시앞.

5. 소위 전기 고문 단속에 관한 건

본건에 관하여는 누차 서면 또는 구두로 각별 주의를 환기하여 예의 단속중으로 확신하는 바, 상금(尙今)까지 피의자 취조에 대하여 왕왕 고문을 감행하는 사례가 불무(不無)하여(없지 않아 - 필자주) 일반의 비난이 자자하여 민경(民警) 이간(離間)의 악선전 자료가 되어 민국 발전상 일대 오점이라 아니할 수 없으니,

특히 여사(如斯)한 몰인권적 비인도적 행동이며 비과학적 취조 방법에 대하여는 당사자는 물론 그 감독 책임자까지도 엄벌주의로 단속 처치하겠으니 부하 감독에 특단의 유의와 그 주지의 철저를 기하시앞.

지시 사항에서 치안국장은 국회의원 사찰의 필요성을 극구 강조한다. 새로 구성된 국회에 "소위 중간 세력시하는 무소속이 대거 등장"했기 때문이다. 무소속 세력이 "괄목할 일대 변동을 초래케 할 것"이라고 했다. 흔한 말로 향국 정국의 풍향이 불투명해졌다는 말이다. "앞으로 원내 분포 세력 규합 조직 구성이 민국 정부 시책에 지대한 영향을 줄 것"이라고도 했다. 국회 내에서 야당이 결집할 경우 이승만 정권의 정책에 큰 영향을 미칠 것은 뻔한 노릇이다.

이미 훈시와 지시 사항에서 경찰 행정의 총수인 치안국장은 이승만 정권의 권력 파수꾼 역할을 다하겠다는 의중을 숨김없이 드러냈다. 정국의 앞날이 불투명하고 정권이 불안정해졌으니 이런 상황에서 정치인 사찰은 권력 파수꾼으로서는 당연한 수순이었다.

〈내치사비(內治査秘) 제11784호〉의 존재도 이 문서는 밝히고 있다. 내무부 치안국 사찰과의 비밀 지시 문서를 지칭하는 듯하다. 국회의원은 물론 주변 접촉 인물들의 동향까지도 내사해 보고하도록 했다.

이 지시문을 각 시도 경찰국 사찰과에 내려 보낸 사람은, 당시 치안국장이었던 윤우경(尹宇景)이다. 윤우경은 일제 때 황해도 송화경찰서장을 지냈다. 친일 행적으로 입에 오르내리는 노덕술, 이익흥(5대 치안국장) 등과 더불어 일제 때 경찰 고위직인 경시에까지 올랐던 사람이다. 조선인 중에서 일경의 경시직까지 진급했던 사람은 스물한 명이다. 윤우경이 이 스물한 명 가운데 한 명이고 해방 후에는 일곱 번째로 치안국장이 되었다.

치안국은 해방 직후 미 군정청 산하에서 경찰 행정의 총책임을 맡

왔던 경무부에 이어 1948년 11월 내무부 산하에 설치된 경찰 최고 행정기관이다. 경무, 보안, 경제, 사찰, 수사 지도부로 업무가 분담되어 있었고, 각 시도에 경찰국이 설치되면서 지방 경찰국에도 사찰과를 두었다. 치안국은 후에 치안본부로 이름이 바뀌었다가 1990년 이후에는 경찰청으로 불린다.

윤우경 이전 치안국장의 임기는 길어야 1년 남짓이었다. 처음 치안국이 설립된 1948년 이후 윤우경이 치안국장이 될 때까지 4년 동안 일곱 명이 갈렸다. 짧게는 고작 두 달이었다. 윤우경의 임기도 4개월(1952년 5월 25~9월 16일)이 채 못 되었다. 경찰 행정이라는 것은 말 그대로 허울뿐이었고, 치안국장이라는 자리는 권력 사다리의 정류장 구실을 할 뿐이었다.

당시 경찰이 일반 국민의 눈에 어떻게 비쳐지고 있었는지를 이 문서는 스스로 고백하고 있다.

6. 민심 지도 계몽에 관한 건

불순 파괴분자의 민경 이간 공작으로서, 정당하고 국가 민족에 유리한 중요 시책도 전혀 그 효과가 나타나지 못하고 민국 경찰은 흡사 민중을 고통 주는 존재 같이 악선전하여 경찰에 대한 신뢰와 감사의 염(念)을 몰각(沒却), 협력보다도 반항 대적(對敵) 태도조차 산견(散見)하는 실상인바, 실로 한탄할 사실임에 조감하여 차제에 경찰 인식과 신뢰감을 돈후히 하도록 민경상담소 등을 설치하여 좌기(左記) 각항에 의한 민심 지도 계몽 친선 공작을 실시하여 민심의 경찰에 대한 옹연(翁然) 협력의 경지를 조작 조종하시앞.

기(記)

(1) 관내 적의개소(適宜個所)에(적절한 장소에 - 필자 주) 민경상담소를 설치할 것.

(2) 경찰국장 및 경찰서장은 1개월 1회 이상 상담소에 출석하여 상의하달 하의상

달을 겸하여 직접 민의를 청취하고, 시달 계몽 선전 사항 등을 간곡히 전달하여 호상 이해와 온정의 교류를 기도할 것.

(3) 경찰 간부는 항시 진두 지도 선전하되, 경찰은 무섭고 괴로움만 주는 것이 아니라 실로 양심의 벗이고 민중의 공복이라는 것에 치중하여 인간미 풍부한 운영을 주로 할 것.

(4) 경찰 측 요구만 전시하지 말고, 진정한 민생의 고충과 소망을 솔직히 듣고 또 민의를 솔직 기탄 없이 발표하기까지 조종하여 민생의 고(苦)를 해(解)하고 소망을 성취시키고 부원(扶援)하도록 하여 민경 일체의 실(實)을 거(擧)할 것.

치안국장은 자신의 입으로 국민들이 경찰을 신뢰하지 않는다고 했다. 국민들은 경찰에 감사하고 협조하기는커녕 반항하고 적대시하기까지 한다. 왜 그랬을까? "불순 파괴 분자들이 국민과 경찰을 이간"시키고 "경찰을 마치 민중에게 고통을 주는 존재 같이 악선전"했기 때문이라는 것이 치안국장의 판단이다.

이 문서는 끝 부분에서 사찰 경찰들에게 인격 수양과 독서를 권장한다. 국가 권력이 개인의 인격 수양까지 명령하던 시절의 이야기다.

8. 사찰 경찰의 지도 교양에 관한 건

사찰 경찰의 임무 중 특히 확고부동한 정신 무장하에 기찰(機察) 엄수와 사찰 대상에 대한 명석한 관찰력의 소지(所持)와 인내성이 있고 치밀하고 계획적이며 조직적이고 과학적인 동시에 조화성이 풍부한 자임을 요할 것은 췌언을 불요하오니, 나날이 발생하는 사회상에 대한 정확한 견식과 그 판정하 사찰 경찰 본래의 사명에 치중하여 창의성을 발휘할 것은 물론, 이 사무 자체가 전문적 지식을 요함으로 일상의 독서 연마는 물론이요 그 대상 인물이 각계 각층 요인, 지명(知名) 인사이므로 평소에 개인의 인격적 수양이 특히 요청되는바, 항시 부하 사찰 요원에 대한 대공 투쟁의 지도 교양을 좌기(左記) 각항에 각별 유의를 촉구하는 바이다.

기(記)

(1) 대상 인물 및 요인 지명 인사에 대한 사교적 접촉의 기술과 그 인격의 도야를 태만히 말 것.

(2) 사회 실정과 제반 사물에 대한 정확한 판단력을 양성할 것.

(3) 전문 지식에 필요한 독서를 근면히 하여 이론 투쟁에 있어 타(他)에 경멸을 당(當)치 않게 할 것.

(4) 피의자 취급 및 수사에 있어 창의(創意) 공부하여 특수 기능을 연마할 것.

(5) 관찰력과 선견의 역량을 양성하여 타의 모략 중상 또는 악용에 함입(陷入)치 않을 것(빠지지 말 것 - 필자 주).

(6) 동료 동지간에 겸허하여 화목하며, 소위 전우애를 함양케 할 것.

(7) 사건 공세 쟁탈적 관념을 제거하여 의식적으로 피의자에 대하여 직간접적 악 영향을 없이 할 것.

9. 남로당 재건 공작에 대한 사찰 경계에 관한 건

김삼룡(金三龍)과 이주하(李舟河)를 체포함으로써 기성 남로당 중앙 조직은 완전히 근멸되었다. 그러나 그후 잔존 부대, 즉 청년부(民愛靑) 부녀부(女盟) 비서실 등의 간부들이 현존중(中), 근래 해주(海州)에서 수명의 공작원이 월남하여 우선 재정적 기초를 확립하는 금시(今時), 조직면에서는 일반적인 조직을 구성하는 것이 아니라 전기(前記) 잔존 부대를 동요되지 않도록 확보 공작하는 데 중점을 두고 활동하는 중이며, 근일내에 김삼룡 이주하에 대등한 거물이 월남할 것으로 작정되었으나 현 활동 부대는 대기중에 있으므로 사종(斯種)(이와 관련한 - 필자 주) 공작에 대한 사찰 경계에 만전을 기하시앞.

이 극비 사찰 지시서를 하달한 윤우경은 2대 국회의원 선거 닷새 전에 치안국장이 되어 총선을 치렀다. 그리고 총선 후 4개월 만인 9월 16일 치안국을 떠났다. 이 문서가 작성된 1952년 6월에는 이승만 암살 기도 사건이 있었다. 부산 충무로 광장에서 열린 6·25 2주년 기념 및 북진 촉구 시민 대회장 단상에서 이승만 정권에 반대하던 정객 유시태가 이승만을 살해하려고 권총을 들이댔으나 불발로 그친 사건이다. 이때 유시태를 제압하고 단상에서 끌어내린 사람이 윤우경 치안국장이었다. 대회장 단상에 이승만과 같이 올라가 있었다. 이 문서가 이승만 암살 기도 사건 이후에 작성된 것인지 아니면 이전에 작성된 것인지는 이 문서만 봐서는 알 길이 없다.

• 문서 출처: 노획 해외 문서군(RG 242 National Archives Collection of the Seized Documents), 노획 북한 문서 중 Entry #299, Box 651

'한국인, 그들은 누구인가'
└ 미 군사정보국이 분석한 한국, 한국인

얼굴 없는 인물의 이야기다. 생년월일도 사망 연도도 없다. 이미지만 있을 뿐이다. 하지만 품성이나 기질은 그 어떤 인물보다 더 뚜렷하고 생생하다. '한국인'이라 불리는 인물의 이야기다. 한국인이 본 한국인이 아니라, 미국인이 본 한국인이다. 1940년대 초 한국인의 초상이다.

미 국방부의 전신인 전쟁부의 정보참모부는 1942년 일제 때의 한국인을 '현미경'으로 들여다보았다. 한국인의 군사적 유용성을 검토해 보기 위해서였다. 과연 한국인을 무장시켜 일본에 맞서는 군 병력으로 활용할 수 있겠는지를 따져 본 것이다. 정보참모부의 군사정보국이 이 연구 결과를 문서로 남겼다. 〈한국인의 기본 특성(Basic Qualities of the Korean People)〉이라는 제목이 붙어 있다.

'조선', '조선인' 대신 '한국', '한국인'으로 번역했고 문서 전체를 그대로 옮겼다.

한국의 살아 있는 전통과 관습
전체 인구의 9할이 살고 있는 한국 시골에는 일본 문화가 약간 곁들여지긴 했지만 한국의 전통적인 관습이 여전히 탄탄하게 유지되고 있다. 도시, 특히 수도인 경성은 서양 문화의 영향을 많이 받은 곳이며, 이 서양 문화의 대부분은 일본을 통해 전해진 것이다. 현재 일고 있는 독립운동 정신은, 한국을 통해 전해진 중국 문화를 일본이 한창 흡수하고 있었을 때인 한국 역사 초창기의 영광을 되살리려는 것이다. 독립운동 단체들은 또한 일본의 한국어 말살 정책에도 끈덕지게 살아남은 한국어를 보급하고 진작하기 위해 많은 애를 쓰고 있다.

한국인의 기질

한국 수도인 경성을 중심으로 북쪽 지방과 남쪽 지방 사람들은 인종적인 차이 탓에 기질 면에서 상당한 차이가 있다. 남부 지방 사람들은 키가 작고 덜 강인한(less hardy) 편이며, 주도적으로 앞장서는 경향이 덜하고(less initiative), 훨씬 냉정하며(more phlegmatic), 시키는 대로 하는 경향(inclined to do as he is told)이 있다. 반면 북쪽 지방 사람들은 체격이 좋고 야심 차며(ambitious) 대담하고(daring), 독창적이며(ingenious) 뭐든지 하려고 든다(capable). 한국의 북쪽 지방은 전통적으로 반란과 봉기의 고장이었다.

하지만 한국인 대다수는 무엇이든 쉽게 익히며(learn easily), 용감하고 자신감이 있고, 성실하고 수양이 잘되어(loyalty and discipline) 있다. 동시에 한국 사람들은 일반적으로 성격이 급하고(quick tempers), 자기 개인의 목적을 달성하려다가 사소한 술책이나 음모에 쉽게 빠져드는 경향이 있다. 이런 경향들은 선천적인 것도 있겠지만, 수백 년에 걸친 실정(失政)과 30여 년에 걸친 일본의 압제 때문에 더욱 악화되었음이 틀림없다.

한국인은 권위를 중시한다

한국인들은 가부장적인 사회체제와, 학문 성취도에 따라 사회적 신분이 결정되고 관리직에 등용이 되는 고대 중국식 통치의 훈련을 받은 탓인지 평범한 미국인들보다는 훨씬 더 권위를 존중(respect for authority)한다. 한국인은 일본인에 비해 훨씬 더 개인주의적(more individualistic)인 반면, 조직이나 단체에 대해서는 일본인에 비해 복종심이 덜하긴(less amenable) 하나, 정당하게 성립된 권위에 맞닥뜨릴 경우에는 그 권위를 재빨리 인정하고 그 권위에 복종한다. 이런 사실은 한국 장로교나 감리교 또는 최근 들어 한국인들이 조직한 유사한 단체들이 성공적으로 자리를 잡은 것만 봐도 잘 알 수 있다.

한국인들이 일본 통치에 맞서 자주 반란을 일으킨다고 해서 한국인들이 기본적으로 법과 질서를 존중하지 않는 사람들이라고 볼 수는 없다. 한국인들은 일제의 통치와 일본 문화에 대한 뿌리 깊은 혐오감을 가지고 있을 뿐만 아니라, 일본은 침입자라는 인식을 여전히 가지고 있다. 불과 한 세대 전만 해도 한국은 엄연한 독립국이었다. 최근 들어 일본의 억압 통치가 더욱 가혹해지고 있고 특히 저학년 아동들에게 결정적인 영향을 미치고 있음에도 어쩌면 바로 그렇기 때문에 한국인의 대일(對日) 혐오감은 여전히 강력하게 남아 있다고 봐야 한다.

한국인들의 자치 능력

1911년 중국에 쑨원이 등장한 이후 중국인들에게 '민족, 민권, 민생' 개념에 대한 기본적인 훈련이 필요했다면, 오늘날의 한국인도 영원한 독립국가 수립을 위한 능력을 계발하기 위해서는 중국과 비슷한 상황에 놓여 있다고 할 수 있다. 민족주의에 대한 한국인의 자각 의식은 1911년 당시의 중국인에 비해 훨씬 더 고양되어 있다. 몇 가지 이유가 있다.

첫째, 한국은 비교적 작은 나라다. 예를 들어 남부의 부산 사람이나 북부 지방 신의주 사람이 가지고 있는 민족 전통에 대한 의식은 거의 차이가 없다. 중국 남부 광둥성 사람이나 북부의 허베이성 또는 내몽고 사람들이 가지는 민족의식 또한 크게 다르지 않다. 하지만 부산이나 신의주 사람의 민족의식은 중국 광둥성이나 허베이성 사람들의 민족의식보다 훨씬 더 강하다.

둘째, 한국은 수 세기에 걸쳐 '은둔의 나라'로 지내 오면서 바다 건너 저 멀리 잘 알려져 있지 않은 야만인은 말할 것도 없고 주변 강대국인 중국이나 일본과는 인종이나 체제가 다르다는 것을 항상 의식하고 있었다. 한국의 역사 기록을 보면, 중국이 스스로 자기네 나라를 '중화'라 일컬으며 세계의 중심에서 세계를 지배한다는 생각을 했던 것과는 달리, 한국은 중국 같은 환상을 가지고 있지 않았다.

셋째, 한국의 민족주의는 1910년 일본에 합병되면서 더욱 강화되었다. 한국인이 보기에 자신의 주권을 탈취한 일본은 어느 모로 보나 외국인이었고, 한국이 그런 외국에 합병되리라고는 생각도 하지 않았던 것이다.

한국의 평범한 일반인들이 민주주의와 정치적 이념, 경제 계획의 원칙 등에 대해 어떤 생각을 가지고 있는지를 측정하기는 어려운 일이지만, 국가의 영토를 보존하고 이런 영역들에서 한국인들이 지적 협조를 할 준비가 되어 있다는 점은 의심의 여지가 없으며, 1910년 일본에 병합된 이후 아래 적시한 세 가지 중요한 요인들 덕분에 훨씬 더 고무되어 있는 상황이다.

(a) 일체화된 반일 정서

한국인의 반일 정서는 단순히 전통적인 증오심에서라기보다 이제는 구체적인 사안에 대한 혐오감으로 그 윤곽이 뚜렷해졌으며, 일반인들이 자신들의 미래와 관련해 뭔가를 생각하도록 한다.

(b) 기독교적 이념

기독교 선교 단체 및 선교에 힘입은 한국 교회의 조직적인 활동이 다소 편협되게 특정 종파를 중심으로 전개되고 있기는 하지만, 인간의 존엄성과 개개인의 인격을 존중하는 기독교적 개념이 한국인의 심성에 깊이 뿌리를 내렸으며, 삶의 사회적 평등이라는 개념에 직결되어 있다. 지금은 일본이 기독교를 반대하는 정책을 강압적으로 실시하고 있지만 이 정책이 완화될 경우 한국의 기독교인 숫자는 현재까지 등록된 50만 명을 훨씬 더 넘어설 것으로 보인다.

(c) 교육

정부와 교회의 노력 덕분에 교육 혜택을 받은 층(literacy)이 확산되면서 국제 정세, 특히 자유 쟁취라는 세계적 조류에 대한 이해도가 높아졌다. 가장 최근의 통계에 따르면 전체 2300만 인구 가운데 교육 혜택을 받은 사람이 40퍼센트에 달해 920만 명에 이르는 것으로 나타났다. 하지만 이들이 교육 혜택을 받지 못한 가족 구성원들에게 정보를 제공해 주는 위치에 있다는 점을 감안할 때 이 수치는 더 높아질 것으로 보인다.

정신력과 인내심

미국이 한국과 본격적인 관계를 맺기 시작한 것이 이미 60년 전의 일이지만, 보통 한국 사람들의 정신력(moral stability)과 신뢰성(dependability)에 대해서는 아직도 제대로 된 균형 잡힌 정보를 얻기 힘들다. 거의 대부분의 평가가 아래에 지적하는 것처럼 극단적인 두 가지 시각 가운데 한 가지만 취하고 있기 때문이다.

(a) 상인들이 본 한국인

상인들은 주로 일본인 공무원이나 일본 상인을 접촉하기 마련이다. 따라서 비참하고 불결한 환경 속에서 살아가는 한국인과는 접촉할 기회가 거의 없다. 상인들은 또 억압받고 혹사당하는 민중의 모습만 보았을 뿐 제대로 된 통솔력과 지도력이 발휘되는 곳에서 살아가는 일반 백성들의 모습은 본 적이 없다. 한국인과 같이 어울려 사는 선교사들이 한국인의 정신력을 높이 쳐 주고 진심으로 한국인에게 믿음을 가지고 있는 것에 대해 상인들은 뒷전에서 못마땅해 한다.

(b) 선교사들이 본 한국인

통상적으로 선교사들이 관심을 갖는 분야는 백성들의 정치적 동향이 아니라 그들의 영적인 상태와 살아가는 주변 환경 쪽이다. 한국인이 개척한 교회나 그와 유사한 조직 속에서 활동하는 이들을 지켜보면서 선교사들은 한국 사람들이 자제력(self-discipline)이 있고 안정감(stability)을 갖춘 이들이라는 것을 알게 되었고 그런 사실에 감사하고 있다. 선교사들은 또 일본인들이 독선적인 태도로 한국 사람들을 잔혹하게 대하는 것에 대해서도 아주 민감하게 반응한다. 동양에서 활동하는 평균적인 미국 상인들에 대한 선교사들의 시각 또한 곱지만은 않다. 고국인 미국에서의 자제력 있는 삶은 도외시한 채 외국에 나와 무책임하다시피 한 삶을 살고 있다고 보는 것이다.

이 두 가지 시각은 일부 타당한 면이 있긴 하지만 어느 한 가지만이 옳은 것은 아니며, 두 가지 의견 모두 넓은 시각에서 한국인을 파악한 것이라고 하겠다.

상대방에 대한 친절과 환대

의전 전문가들은 한국인한테서 배워야 할 점이 많다. 전적으로 마음이 가지 않는 사람에 대해서는 한국 사람들은 절대로 자신을 드러내지 않으며(absolutely non-committal), 그 낯선 사람을 앞에 두고도 무례한 모습을 보이는 법 없이 무표정한 태도를 유지하는 특별한 재능을 가지고 있다. 그러다가도 일단 외부인을 믿을 만하다고 판단하면 그때부터는 상대방을 환대하고 친절을 베푸는데, 그야말로 극진하게 대접을 한다. 서양인은 누구라도 한 번쯤은 이런 대접을 받아 봤을 것이다. 한국 사람과 이런 관계를 맺는 것은 그렇게 어려운 일이 아니다. 합당한 방법과 요령을 가지고 접근한다면, 한국말을 유창하게 구사하고 그들 잘 쓰는 관용구를 한두 마디 곁들일 수 있다면, 게다가 두세 명 정도의 핵심적인 지도자한테 접근할 수만 있다면, 어떤 마을에서든 단시간에 주민들의 협조를 이끌어 낼 수 있다. 친절과 환대라는 사회 규약은 한국 사회의 불문율 같은 것이다. 천성이 그렇고 타고난 기질이 그렇다.

참고 견디는 용기

한국 사회에서는 어디에서든 이상한 모순점들이 발견되는데, 육체적인 강인함과 힘든 일을 성취해 내는 능력이야말로 이런 모순을 가장 잘 증명해 주는 영역이다. 몸이 잘 단련된 미국인이라면 한 명이 능히 해 낼 수 있는 일에 한국 사람은 서너 명이 들러붙어 일하는 것을 흔히 볼 수 있으며, 힘든 일이 생기면 교묘하게 빠져 나가는 사람들을 자주 볼 수 있다.

반면에 평범한 농부나 일꾼은 찜통 같은 더위의 여름이나 혹한의 겨울에도 온종일 붙어 일을 한다. 웬만한 미국인 노동자라면 손수레나 트럭 없이는 절대 들어 나를 엄두를 내지 못할 짐들을 한국의 지게꾼이나 짐꾼들은 거뜬히 등에 져 나른다. 한국 여자들도 마찬가지다. 아무리 고된 일도 척척 해 낸다. 이런 걸 보면 남자나 여자나 똑같이 타고난 일꾼인 것 같다.

일반 한국인들이 정신적인 면이나 신체적인 면에서 극단적으로 취약함과 강인성을 동시에 보여 주듯이 이런 경향은 자연스럽게 정신적·신체적 용기에서도 똑같이 나타난다. 하찮은 난관에 직면했을 때, 특히 경제적인 어려움을 겪게 되면 한국인들은 쉽게 무력해지고 나약한 모습을 보인다. 그러나 이와는 정반대로, 목숨을 건 문제에 직면했거나, 애국심이나 신앙 때문에 가혹한 육체적 시련을 당할 때에는 투사 같은 용기를 발휘한다.

이런 용기는 평시의 미국이나 유럽처럼 상대적으로 안정된 조건을 갖춘 서양 사회에서는 좀체 발견되지 않는 것이다. 한국의 독립운동가들이 필설로 이루 다 말할 수 없는 가혹한 고문을 당하면서도 동지의 이름을 대지 않거나 계획을 누설하지 않는 사례는 셀 수 없이 많다. 이야말로 한국인들이 가지고 있는 신체적·정신적 용기를 입증하는 훌륭한 사례들이다.

군 병력으로서의 적합성

한국인들이 군대 조직에 어떻게 적응하고 있는가에 대해서는 별도의 장에서 기술한다. 소련 극동군에 소속되어 20여 년 동안 군 복무를 하고 있는 한국인 장교들과 한국인들로만 구성된 극동군 소속 2개 사단의 병력을 보면, 한국인들이 군 복무에 적합한 자질을 갖추고 있다는 것을 알 수 있다.

더 좋은 사례가 있다. 1919년 이후 몇 해에 걸쳐, 6000여 명으로 구성된 한국 독립군들은 열악한 무장 상태에서도 한만 국경 지대를 근거지로 삼아 활동하면서 한국 북부 지방의 일본군들을 곤혹스럽게 했다. 이청천이 지휘하는 한국광복군과, 김약산이 이끄는 조선의용대의 중국에서의 활동은 그리 잘 알려져 있지 않으나, 이 부대들은 점점 더 세력을 키워 가는 중이며 힘을 합해 싸울 능력을 갖추고 있다.

한국인의 입장에 서서 한국인과 함께하면서 그들의 심리와 사회적 배경에 대한 충분한 지식을 갖춘 장교단들이 지휘를 맡게 된다면, 한국인들은 유용한 병력이 될 것이 틀림없다.

한국인이 본 일본과 일본인, 중국과 중국인

한국인들은 일본인을 늘 열등하다고(inferior) 생각하며, 인종이나 문화적 측면에서 한국과 일본을 명확하게 구분 짓는다. 한국의 이야기나 노래 속에는 16세기 일본의 반도 침략에 대한 기억이 생생하게 살아남아 있다. 잔악한 일본에 맞서 싸워 한국이 이겼다는 것이다. 일본의 현 한국 통치는 주로 무력에 의존한 것이며, 오래된 한국의 관습이나 한국인의 감정 따위는 일본의 한국 통치에서 거의 고려되지 않고 있다.

한국 사람치고 일본을 미워하지 않는 사람은 거의 없다고 해도 과언이 아니다. 한국인이 큰 공을 세웠을 때, 특히 일본인과의 경쟁에서 일본인을 물리쳤을 때 그 한국인은 한국어로 발행되는 신문에서 대단한 인물로 취급되곤 한다. 한민족의 이런 정서 때문에, 농촌 지역의 한국인 소작인과 일본인 지주 간에는 단순한 문제가 큰 싸움으로 곧잘 비화되기도 한다.

한국인과 일본인이 결혼을 하는 경우는 거의 없다. 일본인을 열등하다고 보는 까닭에 한국인은 일본인과의 결혼을 극구 꺼리며, 반대로 일본 정부도 한국인은 열등하다는 이유로 최근까지도 한국인과의 결혼을 금지시켜 왔다. 법적으로 결혼을 금지시킨 이 정책은 1939년에 없어지긴 했지만 한국인과 일본인 사이의 혐오감까지 없애지는 못했다.

일본인을 싫어한다는 점에서는 모든 한국인이 똑같지만, 일본인을 대하는 태도에서는 남부 지역과 북부 지역 한국인 사이에 확연한 차이가 있다. 남쪽은 사람들이 대체로 유순한 데다 일본인들이 많이 거주하는 탓에 대놓고 일본 사람에게 적대감을 드러내는 경우는 흔치 않다. 반면에 북쪽에서는 일본 사람에 대한 반감이 커서 늘 일본인과 마찰을 빚고 반일 시위를 벌이거나 때로는 일본인을 죽이기도 한다.

한국인의 중국인을 대하는 태도는 일본 사람을 대하는 태도와는 다르다. 학력이 높은 한국 지식인들은 한국 문화의 뿌리가 중국에 있으며, 두 나라 사이에는 오랜 기간에 걸쳐 정치적·문화적으로 긴밀한 관계였다는 사실을 잘 알고 있다. 한국인 상류층이 중국에 대해 이렇듯 관대한 태도를 보이는 것과는 달리, 한국 내 중국인 이민자들과 경쟁 관계에 있는 한국인 농부, 노동자, 소매상인 들은 중국인을 그리 친하게 대하지 않는다. 한국인과 중국인이 서로 협조적인 관계라고 볼 수는 없는 것이다. 한국에 와 있는 중국인 이민자들이 자기네들끼리 따로 떨어져서 사는 것만 봐도 잘 알 수 있다. 한국인이 중국인에게만큼은 관대한 편이고, 일본을 대하는 것처럼 그렇게 적대시하지 않는 것은 사실이지만, 그렇다고 동지애를 가지고 있는 것은 아니다.

한국이 일본에 합병된 후 한국의 많은 혁명가들이 만주와 중국으로 건너갔고, 그곳에서 적극적으로 중국인을 도우며 반일 운동을 펼쳤다. 중국 내에서 지금 벌어지고 있는 일제의 만행에 대해 한국인 대부분은 지나치게 어느 한 편을 거들지 않은 채 방관자의 입장에서 관심을 갖고 사태를 지켜보는 중이다. 그러나 지금까지의 한국인의 태도로 봤을 때 일본보다는 중국을 더 선호하는 것으로 보인다.

미국에 대한 한국인의 시각

한국에 사는 외국인 가운데 한국인의 신뢰를 가장 많이 받는 사람들은 미국인이다. 조선 왕조 때인 1882년 미국인 슈펠트(Schufeldt) 제독에 의해 한국의 문호가 개방되었을 당시부터 미국인 상인들과 선교사들은 한국 내에서 확고한 위치를 다졌다. 이들은 한국 정부의 특혜로 사업 기반을 다지고 선교 활동을 했을 뿐 아니라 한국 정부의 자문역으로 일을 하기도 했다. 미국인에 대한 친근감과 미국인들의 영향력은 지금도 여전하며, 러일전쟁 기간과 종전 후에 미국이 일본의 야망을 부추겼음에도 한국과 미국의 이런 관계는 조선 왕조 붕괴 후 지금까지 그대로 유지되고 있다. 1940-1941년에 한국 내 거의 모든 미국인은 한국을 떠났다. 일제가 한국 땅에서 물러날 경우 이 미국인들이 한국인의 환대 속에 돌아오리라는 것은 명백한 사실이다. (출처: 미 군사정보국 극동과 연구보고서)

한국인을 분석한 이 문서는 일본의 진주만 공습이 있은 후 5개월째인 1942년 5월 15일에 작성되었다. 미 의회는 이미 일본에게 전쟁을 선포했고, 본격적인 태평양전쟁의 막이 오른 직후였다. 미 군사정보국은 적국인 일본과 일본인의 모든 것을 알아야 했다. 일본의 역사, 문화, 사회 제도, 민족적 특성, 가치관 등을 철저하게 분석했고 연구 보고서를 작성했다. 미 전쟁부 문서군 곳곳에 일본을 분석한 문서들이 보관되어 있다. 일본의 식민지인 한반도의 한국인 분석도 이런 작업 가운데 하나였다.

2차 세계대전 말기에 중국과 미국에서 활동하던 한인 독립운동가들은 한국인을 무장시켜 일본을 상대로 한 전투에 투입해 줄 것을 워싱턴에 강력히 요청했으나 받아들여지지 않았다. 일본 패망 직전, 미국의 한반도 침공 계획에 따라 미 OSS 요원의 한국 침투 훈련에 일부 한국인들을 참여시키긴 했으나, '한국인의 무장 병력화' 수준은 아니었다. 이 문서는 미국이 대일 선전 포고 직후에 이미 한국인을 무장시켜 병력으로 조직화하는 가능성을 검토했었음을 알려 준다.

한국인의 병력화 가능성은 이 문서에 따르면 일단 긍정적이다. 하지만 〈한국인 무장화 가능성〉이라는 제목으로 미 극동군 사령부 작전참모부에서 1945년 6월에 작성한 한 문서는 그 가능성을 부정적으로 보고 있다. 무장 병력으로서의 자질이나 능력에 문제가 있어서가 아니었다. 독립운동 단체들의 심각한 분열상, 무장 후 예상되는 정치 권력화, 지휘 계통을 무시한 독자적 행동 가능성 등이 부정적인 요인들로 지적되었던 것이다.

한국 관련 정보의 주된 출처가 선교사와 상인(또는 사업가)이라는 사실도 이 문서는 알려 주고 있다. 미 선교사와 사업가야말로 일제하 한국 정보의 원천이었다. 미 전쟁부 문서군 속의 일부 문서에는 '정보원' 항목에 선교사의 이름과 경력까지도 밝혀 놓고 있다.

이 문서가 보여 주는 한국인 관찰의 시각은 대체적으로 너그럽긴 하지만, 객관성을 지키려는 자세는 분명하게 읽힌다. 객관성 유지가 필수인 군사용이고 정보용이기 때문이다.

• 문서 출처: 미 전쟁부 문서군(RG 165 Records of the War Department General and Special Staffs), Entry #77, Box 2259.

7. 이런 문서들 ③ – 문서가 남긴 이야기들

미 공보처, 한국의 다방(茶房)을 들여다보다

주한 미 공보처(U.S. Information Agency)가 1970년 봄에 발간한 열두 장짜리 연구 보고서의 제목은 〈다방(茶房) – 한국의 사교장(社交場)〉이다. 미 부산 공보원(Pusan Branch Public Affairs Office)이 자료를 모으고 분석해 작성한 보고서를 미 공보처 연구평가실(Office of Research and Assessment)의 이름으로 발행했다. 한마디로 한국의 다방 이야기다. 좀 더 좁히면 '1968년, 부산의 다방'이다.

영문 제목 "Tea Rooms and Communication in Korea"가 보여 주 듯이 이 보고서는 한국인들이 서로 모여 담소하며 소통하는 곳, 다방이 라는 공간에 주목하고 있다. 미국인의 눈에 한국의 다방은 이색적인 장 소였고, 흥미로운 곳이었으며, 특수한 공간이었다. 시쳇말로 다방은 연 구 대상이었다. 어떤 사람들이 모이는지, 거기서 도대체 무얼 하는지, 다방을 운영하는 사람들은 어떤 사람들이고, 왜 손님들은 다방이라는 데를 들락거리는지, 궁금한 게 한두 가지가 아니었다. 이방인의 눈에 비 친 '한국 다방'의 모든 것이다.

다방 하나 가지고 뭐 할 말이 그리 많다고 열두 장이나 되는 보고서 를 만들었느냐고 타박부터 할 일이 아니다. 이 보고서의 글은 다방의 낭만 따위는 말하지 않는다. 다방에 얽힌 이런저런 사연을 들려주지도 않는다. 다방의 사회학 같은 건 더구나 아니다. 이 문서는 오로지 다방의 '기능'에 대해서만 이야기하고 있다. 뻔한 이야기, 읽을 맛 안 날 것 같은 '기능 설명서'도 이렇게 맛깔나게 작성할 수 있다는 걸 이 보고서가 보여 준다. 그 흔하디흔한 다방을 한번 들여다봐야겠다는 아이디어, 다방의 이모저모를 기록으로 남긴 열의, 게다가 조사 방법론도 딱히 나무랄 데가 없다.

1968년 부산의 다방을 미 공보처는 왜 주목했을까. 해답은 보고서 끄트머리 결론 부분에 있다. 이 보고서의 결론은 다방 이야기가 아니다.

소개

한국의 다방이 휴식의 공간이긴 하지만 여기에서는 쉼터(relaxation)나 오락(recreation)의 공간으로서가 아니라, 세상사를 배우고 의견을 교환하는 사교의 장(center for communication)으로서의 다방에 대해 알아보려고 한다. 이런 의미에서 한국의 다방은 영국의 '펍(pub)'이나 오스트리아의 '커피 하우스' 같은 소통의 기능을 담당하는 곳이다.

이 연구는 부산 지역 대학생 모임인 부산학생연구회(Student Research Club of Pusan)가 실시한 것으로, 1968년 1월 3주 동안 현장 실사를 통해 수집된 자료를 바탕으로 했다. 현장 실사는 주로 다음의 네 가지에 초점을 맞추었다. (1)부산 시내 554개 다방을 대상으로 직접 현장을 방문해 사전 자료 취합, (2)부산 지역 다방을 대표할 만한 78개 다방을 선정, 선정된 다방의 매니저(다방 '마담'을 지칭-필자주)와 일대일 면담, (3)선정된 다방에서 일하는 120명의 웨이트리스(다방 '레지'를 지칭-필자주)와 일대일 면담, (4)다방 손님 309명의 일대일 면담 등이다. 현장 실사 자료의 취합, 분석, 보고서 작성은 부산 공보원의 주도하에 이루어졌다.

요약

한국의 다방은 비공식 사교장으로서 중요한 기능을 담당하고 있다. 긴장을 풀 수 있는 분위기를 제공함으로써 친구들끼리 대화를 나누고, 신문이나 잡지를 읽으며, 음악을 듣거나 미술품을 감상하는 곳이고, 전시장 역할을 하기도 한다.

다방마다 단골 손님(regular cliental)이 있기 마련인데, 사업가(기업인), 공무원, 학교 교사, 대학 교수, 예술가, 대학생 등 주로 사회에 영향력이 있는 고학력자들이다. 다방 손님들이 다방에서 하는 일이란 주로 이야기를 나누는 것이며 세상사에 대한 이런저런 의견을 교류하기도 한다. 사회활동가들이나 정치인들이 다방에서 모임을 갖기도 하는데, 공무가 얽혀 있을 때는 다방 내 별도의 방을 예약해 회합 장소로 삼기도 한다. 선거철에는 입후보자나 지구당 선거 운동원들이 다방을 유세용 전단지 배포처로 활용하기도 하고, 다른 모임의 회원들은 다방을 집회 공지 사항을 알리는 게시판 기능으로 활용하기도 한다.

한국의 다방

한국에 다방이 처음 등장한 것은 1919년이다. 일본인 사업가가 처음으로 선보였다. 초기의 다방은 평범한 형태의 친목 클럽이었다. 다방 소유주들은 재력 있는 사업가들이 아니라 주로 예술적 취향을 가진 사람들이었다. 이들이 다방을 처음 시작한 주된 목적 역시 예술가들이 서로 모여 이야기를 나누고, 새로 산 옷을 자랑하거나, 자기가 데리고 다니는 미모의 여자친구들을 과시하기 위한 것이었다.

2차 세계대전 이후 한국의 다방은 좀 더 공적인 장소로 모습이 바뀌면서 보다 더 대중화된다. 일반 대중이 다방의 새로운 손님으로 등장한 것이다. 1945년까지만 해도 한국의 다방 수는 열두 개가 넘지 않았으나, 이후 해마다 다방 수가 늘어나면서 지금은 전국에 5000개가 넘는 다방이 들어서 있다. 서울에만 1000여 개고, 부산에도 500여 개의 다방이 성업 중이다. 이제 한국의 다방은 워낙 널리 퍼지고 잘 알려져 있는 탓에 외진 동네 사람이라도 누구나 다방이라는 말을 들어 봤을 정도가 되었다.

대부분의 다방은 대도시 한복판이나 작은 마을에 들어서기 마련인데, 이 다방들의 가장 큰 특징은 푸근하고 친근감 있는 분위기다. 일단 실내 장식이 그런 분위기를 자아낸다. 부드러운 조명, 안락한 의자, 창문에 드리운 커튼 등이 그렇다. 여기에 곁들여 레코드판에서는 음악이 흘러나온다. 때로 다방은 전시장이 되기도 하는데, 그림, 조각, 사진 작품들이 전시되곤 한다. 세 번째로 다방에서 빼놓을 수 없는 것이 있다. 다방에서 아마 가장 중요한 것일 수도 있다. 바로 종업원(staff)이다. 매력적인 매니저인 '마담'과 웨이트리스들은 미모와 상냥한 말투를 겸비해야 하며 손님들을 끄는 친밀감이 있어야 한다. 이런 점을 갖추고 있기 때문에 고용된 사람들이다.

거의 대부분의 다방이 서로 만나 정보를 교환하는 쉼터의 역할을 하는 곳이긴 하지만, 좀 더 특수한 목적으로 운영되는 다방도 있다. 부산 지역의 554개 다방 가운데 세 곳은 오로지 서양 고전음악만 틀어 주는 다방이고, 두 곳은 신문 기자들과 방송국 사람들이 주로 들락거리는 곳이며, 대학생들만 모이는 다방도 일곱 군데나 된다. 또 부산 지역에서 예닐곱 군데의 다방은 남녀 손님들이 주로 데이트 상대를 물색하기 위해 드나드는 곳이기도 하다.

소통의 장으로서의 다방

현장 실사원들(interviewers)이 다방 손님들을 상대로 조사한 바에 따르면, 전체 손님 가운데 6퍼센트는 음악을 듣고 있었고, 13퍼센트는 다방에 비치된 신문이나 잡지를 읽고 있었으며, 나머지 81퍼센트의 손님은 같이 온 사람과 이야기를 나누고 있었다. 대화의 내용이 어떤 것인지는 알 수 없었으나, 다방 마담들에 따르면 개인적인 일이나 세상사에 대한 대화 또는 사업에 필요한 대화로 양분되어 있다고 한다.

화젯거리도 시기마다 다양하다. 1960년에는 이승만 정권을 무너뜨린 학생 데모가 주된 이야깃거리였고, 1961년에는 군사 정권의 등장이 대화의 주된 주제였다. 그 이후 주된 이야깃거리는 사회 현안이 생길 때마다 바뀌었다. 김종필의 공화당

의장 사임, 북한 공비들의 박정희 암살 기도 사건, 푸에블로 호 납치 사건, 인도네시아 아시안 게임에서의 한국 여자 농구팀 우승 등이다.

다방은 사회단체나 정치 그룹의 모임 장소로서의 기능도 한다. 부산 지역의 한 작가가 지역 원로들이 주최한 문화센터 건립을 위한 회의에 초대를 받았는데 회의 장소에 와 보고는 놀라지 않을 수 없었다. 회의 장소가 지역 회관(town hall)이 아닌 한 다방이었던 것이다. 또 다른 사례도 있다. 위의 작가는 한미 관계를 주제로 한 한 청년 단체 모임에 연사로 초대를 받은 후 모임이 잘될 수 있도록 배려하는 차원에서 미 공보처 회관을 섭외했는데, 알고 보니 그 청년들은 시내에 있는 다방을 모임 장소로 더 선호하더라는 것이다.

이런 사례들뿐만이 아니다. 부산의 크고 작은 많은 단체들이 주로 다방에서 모임을 갖고 있는 것으로 조사되었다. 여러 예술 단체들의 모임인 부산예술가협회, 기업인과 경제학자들의 모임인 부산경제구락부, 은행장들과 기업체 사장, 대학생들도 꾸려진 부산테니스클럽 등도 다방에서 모임을 갖고 있다. 이들에게 왜 다방을 모임 장소로 선택하는지를 물어보았다. 단체 회장들한테서 직접 답을 듣지는 못했으나, 이 단체를 이끌어 가는 사람들한테서 들은 답변은 대략 다음의 세 가지였다. 첫째, 언제든 모일 수 있는 장소이고, 둘째 가벼운 음료를 즐기기에 좋은 장소이며, 셋째, 회원들이 자연스러운 분위기에서 이야기할 수 있는 푸근한 장소이기 때문이라는 것이다.

서로 일상사에 대한 이야기를 주고받길 원하는 사람들이 모이는 장소이기도 하지만 다방은 또 비공식적으로 정보를 배포하는 기능을 가진 곳이기도 하다. 특히 선거철이 되면 정당 사람들은 다방 벽 게시판에 회의 공지문을 꽂아 놓거나 소속 정당을 선전하는 포스터를 벽에 붙여 놓기도 한다.

어떤 다방엘 가더라도 가장 흔히 볼 수 있는 것은 바로 신문과 잡지다. 신문, 잡지 외에도 다른 볼 것, 들을 것들이 갖춰져 있다. 95퍼센트에 이르는 다방이 전화를 비치해 놓았고, 전축(83퍼센트), 라디오(48퍼센트), 게시판(30퍼센트), 텔레비전(26퍼센트) 등을 갖추고 있다. 지역의 모임 및 활동을 알리는 벽 게시판을 가진 다방도 18퍼센트나 되었다. 다방 손님들에게 전화는 아주 중요한 통신수단이다. 많은 손님들이 이 다방 전화를 이용하고 있고, 특히 사업하는 사람들은 자신의 명함에 단골 다방의 전화번호를 새겨 가지고 다닌다.

다방의 기능 가운데 빼놓을 수 없는 것이 예술 활동이다. 음악은 틀어 주는 것은 다방의 여러 기능 가운데 하나일 뿐이다. 그림, 사진, 조각품을 전시하기도 한다. 주로 지역 예술가들이 이 전시장을 이용한다. 현장 실사한 78개의 다방 중 65퍼센트의 다방이 그림을 전시 중이었고, 27퍼센트가 사진, 2퍼센트가 현장 실사 당시 조각품을 전시 중이었다.

다방 손님들

부산 지역의 다방(한국의 다방을 포함해)이 모든 이들에게 열려 있는 공적인 장소이기는 하지만, 다방을 이용하는 손님들은 특별한 몇 가지 범주로 나뉜다. 현장 실사 시 개인 면담에 응해 준 309명의 다방 손님 가운데 88퍼센트가 남성이었고, 나이별로는 26~40세 사이가 70퍼센트에 달했으며, 53퍼센트의 손님이 대학 졸업자였고, 고교 졸업자까지 합하면 83퍼센트가 넘었다.

손님을 직업별로 분석해 봐도 비슷한 결과가 나왔다. 개인 면담에 응한 손님의 절반 이상(57퍼센트)이 자기 사업체를 가지고 있는 자영업자였고, 10퍼센트가 고교 교사이거나 공무원이었으며, 9퍼센트가 단과대 학생이거나 종합대 학생이었고, 의사, 교수, 정치인, 예술가, 방송 작가, 신문 기자 등 전문 직업인이 9퍼센트였다. 나머지 15퍼센트는 다방이 모든 계층 사람들에게 열려 있는 공간임을 증명이라도 하듯 군인·선원·군속(4퍼센트), 무직자(9퍼센트), 가정주부(1퍼센트) 등이었다.

다방을 이용하는 대부분의 손님들은 다방 출입을 매끼 식사나 신문 구독처럼 일상생활의 한 부분으로 삼고 있었다. 손님의 약 3분의 1(32퍼센트)은 다방을 하루에 2회 정도 찾으며, 4분의 1가량 되는 손님이 하루 한 번꼴로 다방을 찾는 것으로 조사되었다. 주 2~3회 다방을 출입하는 사람은 16퍼센트, 주 1회는 14퍼센트였으며, 일주일에 한 번 미만인 사람은 13퍼센트였다.

하루에 적어도 한 번은 다방을 찾아가는, 다방 최다 이용자는 대부분이 사업이나 언론, 예술에 종사(77퍼센트)하는 중년층(36~50세 사이가 54퍼센트)이었으며, 반면 젊은층이나 군인, 가정주부 등은 이들보다 다방 출입 횟수가 적었다.

다방은 주로 낮에 이용한다. 다방을 가장 많이 찾는 시간은 늦은 오후(38퍼센트)이고, 늦은 밤, 즉 저녁 아홉 시 이후(2퍼센트)에는 다방을 찾는 발길이 뜸해진다. 이른 아침이나 늦은 아침, 이른 오후나 저녁 때는 각각 다방 이용율이 21퍼센트 정도로 조사되었다.

대부분의 손님이 다방에 머무는 시간은 한 시간 이하(75퍼센트)이며, 19퍼센트가 한두 시간 사이, 두세 시간 사이는 6퍼센트, 세 시간 이상 머문다는 사람은 2퍼센트였다.

다방 이용 손님들의 대부분은 단골이다. 자기가 잘 가는 다방이 있다. 다방 측에서 알려 준 바에 따르면, 86퍼센트의 손님이 평소에도 자주 다방을 찾는 사람들이었으며, 13퍼센트는 가끔 들르는 손님들이고, 처음 찾아오는 손님은 1퍼센트밖에 안 되었다.

다방을 찾는 가장 큰 이유에 대해 손님의 45퍼센트는 (응답자의 60퍼센트는 사업하는 사람들이었다) "사업상 업무 때문"이라고 답했다. 이 말은 다방이 곧 사업장이라는 말은 아니다. 소규모 자영업을 하는 사업가들이 업무를 위해 예의를 갖추고 고객이나 거래처 사람 등을 만난다는 뜻이다. 또 한국에서 소규모 사업을 하는 사람들은 전화, 비서, 사무실을 갖추고 있는 사람이 많지 않기 때문에 편리하면서 비용이 적게 드는 다방을 애용하는 편이다. 다방에는 전화도 있고, 그 전화를 받아 주고 차도 가져다주는 사람도 있으며, 편안한 공간까지 제공하는 일석삼조의 곳이기 때문이다.

다방을 찾는 두 번째 이유는 휴식과 오락이다. 38퍼센트가 이렇게 답했다. 옛 친구들을 만나 이야기를 하고, 마담과 수다를 떨거나 웨이트리스와 농담을 주고받기도 한다. 아니면 신문을 읽으며 휴식을 취하거나 음악을 듣기도 하고, 때로는 아무것도 안 하고 그냥 앉아 있기만 하기도 한다.

다방을 찾는 다른 이유도 두 가지 더 있다. 10퍼센트의 손님이 다방에 오는 이유를 '시간을 죽이기 위해서(kill time)'라고 대답했는데, 이들 대부분은 무직자였다. 손님의 4퍼센트(주로 나이가 많은 사람들)는 차 한 잔으로 기분 전환을 하기 위해 다방을 찾는다고 했다.

결론

한국의 다방은 사람들이 모여 정보를 교환하거나 의견을 나누는 장소다. 따라서 일부 다방은 미 공보원(USIS)의 홍보 대상 그룹의 사람들이 주로 찾는 곳이기도 하다. 미 공보처 직원들이 사람을 만나기에 좋은 장소이기도 하며(많은 공보처 직원들이 이미 다방을 그런 장소로 이용하고 있다), 미 공보처가 모임 개최, 홍보물 배포, 전시 등을 할 수 있는 곳이 될 수도 있다.

다방을 회의 장소로 활용한다는 아이디어는 비현실적인 것이 결코 아니다. 오히려 다방을 회의 장소로 활용하는 것이 더 효율적일 수 있다. 우선, 미 공보처가 단체 모임을 개최할 수 있는 기회가 많아진다. 이미 그런 단체들은 다방을 회의 장소로 이용하고 있다. 둘째, 다방은 미 공보처 회의실을 모임 장소로 이용할 경우 대다수 한국인들이 갖게 될 심리적 긴장 요소를 없앨 수 있다. 셋째, 다방의 친근하고 편안한 분위기는 모임의 연설자나 청중이 자유롭게 의견을 주고받게 해 줌으로써 모임의 분위기를 돈독하게 이끌어 갈 수 있다.

다방 대부분이 손님들에게 신문이나 잡지를 제공하고 전시장으로도 활용되고 있는 점을 볼 때, 미 공보처도 다방을 홍보물 배포처와 전시장으로 활용할 수 있을 것이다. 다방 마담들도 이런 출판물이나 전시물을 다방에 가져가는 것을 반대하지는 않을 것이다.

만약 이런 방식의 홍보가 이루어질 경우 두 가지 성과를 기대할 수 있다. 하나는 우리가 주 홍보 대상으로 삼고 있는 대다수 한국인들이 모이는 곳에 우리가 만든 홍보물을 가져다 놓을 수 있다는 점이고, 또 하나는 홍보 대상층들이 익숙하고 친근하게 여기는 곳에 우리의 홍보물이 자연스럽게 놓이게 됨으로써 홍보물과 홍보 대상층 사이의 일체감을 조성할 수 있다는 점이다.

• 문서 출처: 미 공보처 문서군(RG 306 Records of the United State Information Agency), Entry #1013B, Box 15

'한국의 모세'를 자처했던 사람

└ CIA의 이승만 분석

서구 민주주의의 옷으로 갈아입은 한국이 처음으로 투표를 통해 자기 손으로 대통령을 뽑고 독립 정부를 출범한 직후인 1948년 10월 28일, 미 중앙정보국 CIA가 한국이 선출한 최초 대통령의 사람 됨됨이를 석 장짜리 문서로 분석했다. 〈이승만의 성품(Personality of Rhee Syngman)〉이라는 제목의 문서다.

이승만 문서는 신생 정부가 과연 살아남을 가능성이 있는지를 들여다본 〈한국의 생존에 대한 전망(Prospects for Survival of the Republic of Korea)〉이라는 제목의 보고서(ORE44-48) 안에 부록으로 들어 있다.

이 2급 비밀 보고서는 국무부, 육군부, 공군부, 해군부의 정보기관에서 제공한 정보 보고서를 바탕으로 CIA가 작성한 것이다. 초안은 이미 한 달 전에 만들어졌고, 위 네 개 부처에 그 초안을 회람시킨 후 동의 및 수정 과정을 거쳐 완성한 최종판이 이 보고서다.

모두 열여덟 장이다. 한국의 군사 상황과 경제 위기는 부록(Appendix)으로 독립시켜 따로 분석했다. 군사와 경제 문제는 신생 정부에 그만큼 중요한 사안이었다. 이보다 더 중요한 것이 하나 더 있었다. 보고서의 첫 번째 부록으로 이 사안을 다뤘다. 이승만이다.

이승만 부록은 이승만 개인의 성격이나 성품이 한국 정치에 어떤 영향을 미쳐 왔으며, 앞으로 어떤 영향을 끼칠 것인지를 기존 사례를 바탕으로 관찰하고 있다. 이승만의 정치력, 이승만의 한국에서의 위치 등에 대한 분석이 나무랄 데 없고, 1948년 당시 한국의 상황 분석도 수준급이다. CIA의 분석 보고서가 모두 빼어난 것들만은 아니다. 어떤 정보 보고서가 훌륭하다는 평가를 받는 것은 그만큼 엉터리들도 적지 않다는 뜻이다.

이승만 약전(略傳)이라 불러도 손색없을 만큼 정리가 잘 되어 있는 이 보고서는 CIA라는 정보기관이 생긴 지 불과 1년밖에 안 되었을 때 나온 것이다. CIA와 유사한 성격의 정보기관이 이전에도 활동을 해 왔지만, 미 국가안보법 수정안에 근거해 CIA와 국가안보위원회(NSC)가 생긴 것은 1947년의 일이다.

CIA가 분석한 것은 1948년 9월의 이승만이다. 한국 정치의 지휘봉을 공식적으로 막 손에 쥐었을 때다. 그 이후는 언급되어 있지 않다. 12년 후 이승만이 지휘봉을 뺏기고 정치 무대에서 끌어내려졌을 때 CIA가 똑같은 제목으로 2차 보고서를 작성했다 하더라도 그 내용은 이 보고서와 크게 달랐을 것 같지 않다.

"이승만은 참된 애국자다"라는 문장으로 이 보고서는 시작된다.

이승만은 한국 독립에 득이 된다고 생각하는 것은 늘 행동에 옮기는 참된 애국자다. 하지만 그는 한국에 득이 되는 것과 자기 자신에게 득이 되는 것을 동일시하는 경향이 있다. 자신을 곧 한국처럼 생각한다.

이승만은 생애를 한국 독립에 바치면서 자신이 한국을 통치하겠다는 궁극적인 목적을 가지고 있었으며, 이 목적을 추구하는 과정에서 개인적인 성취를 위해 기꺼이 활용할 만한 것이 있다면 어느 것이든 써 먹는 데 주저함이 없었다. 한 가지 중요한 예외가 있다면, 그것은 공산주의자와의 타협만큼은 늘 거절했다는 것이다. 바로 이 점 때문에 이승만은 한국인들 사이에서 반공주의의 상징적인 존재가 되었다.

이승만은 또 그가 가는 길에 방해가 된다고 생각되는 사람이나 단체가 나타나면 누구든 가리지 않고 밀쳐 버리려고(thrust aside) 했으며, 그런 시도를 하는 데 조금도 주저함이 없었다. 이승만은 결국 이 자만심(vanity) 때문에 그가 미국에서 활동할 때든 한국에 돌아갔을 때든 자신이 추구하는 사적인 이득을 위해서라면 언제든 말을 바꾸곤 했다. 그의 재능(intellect)이라는 것은 피상적인 것(shallow)이며, 그의 행동은 종종 비합리적이고, 문자 그대로 어린아이처럼 군다(childish). 그러나 최종적인 정치적 판단을 할 때는 빈틈없는 정치가로서의 면모를 유감없이 발휘하는 사람이 이승만이다. 그는 자신이 한국의 모세인 동시에 예수라고 자임하고 있긴 하지만, 자신의 현실적인 정치적 입지가 어렵다는 점을 망각한 적은 거의 없다.

2차 세계대전 때 이승만은 워싱턴에서 한국 임시정부의 구미위원회 위원장으로 활동했다. 이 기간에 그는 자신의 사적인 이익을 도모하고 개인적인 로비망을 구축하는 데에 구미위원회 위원장이라는 직함을 십분 활용했다. 개인적인 로비망 구축이야말로 이승만에게는 아주 값진 것이었다.

이승만은 1945년 10월 한국으로 돌아갔다. 한국 독립을 위해 평생을 헌신했고, 자신이 보기에 경륜 있는 정치가로서 그 누구와도 비견될 수 없는 자신의 입지를 감안할 때, 그는 외국의 간섭을 받지 않은 채 한국이라는 나라에서 격에 맞는 역할을 맡을 것으로 기대했을 게 분명하다. 그러나 1945년 12월의 모스크바 협상으로 외국군의 한국 점령이 지속되면서, 미소 공동위원회가 설치되었고 4개국에 의한 신탁통치 문제가 거론되었다. 이에 따라 한국의 통일과 독립은 무한정 연기되고 말았다.

이승만은 즉시 신탁통치에 반대하는 목소리를 내기 시작했고, 즉각적인 한국 자치 정부 구성을 요구했다. 이 두 가지 요구 사항은 1948년 5월 총선거를 치를 때까지 이승만이 줄기차게 강조했던 2대 원칙이었다. 이승만은 미소 공동위원회가 실패할 것이라 생각했던 듯하며, 처음부터 소련을 믿지 않았던 게 분명하다. '신탁통치'라는 단어 자체를 한국인들은 극도로 혐오스러워하며 자치 정부에 대한 요구가 광범위하게 확산되어 있다는 것을 이승만은 알고 있었다.

1947~1948년에 이승만은 그의 정치적 주장을 굽히지 않으면서 사적으로는 워싱턴의 로비망을 통해 미 행정부, 미국에 동조하는 다른 나라 정부, 유엔, 미 언론 등에 맹공을 가했다. 신탁통치안을 철회할 것과 최소한 남한에서만이라도 즉각적인 선거를 실시해야 한다는 것이 이승만의 요구였다.

그는 공개적으로 점령군 철수도 요구했다. 그러나 소련이 미소 점령군의 공동 철수를 제안하자, 이승만은 가장 먼저 나서서 남한이 자신을 방어할 능력이 생길 때까지 미국은 남한에 군대를 주둔시킬 의무가 있다고 주장했다. 이승만은 남한에 정부를 구성하라고 미국에 비밀리에 제안하면서, 그 대가로 남한에 군사적·경제적 원조를 제공할 것과 유엔의 남한 승인을 요구했다. 겉으로 그는 한국인만의 노력으로 정부를 구성해야 한다고 말을 하고 있었으나, 한편으로는 미국에 협조를 제안한 상태였다. 이를 입증하는 사례 가운데 하나로, 드레이퍼(Draper) 장군에게 제주도에 미 해군기지를 설치했으면 좋겠다고 제안한 사람도 이승만이었다.

귀국 후 처음 몇 달 동안 미국으로부터 극진한 대우를 받았던 이승만은 미국이 자신에게 계속해서 그런 특혜를 베풀어야 한다고 생각하는 것 같다. 더 이상 특별한 대접을 받을 가능성이 없다는 것이 명백해지자 이승만은 하지(Hodge) 장군에게 책임이 있다는 쪽으로 결론을 내렸다. 하지 장군이 미 정책을 위반하고 있다는 게 그의 주장이었다. (이승만이 왜 이런 결론을 내리게 되었는지는 그가 워싱턴 체류 시 구미위원회 명의로 국무부에 보낸 메시지에서 그 해답의 일부를 찾을 수 있을 것 같다. 그의 위원회 공문을 보면, 국무부가 이승만의 의견을 높게 쳐주고 그를 대접했다는 느낌을 받는다.)

따라서 이런 대접을 받다가 한국에 돌아간 이후의 상황이 자신에게 유리하지 않은 쪽으로 전개되자 이승만은 유독 하지 장군에게 앙심을 품게 된 것으로 보인다.

이승만은 미 군정이 실수를 할 때마다 이를 기회로 삼아 하지 장군에 대한 나쁜 소문을 끊임없이 퍼뜨렸다. 하지 장군이 워싱턴의 훈령에 따르지 않으며, 공산주의자들이 남한을 통제하도록 하고 있다는 등의 소문이었다. 이승만의 조직은 그의 이런 주장을 한국 밖으로도 퍼뜨렸다. 즉, 맥아더 장군과 국무부, 의회 의원들에게까지 하지 장군을 헐뜯는 소문을 퍼뜨렸던 것이다.

이승만이 지난 3년간 보여 준 책략은 민심과 정치 상황에 대한 놀라울 만큼 정확한 판단에 기반을 두고 있다. 한때는 남한의 임시정부에 반대해 쿠데타를 일으키겠다고 위협할 만큼 극단적인 태도를 보인 적도 있긴 했으나, 전혀 성사될 가능성이 없는 사안은 피해 가는 노련함을 늘 잃지 않았다.

정말 위험할 만큼 극단으로 치달았던 적이 딱 한 번 있었다. 그가 방미를 마치고 돌아왔을 때다. 이승만은 방미 귀국 보고에서 미 정부가 자기에게 남한에서의 즉각적인 선거와 대규모 차관을 약속했다고 말했다. 미 정부 당국은 그의 성명 내용을 즉각 반박했고, 이 때문에 그의 명성은 크게 훼손되었으나, 이승만은 후유증을 최소하면서 난관을 잘 빠져나올 수 있었다.

이승만은 미 고위층이 자신의 의견을 비중 있게 받아들이고 있으며, 국제사회에서는 자신이 한국인의 대변자로 간주되고 있다는 그릇된 환상(illusion)을 한국 내에 조금씩 심어 놓았다. 그는 오랜 망명 생활을 마치고 귀국한 지 얼마 되지 않아 대중의 지지를 받는 유일한 지도자가 되었으며, 그의 이름은 한국의 독립을 얻어 낸 승리자로 각인되었다. 그는 탁월한 정치 솜씨를 발휘하면서 자신의 지위를 유지했고 어떤 정치 지도자도 그에게 도전장을 내밀지 못했다. 예외가 있다면 1947년에 암살당한 여운형 정도일 것이다.

이승만은 대한독립촉성국민회의라는 정치단체를 성공적으로 출범시켰고(1946년 2월 - 필자주), 그 산하 조직을 서울뿐만 아니라 지방에까지 확대시켰다. 남한에서 그런 대규모 정치단체를 설립할 수 있는 사람은 이승만밖에 없었다.

독촉국민회의는 우파 그룹들이 모인 일종의 느슨한 혼합체(amalgam)였다. 국민회의 소속 단체 모두가 반드시 이승만에게 충성스러운 것은 아니었다. 이승만은 스스로를 공산주의자의 적으로 규정했을 뿐만 아니라, 진보적인 좌파 지식인이나 중도파도 전혀 달가워하지 않았다. 진보적인 좌파 지식인이나 중도파는 서울을 제외한 외곽 지역에서는 정치적 영향력도 없었고 재정적인 지원도 받지 못했다. 이 두 가지를 모두 지니고 있었던 사람이 이승만이다. 다수의 군소 우파 정치인들은 이승만과 더불어 정치력을 신장하려는 희망으로 이승만에게 밀착해 있었으나, 이승만이 늘 우두머리 노릇을 하려 들고 고압적인 태도를 보이는 통에 부유층이 모여 있는 한국당을 비롯해 많은 우파 지도자들은 이승만과 함께 일하는 데 큰 어려움을 겪었다. 그들은 감히 이승만을 거꾸러뜨릴 생각은 하지 못했으며, 이승만의 탄탄한 정치적 입지를 활용할 필요가 있었기 때문에 이승만과의 불편한 동맹 관계를 유지할 수밖에 없었다. 이승만도 이들이 필요했다. 이들에게는 돈과 능력이 있었고, 이를 잘 알고 있는 이승만도 그들의 요구를 무시할 수만은 없었다.

이승만은 정치자금 확보를 위해 다양한 방법을 동원했다. 하와이와 미국에 있는 한국인 추종자들이 그에게 직접 달러를 기부했고, 한국에서도 의심스러운 방법을 동원해 환전을 하고 있다. 이승만을 지지하는 미국인들도 나름대로 그를 지지하는 이유가 있다. 이승만의 권력이 더 강화되면 한국에서의 경제적 특권을 얻을 수 있고, 이승만과의 관계를 통해 사회적 신망도 쌓을 수 있으며, 반공 체제의 확산을 꾀할 수 있기 때문이다. 한국 내 많은 수의 하층민들도 여러 경로를 통해 이승만의 정치 행보를 지지하는 쪽으로 설득이 되어 원화를 기부하는 사람들이 생겨났고, 부유층 사람들도 이승만이 앞으로 한국을 통치하게 될 경우 그들에게 돌아오게 될 이득과 미 정부 당국에 대한 이승만의 '영향력'을 감안해 그에게 거금을 기부해 오고 있다.

이승만은 이제 그의 목적을 달성했다. 그는 독립된 한국의 한쪽 체제에서 막강한 권력을 지닌 대통령이 되었다. 이승만 정부는 미국의 군사적·경제적 원조를 받을 수 있게 되었고, 유엔의 승인도 받을 수 있다. 이승만은 가능하면 자신의 생각이 간섭받지 않기를 원하겠지만, 자신의 정부가 생존하느냐 못하느냐는 전적으로 미국의 원조에 달려 있으며, 그 돈이 어떻게 쓰일지 합당한 대답을 듣지 않은 채로는 미국도 그 돈을 지원할 수 없다는 사실을 분명히 알고 있다. 그러나 위험은 상존한다. 이승만의 지나친 자아의식(inflated ego)이 그를 망가뜨릴 수 있으며, 새로 탄생한 한국 정부를 최소한 궁지에 몰아넣을 수도 있고, 미 국익에 손상을 끼칠 수도 있다.

그를 통제할 수 있는 한 가지 요인이 있다면 그것은 국회다. 이승만으로서는 화들짝 놀랄 일이겠지만, 한국 국회는 '꼭두각시' 노릇만 하지는 않겠다고 했다. 이승만은 국회가 무시하거나 짓밟아버릴 수는 없는 존재라는 것을 배워 가는 중이다.

이 보고서의 일부 내용은 한국에도 소개가 되어 있다. '애국자' 이승만의 정치력을 칭송하는 '찬양본'도 있고, 오만과 독선의 상징으로 이승만을 헐뜯고 깎아 내리는 '폄하본'도 있다. 영문으로 되어 있는 한 편의 보고서를 두 편의 한글 보고서로 만든 것이다. 두 편의 보고서가 공존하는 한 우리는 아직도 '이승만'이라는 숙제를 다 하지 못한 셈이다.

패배자에게는 기록이라는 것이 없다. 있다 해도 역사가 되지 못한다. 승리자의 기록을 해석하기 위한 참고 사항일 뿐이다. 승리자의 기록만이 역사 속으로 편입된다. 승리자만 인정하고 승리의 순간만 기록하는 사회가 가진 불치병이다. 자의든 타의든 한국 현대사에서 이승만만큼 이 말을 실감나게 입증한 인물은 없다. 북한의 현대사가 김일성의 역사인 것과 마찬가지다.

한국 현대사의 일부는 이승만의 개인사였다. 한국 현대사의 흐름, 구조, 성격 등을 이승만 개인의 배경, 사상, 성품 등과 견주어 보면 유사한 대목이 의외로 많다. 이승만이 한국 현대사에서 퇴장한 1960년 이후의 역사마저 적지 않은 부분이 닮아 있다. 지금까지도 한국 사회 곳곳에는 이승만의 흔적이 짙게 배어 있다.

이승만만큼 미국과 깊은 애증 관계에 있었던 사람 또한 한국 현대사에서 찾기 힘들다. 미국과의 애정이 두터운 만큼 증오도 컸고, 믿음이 강했던 만큼 배신감도 컸다. 미국도 마찬가지다. 이승만을 신뢰하면 할수록 불신과 경계의 눈초리도 따라서 날카로워지곤 했다. 국무부와 의회 내에서 이승만을 지지하는 사람들이 늘수록 이승만을 배척하고 따돌리는 사람들도 많아졌다. 해방 전, 재미 한인 사회 내의 항일운동 그룹과 이승만의 관계도 마찬가지였다.

이승만은 한국 현대사의 일부를 쓴 사람이다. 그에게서 펜을 빼앗으려 했던 사람이나 세력은 모두 역사의 뒷전으로 밀려났다. 그는 미국이 집필하려던 한반도 역사도 자신의 손으로 직접 쓰려고 했다. 부분적으로 성공을 거두기도 했다. 그러나 한국에서는 이승만이 한때 주연이었을지 몰라도 미국의 한반도 역사에서는 끝내 조연이었을 뿐이다.

조봉암 사형 직후, 미 대사관 비망록

진보 정치인 조봉암이라는 이름 석 자가 한국 정계에서 사라진 것은 1959년 7월 31일이다. 이날 진보당 당수 죽산 조봉암의 사형이 집행되었다. 북한의 공작금을 받았다는 간첩죄였다. 그러나 조봉암 사후 그의 죽음은 '사법 살인(司法 殺人)', '법살(法殺)'로 불렸고, 2011년 대법원은 그에게 무죄 판결을 내렸다.

조봉암은 61세로 생을 마감할 때까지 평생을 정치인으로 산 사람이다. 대한민국 초대 농림부 장관이었고, 국회 부의장도 지냈다. 그러나 조봉암은 한국 정치사의 주류가 아니었다. 그의 성품이나 정치사상에는 한국 정치의 생존 조건인 보호색이 없었다. 자기 색깔만 가지고 있었다. 더구나 그는 진보 정치인이었다.

조봉암에 대해, 1950년대의 진보 세력에 대해 증언할 수 있는 사람들은 이미 고인이 되었거나 생존해 있다 해도 몇 되질 않는다. 원로 논객 남재희는 한 칼럼(〈"나는 룸펜대장인 셈, 共産黨員 태반이 共자도 몰랐다"〉,《프레시안》, 2009년 7월 30일)에 "진보당 사건의 피고인으로 법정에서의 사진이 신문에 났던 인사들 중 막내 격인 정태영 씨가 몇 달 전에 별세하여 이제 생존인물은 없다"고 썼다.

주한 미 대사관의 1950년대 문서더미 속에 '조봉암'이라는 이름은 자주 등장한다. 아래 소개하는 문서도 그 가운데 하나이며, 어쩌면 미 대사관에서 작성한 문서 중에서 조봉암을 거론한 마지막 문서일 수도 있다.

이 문서는 조봉암의 사형이 집행되고 2주가 채 지나지 않은 1959년 8월 11일에 작성되었다. 〈조봉암 사형 집행에 관한 진보당 간부와의 대화〉라는 제목이 붙어 있다. 진보당 간부라 함은 진보당 창립 때부터 교육부 간사를 맡았던 김병휘를 가리킨다. 주미 한국 대사관 2등 서기관이었던 하워드 B. 쉐퍼(Howard B. Shaffer)가 비망록 형태로 작성한 것이다.

한국의 주요 정객들을 만난 후 작성하는 대사관 요원들의 다른 비망록과 마찬가지로 이 문서도 먼저 비망록 작성의 배경을 간결하게 설명하고 있다.

지금은 없어진 진보당의 간부 김병휘 씨와 오늘 오후 본인의 집에서 점심을 같이했음. 김병휘 씨와는 지난 1년 동안 본인이 자주 접촉을 해 왔으며, 오늘 점심 식사 자리에는 우리 대사관 요원인 박범식 씨가 동석했음. 오늘 대화의 주제는 최근에 있었던 진보당 조봉암 당수에 대한 사형 집행과 그에 따른 정치적 파장에 대한 것일 수밖에 없었음.

조봉암 사형 집행

김병휘 씨에 따르면, 진보당 간부들은 조봉암의 사형이 집행된 후에야 그 사실을 알게 되었으며, 사형 집행장에는 입회인이 없었다고 함. 김 씨는 한국의 장례는 일반적으로 사흘장이라고 설명을 해 주면서, 조봉암의 사형이 집행된 이튿날 상가(조봉암의 집)에 찾아갔으며, 상가에 들어간 다음에는 경찰이 허락하지 않는 바람에 이튿날 자신의 집에 돌아가지 못했고 그 이튿날에는 장지에도 갈 수 없었다고 함.

조봉암의 사형이 집행되던 시간에 김 씨를 미행하고 감시하는 임무를 맡았었던 경찰관은 사형 집행 후 김 씨에게 말하기를 총 맞을 위험이 있으므로 상가에는 문상 가지 말 것을 조언했다 함. 경찰이 여러 겹으로 상가 주위를 에워싸고 상가에 들어가려는 사람들의 명단을 작성했기 때문에 조봉암의 절친한 친구와 측근 인사만이 위험을 무릅쓰고 상가를 찾았으며 고작 스무 명 남짓이었다는 것이 김 씨의 전언임.

조봉암은 단 한 번도 이승만 대통령에게 구명을 요청한 적이 없다고 함. 왜 그런 부탁을 하지 않았느냐고 묻자, 조봉암은 자신이 옳고 이승만이 그르다고 믿었기 때문에 그른 사람에게 시혜를 부탁하게 되면 자신이 그르고 이승만이 옳은 꼴이 되어 버린다는 것이 김 씨의 대답이었음.

조봉암은 1956년 진보당을 창당해 그해 대통령 선거에 진보당 대통령 후보로 나섰다. 상대는 이승만이었다. 조봉암은 이 선거에서 무려 216만 표를 얻었다. 이승만은 504만 표였다. 진보당 지지표가 전체 투표수의 23.9퍼센트에 달했다. 진보당과 조봉암에 대한 유권자의 지지세가 확인됐고, 이승만에게는 진보당과 조봉암이 위협적인 존재로 부각되었다.

선거가 끝나자마자 진보당 진영에서는 이승만 정권의 부정투표와 부정개표로 조봉암 지지표가 이승만에게 넘어갔다고 항의하고 나섰다. 남재희는 위의 칼럼에서 "주로 부정개표로 엄청나게 많은 표가 도둑 맞았다고 요즘까지도 주변에서 가끔 증언을 들을 수 있다"라고 쓰고 있다. 일부 학자들은 사실상 조봉암 지지표가 300만 표는 넘었을 것이라고 추산하기도 한다. 이 문서에서 김병휘는 조봉암 표가 450만이었다고 주장한다. 문서 내용을 그대로 인용한다.

유권자들의 진보당 지지

1956년 대통령 선거 당시 조봉암 후보를 지지했던 200만 명의 유권자들이 1960년에도 진보당을 지지할 것으로 보이느냐고 묻자, 그는 사실은 200만 명이 아니라 450만 명이 조봉암을 지지했다고 주장했음.

증거가 있느냐는 질문에, 과학적 증거는 없으나 선거를 지켜본 사람들의 보고를 근거로 진보당은 조봉암 표가 450만이라는 결론을 내렸다고 말했음. 그는 또 조봉암 지지표 65~70퍼센트가 민주당을 지지하게 될 것이라면서, 나머지 조봉암 지지표는 제3당 후보에게 가거나 기권할 것이며, 2~3퍼센트는 이승만한테 갈 것이라고 예상했음. 장면이나 조병옥이 출마를 하든 하지 않든 크게 달라질 일은 없을 것이며, 조병옥이 미 군정 경무부장을 하면서 가혹하게 굴어 평판이 좋지 않긴 하지만 억압적인 면에서는 이승만이 한술 더 뜨는 사람이며, 이승만은 조봉암의 죽음에 눈 하나 깜짝하지 않을 것이라고 했음.

김병휘 씨는 만약 조봉암이 사형당하지 않았더라면 1960년 선거에서는 이승만이 조봉암 지지표를 많이 가져갈 수 있을 것이라고 말했음. 그것이 사실이라면 왜 조봉암을 사형시켰겠느냐고 묻자, 이승만 정부는 1960년 선거에서도 대규모 부정선거를 할 것이기 때문에 투표에 대해서는 그리 걱정을 하지 않는다고 말했음.

그는 제3의 연합 신당을 결성하려는 활발한 움직임이 있다면서 전진한, 서상일, 진보당의 김달호(3대 국회의 유일한 진보당 의원) 등이 제3신당의 주도권을 쥐고 대통령에 출마하기 위해 힘을 쏟고 있다고 했음. 이들 중에 김달호는 다음 선거에서 꼭 이길 생각을 하는 것은 아니며, 나중 선거를 대비한 조직 구축 작업을 하는 중이라는 게 김 씨의 말이었음. 제3신당이 성공할 것 같은지 그리고 누가 지도자가 될 것인지에 대해서는 언급을 회피했음. 야당 표를 분산시키기 위해 이승만 정부가 제3의 후보가 나오도록 할 수도 있다고 보는 일부 관측통들도 있다고 하자,

김병휘 씨는 그렇게 생각하는 것이 논리적일 수도 있으나 이승만 정권이 그렇게 하지는 않을 것 같다고 했음.

김 씨는 일부 진보당원들이 민주당에 입당할 수도 있을 것으로 봤음. 예외적인 사례이긴 하지만 지방의 일부 진보당 간부들도 민주당에 입당하리라는 것임. 그러나 진보당의 핵심 간부들은 보수적인 민주당과는 이념이 맞지 않기 때문에 민주당으로 가지는 않으리라는 것이 그의 판단이었으며, 만약 민주당이 정권을 잡고 있었더라도 조봉암을 사형시켰을 것이라고 했음.

사형 집행의 이유

조봉암을 왜 사형시켰다고 보느냐는 물음에 김병휘 씨는, 이승만 정권이 힘을 과시하고 정권에 영향을 미치는 정적(政敵)을 허용하지 않으려 했기 때문이라고 대답했음. 다른 이론들이 있기도 한데 이에 대해서는 다음에 만날 때 얘기를 하겠다고 했음. 간단히 말해 줄 수 없느냐는 요청에, 김 씨는 정치적 도덕성(political morality)을 고려했기 때문이라면서, 이승만 정권의 정치적 도덕성은 1920년대와 1930년대의 소련과 다를 바 없다고 주장했음. 그는 대화 끄트머리에 김달호와 진보당 간부들이 서울에 온 레너드(Ranard)를 만날 수 있었으면 좋겠다면서, 지금은 김달호가 감시를 받고 있으므로 나중에 감시가 풀리게 되면 본인을 다시 접촉하겠다고 했음.

2등 서기관 하워드 B. 쉐퍼(Howard Shaffer)

• 문서 출처: 미 국무부 해외 공관 문서군(RG 84 Records of the Foreign Service Posts of the Department of State), Entry #UD2846, Box 7.

인민군 포로들의 '통조림 상표' 항의문

북한 인민군 포로 지휘부는 쇠붙이 무기만 가지고 있었던 게 아니다. 통지서, 건의서, 요청서, 항의문 등 문서도 작성했다. 수용소 책임자인 미군에게 보내는 것이었으므로 영문 번역도 했다. 변변한 필기도구가 있을 리 없었다. 필기구는 연필이 고작이었고, 종이는 미제 통조림 상표를 뜯어낸 것으로 대신했다. 접착제 흔적이 덕지덕지 얼룩져 있긴 했지만 문서 용지로 쓰기에는 통조림 상표 뒷면만 한 것도 없었다.

용초도 제18포로수용소 1대대의 대표 변영주가 수용소 사령관 앞으로 보낸 '건의서', 'B캄파운드 대원 일동'이 쓴 '요청서', D대대의 '통지서' 등이 통조림 상표 뒷면에 작성된 '포로의 문서'들이다.

18수용소 사령관 귀하

건의서

거제도에서 이동되어 온 후 우리들의 관리에 주야 분투 노력하시는 당신에게 무한한 감사를 드립니다. 돌아오는 8월 15일은 당신들이 일본 군국주의를 물리친 기념일일 뿐만 아니라 우리 조선 민족은 쏘련 군대의 결정적인 승리로 말미암아 일본 제국주의 쇠사슬에서 해방된 제7주년 기념일입니다. 그렇기 때문에 이날 8월 15일을 성과 있게 맞이하기 위하여 다음과 같은 물자를 요구합니다.

물감(赤靑黃) 각각 1파운드, 3파운드

백포(흰색 천) 40야드

필기 재료 일절(연필, 펜, 잉크, 붓, 종이)

오락 기구 일절(하모니카 5개, 대고 소고를 만들 우비 5장)

운동 기구

축구뿔(공) 4

배구뿔(공) 4

정구 기구 3조

탁구 기구 3조

펔싱 크로브(복싱 글러브) 4조

국기 계양대(게양대) 재료(10m짜리 4대)

8월 15일에 국기를 계양할 것을 허가할 것. 3일 합의문에 대한 확답을 줄 것.

이상은 6월 15일부 보트너 장군이 포로관리법과 수일 전에 발표한 당신들의 관리법에 기준한 요구이오니 10일 오후 4시까지 이에 대한 확답을 줄 것을 요구하면서, 끝으로 당신의 건강을 축복합니다.

1952년 8월 8일

18수용소 1대대 일동 대표 변영주

전쟁포로수용소는 미군이 관리했다. 경비 책임은 대부분 한국군이 맡았다. 번호를 붙인 수용소(Camp) 밑에 여러 개의 구역(Enclosure)을 두었고 그 밑에 수용동(Compound)을 둔 조직이었다. 포로들은 수용동을 '캄파운드' 또는 군 조직을 본떠 '대대'라 불렀으며, 각 대대마다 포로 대표자가 있었다.

통조림 상표는 행사 통지서로만 사용된 것이 아니다. 항의문도 통조림 상표 뒷면에 썼다. 정당한 포로 대우와 제네바협정 준수를 요구하는 내용이다. 이 한글 항의문은 영문으로도 번역되어 수용소 측에 전달되었는데, 영문 항의서 끝에는 번역을 한 포로 번역자의 이름도 써 놓았다. 아래는 포로들이 작성한 두 개의 문건이다. 거제도 포로수용소장 도드 장군 피납 사건으로 포로들의 분산 소개가 있었고, 일부 포로들은 이 문건에 '본도'라고 표현된 용초도 수용소로 이감되었다. 내용 중 일부 뜻을 이해하기 힘든 부분만 맞춤법을 바로잡거나 괄호 안에 뜻풀이를 했고 대부분은 원문 표기 그대로 두었다.

제18포로수용소 본도 사령관 귀하

여기에 있는 전체 포로 일동은 당신의 건강을 축복합니다.

거제도 603 A대대에 있을 때 비오는 날 천막 구멍이 뚫어져 비 새는 것을 막으려고 천막 위에 올라갔던 우리 동무 유형순은 보초병의 무조건 발사로 그 자리에 쓰러지고 말았다.

이로 인하여 아무 잘못 없이 중상 당한 동무를 거제도 병원에 남겨둔 채 당신들의 지시에 순종하여 우리들은 사고 없이 본도까지 이동하여 왔다.

이동 과정에서 이동 당일과 제3일째 되는 날(을 합해) 종합 4기의 식사를 우리들은 제공받지 못하였다. 당신들의 지시에 의한 이동에 있어서 이와 같은 인도에 벗어나는 대우에도 우리들은 오늘까지 당신들의 지시에 순종하여 왔든 것이다.

인민군 포로들이 건의서나 항의문을 쓸 때 사용했던 통조림 포장지의 앞면.

또 당신들이 우리에게 준 지시문 제8구문 '수용소장 감독' ㄷ의 (1)에 '수용소장은 그 수용소 포로 대표로 하여금 치솔 기타를 제공하여 준다'라(고 쓰여 있)는 지시문을 보았다. 그러나 우리들이 포로된 이래 오늘까지 치솔이라는 것은 배급받아 본 기억이 없다. 또 같은 조항 (2)에, '수용소장은 가능한 한 포로 매인당 매월 연필 한 자루, 용지 30매를 대표자를 통하여 배급함'이라는 지시문이 있다.

또 제네바협정을 잘 읽어 보았다. 그러나 협정 그대로, 지시 그대로 대우받아 본 기억이 없다. 당신들은 우리 취사장에 무우(大根) 갸베쯔(양배추인 캐비지)를 갖다 주면서 그것을 료리(料理)할 식도(食刀) 하나를 갔다(가져다) 주지 않기 때문에 우리들은 할 수 없이 간즈매 깡통으로 무우와 갸베쯔를 썰고 있다. 취사장과 편소(변소)에 집웅(지붕)이 없기 때문에 우리들은 비를 맞으면서 많은 사람들이 들여다보는 데서 동물과 같이 밥을 짓고 용변을 보고 있다. 우리들은 조선 인민으로서 일찍이 이와 같이 살아본 적이 없으며 이와 같은 환경에 처하여 본 적이 없다. 7월 27일부로 제18포로수용소 본부로부터의 지시에 의하면 '포로가 수용소 안에서 무기를 만들고 조직적인 도망을 기도하고 있다'는 것과, 또 '어리석은 사고를 또 다시 본도에 이어서(거제도에 이어 또) 계획하고 있다는 사실을 들었다'는 데 대하여 이는 전혀 무근거한(근거가 없는) 사실이며, 우리들은 무기를 만들 의도도 없

7. 이런 문서들 ③ - 문서가 남긴 이야기들

거니와 만들지도 않으며 도망을 기도하지도 않는다는 것을 명확히 강조하는 바이다. 다만 우리들이 시종일관하게 요구하는 것은 당신들이 제네바협정대로 포로를 취급하며 대우하여 달라는 것이다.

우리들의 생활은 당신들이 직접 파견한 본 대대 관리자를 통하여 물어도 잘 알 것이다. 만일 우리가 이와 같은 입장에 있음에도 불구하고 협박, 공갈, 위협을 가하여 온다면 우리들은 당신들의 요구에 순응하지 않을 것이라는 것을 당신에게 전달하는 바이다.

끝으로 우리들이 이와 같은 사실을 서면으로서 당신에게 전하게 되는 것을 극히 유감으로 생각하며 앞으로 반드시 평화가 올 것을 확신하고 있다. 그때 당신들도 안락한 가정으로 돌아갈 것이며 우리들도 평화스러운 공화국으로 돌아갈 것이다. 그때 우리들은 지난날의 포로 생활 과정에서의 협박, 공갈, 위협의 실마리를 자라나는 어린들에게 이야기하게 된다면 그 이상 더 큰 비극은 없을 것이다. 우리들은 앞으로 이와 같은 일이 다시는 없기를 강조하는 바이다.

7월 29일 B캄파운드 포로 일동

제18포로수용소 사령관 귀하

포로들의 생활상 안전과 제네바협정의 의거한 정당한 대우를 실시하기 위하여 노력하시는 당신에게 무한한 사의를 표하는 바이다. 거제도로부터 본 수용소에 이동된 후 사령관 당신과 당신의 관할하에 있는 포로들을 직접 관리하는 사병들이 (감시병) 국제 공약인 제네바협정을 위반하며 포로들의 안전을 보호치 않는 엄중한 사실에 대하여 다음과 같이 항의한다.

국제 공약인 제네바협정에는 포로들을 억류 국가의 군인과 동등하게 대우할 것이라는 조목이 똑똑히 밝혀 있다. 그러메도(그럼에도) 불구하고 당신들은 우리가 본 수용소에 이동하여 온 후 20일이 경과하는 동안 너무나 국제 공약인 제네바협정을 난폭하게 위반하였던 것이다. 그의 구체적 실례를 하나하나 들어서 사령관 당신에게 항의하려고 한다.

취사부 설비가 완비되어 있지 않다.

연료는 당신들이 의무적으로 보장하여 주게 되어 있음에도 불구하고 포로들을 동원시켜 자체로서 연료를 해결케 하고 있으며 포로를 노예와 같이 부리고 있다. 부식물 공급에서 포로들의 건강을 보장하기 위하여 1인 일당 2800칼로리 식사를 보장하여야 함에도 불구하고 극소량을 공급하고 있다. 또한 우리 조선 민족에게는 알맞은 부식물이 공급되지 못하고 있다.

1952년 7월 20일 용변 작업에 동원된 우리 전우인 한 사람을 당신 관할하에 있는 이남 국군 감시병이 무조건 구타하여 중상을 입힌 사실.

1952년 8월 2일 오후 제2수용소에서 작업에 동원된 우리 전우들을 무조건 라체로서(나체로) 처분함으로써 포로들의 인권을 보호하지 않았으며, 작업 중에 음료수를 요구하였으나 이를 해결하여 주지 않았다. 포로를 동물과 같이 취급하는 엄중한 사실.(동물도 여름철 더운 날에 물을 먹으려고 할 것이다.)

이상과 같이 포로들의 기본 인권을 무시하고 있다. 당신들이 말하는 세계 제1문명 국가라는 선전과는 판이하다. 포로된 우리들은 야만적이고 비인도적인 포로 관리 방법에 대하여 강경하게 항의하면서 다음과 같은 요구 조건을 몇 가지 제출한다.

제네바협정에 입각한 정당한 포로 대우를 할 것이며 건강을 보장할 것.

취사부 설비를 조속한 시일 내에 완비할 것. 즉 건물, 삽 4개, 식도 2개, 그 외 취사도구 화목(땔감 연료)을 정상적으로 보장할 것.(포로 자체로 화목을 해결케 함을 즉시 금지케 할 것.)

제네바협정에 입각한 규정량의 부식물을 보장할 것.

조선 민족에 알맞은 부식물, 된장, 간장, 고추가루, 기질에 알맞은 부식을 공급할 것.

포로들에게 야만적이며 비인도적인 구타와 라체(나체) 처분과 평화적 수용소 내 개별적 포로의 강제 납치 기도를 즉시 금지할 것.

국제연합 제18포로수용소
　　　　사령관　데로레스토

　　　요청서
당신이 1952년 7월27일부 보낸 문서를 받아보았
는데 그 마음에는 다음과같이 적히였다.
당신들은 어리석은 사고를 본도에있어서 계획을하
고있다는 사실을 들었다. 라고 지적하였는데 우리
들로 우리들다두 사실이 없으며 다만 식당에서 리
응하기 위한 칼을 만드러 식당에서 사용했을 뿐인데
아마 이칼을 무기로 알고 말하리 라고 생각한다
우리는 과거도 현재도 무기를 만들어 미군을 무력
으로 대항 할생각을 한적도 없으며 또 이것은 불가능
하다는것이다
다만 국제공약인 제네바 협정에 위한 포로판리를
준수할때까지 우리는 계속 요구할뿐이다
칼을 만든이유는 식당에서 사용할칼을 공급해줄
것을 본때때로 판리하는 사전 에게수차 요청했으
나 없다고 하며 해결해주지않은 까닭에 없으면
식사를 보강할수 없는 물건이기때문에 만들어 식당에
서 사용하여 왔다
지반 1952년 7월25일 당신의 회하(조선인)직완이
본때때 식당에서 불수하여간 칼을 본대대에 급속히
보내주든가 그렇치않으면 식당에서 사용가능한
칼을 보내 줄것을 요청한다
지제5와 같이 포로를 탄압 고문 협박 공갈 학살
하는 경우에는 필화적으로 시위하며 항일투쟁
을 할것이다

　　　　　　　1952년 7월27일

　　　　　　9대대 일동

뜯어낸 통조림 포장지의 뒷면에 쓴 요청서.

대통령의 욕조

28. July 52

VOUCHER #7

TO: Commanding Officer
Enclosure #18

Compound D
Enclosure #3

We all prisoners of Compound "D" recieved your notification of 26 July 52. We prisoners did not do ourselves such things mentioned in the notification, and We all now submit our opinion concerned the Convention as follows which you should perform.

(1)   We can not recognize the notification and find any evidence in which mentioned "We heard of you prisoners in this island going to scheme a foolish incident," that is, We made equipments and belongings such as knives for cooking food, and tools for amusement to line on as you did against the Geneva Convention and regulation of international law, not securing conditions of prisoners lines. It is neither to attack you nor to riot for making such knives and equipments, but only to do peaceful lines with amusement, education and phisical exercise. This is not recognized finally to do riot or another, but only for progress of education and phisical's.

(2)   Therefore We are so right that we are not responsible at all, however if you held continually paying the way you have maintained the notification would be no other than a letter of compulsion which means, you would do policy of slaughter that you did at Koje island in the past. When savage and uncivilized action taken by you like aforementioned to happen We do peaceful oppassision and demonstration.

인민군 포로들이 쓴 영문 항의서.

제네바협정에 명시되어 있는바, 작업 시 포로된 군관의 지도 밑에 작업케 할 것.

이상 몇 가지의 요구 조건에 대하여 8월 5일 오후 4시까지 확답하여 줄 것을 바란다. 만일 당신이 포로된 우리들의 국제 공약에 입각한 이 정당한 요구 조건들을 해결하여 주지 않고 계속 야만적이며 비인도적인 관리 방법을 되풀이한다면 우리는 우리들의 생명의 안전을 위하여 또한 정당한 대우와 기본적 권리를 찾기 위하여 싸울 것이다. 끝으로 포로들의 관리 사업을 위하여 노력하는 당신의 건강을 바라는 바이다.

1952년 8월 3일

제1대대 대표 변영주

18포로소용소 1구역 B수용동의 인민군 포로 대표 정창종 중좌(중령)가 수용소장 앞으로 보낸 영문 편지 속에는 물품 청구서가 들어 있다. 1952년 8월 2일 자로 되어 있다. "지난번 수용소장과의 회동 때 언급되었던 물품들을 청구하는 것"이라고 되어 있는데, 청구 물품은 서적, 신문, 잡지 등이다. 아래 목록은 청구서에 표기되어 있는 그대로 옮긴 것이다.

신문: 스타스 앤 스트라이프스, 민주신보(조선 신문), 국제신문(조선 신문), 대판(大阪) 조일(朝日) 신문(일본 신문), 독매(讀賣)신문(일본 신문)

잡지: 타임(뉴-스 잡지, 극동판), 뉴-스 위-크(주간 뉴-스 잡지), 리-다-스 다이제스트(일어 또는 영어판), 라이프(사진 잡지), 중앙공론(일본 잡지), 개조, 문예춘추

과학: 동물학개론(일어 또는 조선어판), 식물학개론(일어 또는 조선어판), 화학개론, 심리학개론, 기계공학, 택기공학(전기 기계, 전기발동기)

수학: 해석기하, 미적공학, 삼각법, 대수학

문학: 세계문학전집(개조사 판 총 38권), 문학서적(소설, 시 평론), 바람과 같이 가다(마-카렛트 밋쩰 작), 대지, 누구를 위하여 종은 울리나

역사: 세계문화사(일어 또는 조선어판), 동양사, 조선사, 미국사, 세계근대사, 세계지리풍속대계(총 20권 일본판)

경제 및 지리: 경제학 전집, 세계경제년감, 경제지리

의서: 해부학, 세균학, 생리학, 외과학, 내과학, 월간 의학잡지, 세계사상전집(일본 춘추사판), 자연과학대계(총 24권)

기타: 사옹(섹스피어)전집(일어판), 영어입문(문법, 작문), 사전(영화, 노화, 일불)

누군가에게 달랑 이 목록만 보여 준다면, 과연 이것이 한반도 남쪽 바다의 알려져 있지도 않은 작은 섬 용초도의 포로수용소 안에서 "밥과 용변을 같이 보고" 있는 인민군 포로들이 신청한 청구품 목록이라고 추측이나 할 수 있을까. 포로들은 《바람과 같이 가다》뿐만 아니라 미군 신문인 《성조지(Stars and Stripes)》까지 넣어 달라고 했다. 영문 청구서는 *News Week, Readers Digest, Life, Gone with the Wind, Good Earth, History of World Civilization, Modern World History* 등 신문이나 잡지의 이름은 물론 작품 제목과 서적명 등을 정확하게 표기하고 있다.

제네바협정을 염두에 둔 미군 포로수용소장이 이들에게 《식물학개론》과 20권짜리 《세계지리풍속대계》를 넣어 주었는지는 알 수가 없다. 미군이 《세계경제연감》 책을 실제로 넣어 주었다면 그 책으로 포로들이 뭘 했을지가 더 궁금하다.

이 청구서가 작성된 8월 2일은 거제도 수용소의 재편성 작업이 끝나고 거제도에 수용되어 있던 북송 희망 포로 일부가 용초도로 이송된 직후다. 미군은 1952년 4월 거제도 수용소 내에서 자주 발생하던 친공, 반공 포로 간의 격렬한 투쟁을 막고 대형 수용소의 관리 및 통제의 문제점을 개선하기 위한 목적으로 포로들을 정치 성향을 기준으로 분리

하는 한편 소규모로 분산하는 작업을 실시했다.

먼저 반공포로와 친공포로를 분리한 다음, 송환 거부 반공포로를 육지의 수용소와 제주도로 이송했다. 거제도에 수용되어 있던 포로 가운데 일부인 8000명의 포로들이 거제도 인근 용초도에 설치된 제18수용소로 이송되었는데, 미 헌병사령관실 문서군에 있는 이 자료들은 용초도로 옮겨 간 후의 것들이다. 용초도 이송 작업은 1952년 7월 17일에 완료되었다. 포로들이 작성한 문서에는 이들이 거제도에 수용되어 있다가 이송되어 왔다는 것만 밝혀져 있을 뿐 용초도라는 이름은 나와 있지 않다.

청구서를 작성한 정창종 중좌의 B 수용동은 당시 북한으로의 송환을 희망하던 북한군 포로들을 주로 수용했던 곳이다. 그가 쓴 아래 항의문 편지 내용을 볼 때 이들은 북송을 희망했던 것이 분명하게 드러난다. 용초도에는 북한 송환 거부 포로 일부도 함께 수용되어 있었다.

7월 26일과 27일 자로 보낸 규정 사본 3부를 받았다. 학습, 놀이, 체력 훈련, 집합 등을 금지하는 것 등이다. 무슨 의도인지는 이해하겠으나 귀측이 독단적이고 근거 없는 구실을 대는 것이라는 점을 말하지 않을 수 없다.

먼저 수 개월 전 거제도에서 벌어진 불미스러운 사건의 책임이 포로들에게 있다고 한 귀하의 주장이다. 귀하가 보낸 글에는 '지도자로 자칭하는 소수 공산주의자들의 선동' 또는 '투항한 포로들의 불법적 저항'이라고 한 표현이 있었다. 귀하가 우리가 저항을 한 이유에 대해 올바른 사고를 하지 않고 있다는 증거이다. 그런 독단적인 주장은 정전협정 같은 데서는 유효할지 모르나, 명확한 사실에 기초하고 있는 우리들에게는 통하지 않는다.

귀하는 귀측이 '불법 저항'이라고 한 그 저항의 이유와 과정에 대해서는 말하지 않았다. 우리는 그것들에 대해 설명할 필요가 있다고 본다. 우리의 입장과 저항의 이유가 있는 것이다.

우리는 포로가 된 후에 특별한 이유도 없이 고문을 당해야 했으며, 귀측의 군대와 귀측이 조직한 흉측한 집단에게 아무런 제지도 없이 다치거나 죽음을 당해야 했다.

우리가 저항의 이유를 발견하기까지는 그리 오랜 시간이 걸리지 않았다. 귀측은 국제법을 위반했고, '송환의 자유 선택'이라는 구실 아래 불법적으로 많은 포로들을 감금시키려는 모략을 꾸몄다. 그런 문제 때문에 우리는 세계 역사에서 유례를 찾아볼 수 없는 커다란 폭력 사태에 직면했고, 귀측의 모략에 굴복할 것이냐 아니면 우리 조국을 위해 싸울 것이냐의 선택을 앞에 놓고 반란을 일으켰던 것이다.

귀측은 다음과 같은 대량학살을 저질렀다. 첫 번째 학살은 1951년 6월 19일 제72수용소에서 일어났고, 62수용소, 85수용소, 92수용소, 95수용소 등에서도 학살이 자행되었다. 이 학살은 우리의 저항을 가져왔다.

포로들이 자국으로의 송환을 요구하는 것은 불법이며, 항복한 포로들은 중세 시대의 노예처럼 억류된 채 강제 수용당해야 한다고 결정한 법이나 규정이 있다는 것을 우리는 결코 알지 못한다. 물론 귀하도 그런 논리를 몰랐을 것이고, 본인이 보기에 그건 근거가 없는 논리이다. 또한 귀하는 자위를 위한 우리의 정당한 저항을 우리가 항복한 포로라는 이유를 들어 불법적인 것이라고 말했으나, 지난번 우리의 저항은 항복이라는 사실과는 그 어떤 관련도 없다는 것이 충분히 설명되었으리라고 본다.

우리는 죽음이나 억류냐의 양자 선택에 직면했을 때에는 목숨을 내놓고서라도 억류되지 않을 것임을 단호히 밝힌다. 우리에게 억류란 길고 긴 고통이며 결국엔 잔인한 죽음에 이른다는 것을 뜻하기 때문이다.

따라서 우리는 우리의 자위를 위해 귀하가 언급한 도구를 마련했으며, 그건 무기가 아닌 것이다. 우리가 만든 작은 칼은 귀측이 탱크와 화염방사기와 현대화된 무기를 사용할 때 그것에 맞서기 위한 것으로 우리가 가지고 있는 것의 전부이다.

만약 귀측이 포로들을 억류시키려 들 때는 우리는 귀측에 맞서 자랑스러운 군인으로서 용감하게 죽음의 길을 택할 것임을 분명히 밝힌다.

우리가 그런 원시적인 무기를 가지고 조직을 만들어 국제적인 저항과 반란을 꾀한다고 한다면, 그건 비행기와 해안경비대 및 기타 병력을 가지고 있는 귀측의 군사력을 계산해 보지도 않은 군사적 무지의 어리석은 행동일 것이다. 그런 어리석은 행동은 자멸의 길이기 때문이다.

우리는 귀측과 투쟁하기를 원치 않으나, 그러나 노예 같이 살면서 고통받다가 죽느니 군인의 자존심을 지키며 죽는 길을 택할 것임을 분명히 해둔다.

포로에 대한 귀측의 정책은 국제법을 위반한 것이며, '지렁이도 밟으면 꿈틀한다'는 조선의 오랜 속담처럼 포로들의 저항을 받게 될 것이다.

둘째, 우리가 저항을 했다는 사실을 부인하고 싶지는 않다. 그러나 귀측의 동의 하에 우리는 조국으로 돌아가게 될 것이므로 이 섬에서는 그런 저항을 하지 않을 것이다. 이 섬으로 온 이후 귀측의 평화스러운 행정 덕분에 우리는 편히 지내고 있으며, 귀측의 요구에 잘 협조하고 있고 한 번도 거역하지 않은 것이 사실이다. 본인이 대수롭지 않게 '우리는 조선 인민군의 장교들이다'라고 말했을 때, 2년간이나 조선전쟁에서 싸워본 귀하의 경험에 비추어볼 때 그 말이 무엇을 뜻하는 것인지 귀하는 잘 알고 있으리라고 본다. 우리의 군대는 그렇게 무식한 군대가 아닐 뿐만이 아니라 현재 세계의 어떤 군대와도 싸울 수 있는 충분한 능력과 지식과 전술을 가지고 있다는 말이다. 만약 우리가 지금 이 알려져 있지도 않은 조그만 섬에서 반란을 꾀한다면, 그건 거제도에서와는 달리 무지몽매한 군사적 무지가 될 것이다.

셋째, 귀하는 우리가 조직적으로 공산주의 학습과 군사 학습을 하고 있으며 그것은 불법적이고 반란을 의미한다고 말했다. 우리는 귀측이 말한 공산주의 학습을 하고 있는 것이 아니라, 우리 조국의 정책에 대해 학습하고 있는 것이며, 우리로 하여금 조국에 대해 반란을 꾀하도록 만드는 귀측의 모략에 직면해 포로 생활의 전 과정을 겪으면서 알게 된 경험을 바탕으로 올바른 의식을 갖기 위한 모든 과학에 대해 학습을 하고 있는 것이다. 특히 귀측이 말한 이른바 군사 학습은 낮 시간을 보내기 위한 한 방법으로 우리의 경험을 서로 얘기하는 것일 뿐이다.

Compound "B"
Encl #1

書籍, 新聞 雜誌 請求書

種目	書　名	備　考	種目	書　名	備　考
新聞	스타-스 앤드 스트라이프스		文藝	世界文藝全集	改造社版 約38卷
〃	民主新報	朝鮮新聞	〃	文藝書籍	小說, 詩, 隨筆
〃	水陸新聞	〃	〃	바람과 같이 가다 (風と共に去りぬ)	마-카렡트 밋첼 作
〃	大阪朝日新聞	日本新聞	〃	大地	
〃	讀賣新聞	〃	〃	誰の爲にぜ鐘は鳴る	
雜誌	타임 (뉴-스 雜誌)	極東版	歷史	世界文化史	日語또는英語版
〃	뉴-스 위-크	週間뉴-스 雜誌	〃	東洋史	〃
〃	리-다-스 다이제스트	日語또는英語版	〃	朝鮮史	〃
〃	라이프	寫眞雜誌	〃	米國史	〃
〃	中央公論	日本雜誌	〃	世界近代史	
〃	改造			世界地理風俗大系	第20卷 日本版
〃	文藝春秋		經濟	經濟學全集	
科學	動物學槪論	日語또는英語版	〃	世界經濟年鑑	
〃	植物學槪論	〃	〃	經濟地理	
〃	化學	〃	醫書	解剖學, 細菌學, 皮膚科學, 外科學	
〃	物理學	〃	〃	內科學, 月刊醫學雜誌	
〃	機械工學			世界思想全集	日本春秋社版
〃	電氣工學	電氣機械 電氣發動機		自然科學大系	約24卷
數學	解析幾何		其他	沙翁(셰스피어)全集	日語版
〃	微積分學		〃	英語入門 (文法, 作文)	
〃	三角法		〃	辭典 (英和, 鮮和, 日佛)	
〃	代數學				

B 수용동의 물품 청구서 목록.

본인은 우리에게 학습할 권리가 어떻게 주어져 있는지에 대해서는 귀측이 너무 잘 알고 있기 때문에 굳이 설명하지 않겠다. 만약 이런 학습도 할 수 없고 개인적인 경험을 서로 얘기할 수도 없다면, 우리는 예를 들어 책이나 악기, 운동 기구 같은 것도 하나 없이 그저 우두커니 앉아 하루 종일 눈물만 흘리고 있어야 된단 말인가.

(중략)

귀하가 보낸 규정에 다음과 같은 문구가 있었다는 것을 기억한다. '제네바협정을 엄격하게 적용할 것이며, 만약 폭동이 있을 시에는 즉시 보고될 것이고 포로들은 적십자사 국제위원회 대표들의 도움을 받을 수 있다.'

본인은 이 모든 문제점들이 귀하의 선의에 따라 분명하게 설명되기를 바라며, 또한 이 편지 사본이 적십자사 국제위원회 대표단에게 전달되기를 바란다.

귀하의 행복과 건강을 기원하며,

제18포로수용소 1구역 B수용동의 모든 장교 포로들을 대신하여,

정창종 중좌

• 문서 출처: 미 헌병감실 문서군(RG 389, Records of the Office of the Provost Marshal General), Entry #1004, Box 1

밴 플리트 '전쟁포로 해외 철수' 건의

한국전에 개입한 미국이 선택할 수 있는 전쟁 전략은 세 가지 가운데 하나였다. 전역(戰域)을 한반도 바깥으로까지 확산하는 확전, 남한 포기(부분 철수 혹은 전면 철수), 한반도 상황을 전쟁 전의 상태로 회복시키는 선에서 마무리 짓는 제한전.

개전 초부터 워싱턴은 저울질을 시작했다. 군부인 펜타곤 내에서도 의견이 엇갈렸다. 트루먼 대통령은 결국 제한전(limited war)을 택했고, 확전을 주장했던 맥아더는 해임되었다. 제한전이긴 했지만, 워싱턴은 남한에서의 철수를 늘 염두에 두고 있었다. 미군의 한반도 철수 시나리오는 워싱턴의 합동참모본부와 일본 도쿄의 유엔군 사령부 사이에 오간 비밀 전문 곳곳에 드러나 있다.

미군은 17만 명에 달하는 공산군 포로들을 남한 바깥으로 소개(疎開)해 해외 수용소에 수감하는 방안도 검토했다. 이는 미 극동군 사령부 문서군에 들어 있는 제2군수사령부(2nd Logistical Command)의 1952년 8월 지휘 보고서(Command Report)에 기록되어 있다. '포로수용소 재장악'이라는 항목은 이렇게 시작된다.

포로수용소 두 곳에서 소요 사태가 발생했을 때, 유엔군 사령관은 미8군 사령관에게 '8군 관할하에 있는 모든 공산군 포로들을 완벽하게 장악(control)할 수 있는' 계획을 수립하라는 지시를 내렸음.

유엔군 사령관의 지시란 1952년 5월 18일 자 유엔군 사령관 비망록(CINCUNC Memorandum)과 1952년 5월 11일 자 유엔군 사령관 메시지(CINCUNC Message) C68294를 말한다.

'포로수용소 두 곳'은 1캠프였던 거제도 포로수용소와 10캠프였던 부산 포로수용소를 가리킨다. 두 수용소에서 5월에 포로들의 소요 사태로 유혈극이 벌어졌다. 특히 거제도 포로수용소에서는 5월 7일 포로수용소장이었던 프랜시스 도드(Francis Dodd) 준장이 포로들에게 납치되는 사건까지 벌어졌다. 미군의 '별'이 자신의 지휘 통제하에 있는 수용소의 포로들에게 납치되었다가 굴욕적인 협상 끝에 풀려난 사건은 미군에게는 치욕적인 일이었다. 도드 장군의 피납 보고를 받은 극동군 사령부는 외부, 특히 언론에 사건이 알려지지 않도록 단속함은 물론 사태 수습 과정에서 군 내부의 사진 채록까지 금지시킬 정도였다.

도드 준장이 납치된 날은 리지웨이 극동군 및 유엔군 사령관 후임으로 마크 클라크 장군이 도쿄 사령부에 막 도착한 날이기도 했다. 아직 지휘 계통이 바뀌기 전이었으므로 도드 준장 석방을 위한 포로들과의 협상은 리지웨이 장군 주도하에 이루어졌다. 클라크 장군은 도쿄 도착 첫날부터, 사령관직을 인수받기 전부터 한국전의 포로 문제에 직면한 셈이었다.

클라크는 원칙주의자였다. 포로수용소장이, 그것도 장군이 포로들에게 납치된다는 것은 클라크에게는 있을 수 없는 일이었다. 그는 나중에 그의 자서전(From the Danube to the Yalu)에서 도드 준장의 피납 사건은 물론 포로수용소가 포로들의 손에 좌지우지되고 있는 것을 "있을 수 없는 일"이었다고 적고 있다. 그에 따르면 포로는 포로다워야했다. "포로가 전투원으로 행세하는 것"은 그로서는 "이해할 수 없는 일"이었을 뿐만 아니라 "용납될 수도 없는 일"이었다.

클라크는 밴 플리트 미 8군 사령관 및 포로수용소 업무를 담당하고 있던 소속 부대 지휘관들에게 포로 문제에 단호하게 대처할 것을 지시한다. "8군 관할하에 있는 모든 공산군 포로들을 완벽하게 장악할 수 있는" 계획을 수립하라는 지시였다. 2군수사는 8군 소속으로 후방 업무를 담당하고 있었다. 밴 플리트는 포로수용소 장악 방안을 클라크에게 보고한다. 2군수사의 지휘 보고서가 밴 플리트 구상을 기록해 놓았다.

8군 사령관은 이 지시에 대한 검토 결과를 1952년 5월 16일 유엔군 사령관 앞으로 제출했으며, 다음과 같은 세 가지 작전 계획(Plan)을 제언했음.

계획 1: 모든 공산군 포로들을 한국 영토 밖으로 철수(removal)시킴
계획 2: 계획 1과 계획 3의 연합
계획 3: 모든 공산군 포로들을 한국 영토 안에서 분산 소개(dispersal)함

8군에서 작성된 검토서는 계획 1과 관련, 모든 공산군 포로들을 한국 영토 밖으로 철수시킬 경우 8군 사령관의 포로에 대한 관할 책임을 덜어 주게 되고 그렇게 함으로써 모든 역량을 8군의 고유 임무를 수행하는 데 집중할 수 있을 것이라고 명시했음. 이 검토 보고서에 따르면 1952년 5월 10일 현재 각 분야에서 동원된 유엔군 병력 1만 8431명이 전쟁포로 관할 업무에 투입되어 있음. 유엔군 시설에 수감되어 있는 전쟁포로 및 민간인 재소자 수는 5월 10일 현재 17만 6명임.
이 검토 보고서는 극동군 사령관의 계획 1-52(CINCFE Plan No. 1-52)에 대해 언급하고 있는데, 이 계획은 (유엔군이) 한국에서 철수(전면 철수 - 필자 주)하거나 또는 한반도의 서남쪽 일부만 차지하는 계획을 말하는 것임. 1-52 계획 실행 지시가

있을 경우, 전쟁포로들은 (일부 명목상의 인질 포로들만 제외하고) 모두 방면하게 되며, 따라서 이 포로들이 다시 전투에 배치될 때에는 (적군이-필자 주) 전투력을 갖춘 새로운 병력을 획득하게 되는 것이나 마찬가지임. 그러나 검토 보고서가 제안한 계획 1이 채택될 경우, 전쟁포로들은 한국 영토 내에는 존재하지 않으므로 위와 같은 일은 발생할 수 없음.

검토 보고서에 따르면 계획 1의 가장 큰 장점은 모든 공산군 포로들을 한국에서 철수시킴으로써 후방 지역의 보안 문제점을 제거할 수 있다는 것임. 즉, 공산군 포로들이 공산군 진영으로부터 전달되는 연락이나 정보에 접근하기가 극히 어려워지기 때문임.

미8군 사령관은 3개 계획 가운데 계획 1을 우선적으로 채택할 것을 권했음.

밴 플리트는 포로들을 한국 영토 밖으로 완전히 철수시키는 안을 가장 선호했다. "8군 사령관의 포로에 대한 관할 책임을 덜어 주게 되고, 그렇게 함으로써 모든 역량을 8군의 고유 임무를 수행하는 데 집중할 수" 있기 때문이었다. '8군의 고유 임무'란 지상군 전투 부대로서 전투만 수행하는 것을 말한다. 포로 관리 같은 후방 임무에 전력을 소모하게 되는 것이 밴 플리트의 고민이었다.

이 보고서가 작성되고 한 달 정도 지난 1952년 7월 10일, '한국후방관구사령부(KComZ, Korean Communications Zone)'라는 이름의 새로운 지휘 체계가 탄생한 것은 바로 이런 배경 때문이었다. 8군으로 하여금 후방 임무에서 손을 떼고 전투 수행 임무에만 전념하도록 하기 위해 클라크 사령관이 후방 임무 전담 사령부을 새로 만든 것이다.

KComZ는 미 8군이 아닌 미 극동군의 지휘를 받도록 했으며, 미 8군이 수행했던 후방 업무는 모두 KComZ로 넘어갔다. KComZ는 다시 한 달 정도 지난 1952년 8월 21일 자로 2군수사령부 및 2군수사에 소속 또는 배속되어 있는 모든 부대에 대해 지휘권을 행사하기 시작했다.

위 지휘 보고서는 유엔군이 한국에서 전면 철수하는 시나리오가 담긴 '극동군 사령관 계획 1-52(CINCFE Plan No. 1-52)'에 대해서도 이야기한다. 극동군 사령부는 1951년 1월 이미 한반도에서의 전면 철수에 대비해 한국 정부의 피난 계획을 수립해 놓고 있었다. 1월 9일 자로 작성된 미 극동군 사령부의 1급 비밀 보고서는 한반도 철수 및 한국 고위 인사를 포함한 주요 요인들의 소개 계획을 인원 수까지 구체적으로 밝혀 놓고 있다. 이 소개 계획에 따르면 극동군 사령부는 한국 정부 관료 및 주요 인사 100만 명을 제주도로 소개하는 '대규모 소개'와, 주요 인사 2만 명만 선정해 제주도가 아닌 해외 지역으로 소개하는 '제한 소개'의 두 가지 방안을 검토했다(이에 대한 자세한 내용은 이흥환, 《미국 비밀 문서로 본 한국 현대사 35장면》, 도서출판 삼인, 2002, 207~208쪽 참고).

미 8군 입장에서는 '계획 1'안을 선호할 수밖에 없는 상황이었다. 극동군 사령부가 이미 남한에서의 전면 철수 시나리오를 가지고 있었을 뿐만 아니라, 전투 임무에 전념하기 위해서라도 포로들을 한국 영토 바깥으로 이동시켜 수용하는 방안을 최선책이라 여겼다. 그러나 한국 전면 철수 시나리오가 실현되지 않은 것처럼 포로들의 '한국 영토 밖 철수'안도 결국은 실현되지 못했다.

미 8군이 차선책으로 검토한 것은 포로 일부를 국외에 수용함과 동시에, 나머지 포로들은 국내 여러 곳으로 분산시키는, 일종의 혼합안이었다. 지휘 보고서는 차선책인 계획 2 혼합안의 장단점을 이렇게 분석하고 있다.

계획 2는 (1)거제도 (2)제주도 및 (3)남한 영토에 있는 전쟁포로들을 분산 소개하면서, 동시에 일부 재소자들은 한국 영토 바깥의 일정 지점에 별도 수감시키는 것을 말함. 미8군 사령관은 3개 제안 계획 가운데 계획 2를 차선책으로 권했음.

계획 2의 장점은 다음과 같음:

○ 수용소 내에 소규모 그룹으로 포로들을 분산시킴

○ 기존의 수용소 운영 역량과 조직을 최대한 활용함

○ 공산 진영의 포로들에 대한 지시 전달 활동을 차단함

○ 한국군을 최대한 활용함

○ 포로 심사와 정보 획득 활동을 가능케 함

계획 2의 단점은 다음과 같음:

○ 포로들을 일반 민간인들로부터 격리하기가 어려움

○ 일반 민간인들의 경작지를 사용해야 함

○ 포로들이 공산 진영의 영향권 안에 남아 있게 됨

○ 계획 1-52 실행 시 포로들이 적군의 손에 넘어갈 가능성이 있음

○ 후방 보안 취약

'계획 2' 역시 포로수용소를 완벽하게 통제하기에는 결정적인 단점을 가지고 있었다. 무엇보다도 공산군 지휘부와 포로들 사이의 연락망을 완전히 끊어 버리는 것이 불가능했다. 아무리 포로들을 소규모 그룹으로 분산 소개한다 해도 남한 내에 수용하는 한 공산군 지휘부와 어떤 방식으로든 연락이 가능할 것이었다.

남한 본토에 포로들을 분산 소개시키는 계획 3이 8군사령관의 마지막 제안이며, 이 계획에 따른 장점을 다음과 같이 열거했음:

○ 분산 소개에 따른 통제가 훨씬 용이함

○ 포로들에 대한 공산 진영의 지시 사항 전달을 방해하고 제약할 수 있음

계획 3의 단점은 다음과 같음:

○ 군수, 행정, 보안 및 인적 지원의 증대

○ 후방 지역의 보안상 취약점 상존

○ 게릴라 침투 활동 가능성

○ 계획 1-52 실행 시 포로들이 적군의 손에 넘어갈 수 있음

○ 포로 심사 및 정보 획득 활동에 방해를 받을 수 있음

○ 포로 분산 이동 과정에서 격렬한 집단행동의 가능성 있음. 유엔군 병력 수가 얼마가 되었든 유혈 사태가 벌어질 수 있음.

8군 사령관은 계획 3을 위와 같이 요약하면서 아래 사항을 덧붙이고 있음.

계획 3은 계획 2에 비해 근본적으로 훨씬 더 많은 8군의 행정력과 군수 지원 및 안보 유지 노력이 필요하나, 넓은 지역에 분산 소개함으로써 원활한 통제가 가능함. 계획 3 실시를 위해서는 8군이 과도한 지원을 하지 않을 수 없음.

8군 사령관은 이 검토 보고서를 극동군 사령부에 제출하면서 몇 가지 권고 사항을 명시했는데, 권고 사항은 다음과 같음:

1. 선호하는 계획 순서대로 승인이 이루어지길 바람 (예: 계획 1 우선)

2. 현재 유엔군 관할하에 구금되어 있는 민간인 재소자는 지체 없이 한국 정부에 인계되기를 바람

3. 현재 남한 본토 수용소에 구금되어 있는, 송환되지 않을 포로들은 미군 관할하에 두되 한국군이 경비를 담당하기를 바람

4. 현재 제주도에 구금되어 있는, 송환되지 않을 중국인민지원군 포로들은 미군 관할하에 두기를 바람

5. 거제도 수용소의 안전 조치를 위해 약 1개월간 임시로 일본에 있는 1개 보병 연대와 1개 탱크 대대를 8군에 배치해 주기를 바람

세 번째 계획, 즉 모든 포로들을 남한 영토 내에 분산 소개하는 방안은 8군으로서는 최악의 시나리오였다. 포로들을 분산시킴으로써 통제가 쉬워지긴 하겠지만, 8군의 전력도 분산되어 후방 지역의 보안 취약 등 기존의 문제점을 그대로 안고 갈 수밖에는 없는 방안이었다. 8군으로서는 가장 피하고 싶은 선택지였다. 더구나 여러 지역으로 포로를 분산시키는 작전의 부담감도 만만치 않았다. 그러려면 어차피 또 한 번 피를 흘릴 수밖에 없었다. "포로 분산 이동 과정에서 격렬한 집단행동"의 가능성이 있었고, "유엔군 병력 수가 얼마가 되었든 유혈 사태가 벌어질 수 있음"이라는 단서는 괜히 붙여놓은 것이 아니었다.

그러나 클라크는 밴 플리트와 생각이 달랐다. 클라크의 입장에서 보자면 '계획 1'은 포로 통제의 방법이 아니라 8군이 포로 문제에서 벗어나는 방안이었다. 8군을 포로 문제의 부담감에서 벗어나게 해 주는 것이 클라크가 할 일 가운데 하나이긴 했지만 어디까지나 부차적인 것이었고 클라크의 최우선 목표는 무엇보다도 포로들을 완벽하게 장악하고 통제해 미군 장성 납치 사건이나 소요 사태 같은 "있을 수 없는 일"이 재발하지 못하도록 하는 것이었다.

결국 클라크는 "유엔군 병력 수가 얼마가 되었든 유혈 사태가 벌어질 수" 있다는 8군의 권고안 대신 '피를 얼마나 흘리게 되든 포로들을 완벽하게 장악'하는 방안을 택한다.

1952년 5월 20일, 유엔군 사령부는 8군 사령관에게 아래 내용의 전문(CITE: C 68728)을 타전했으며, 8군 사령부는 이 전문을 제2군수사령부에도 발송했음;

귀 사령부가 유엔군 사령부 앞으로 발송한 1952년 5월 16일 자 '8군 구금하에 있는 포로 통제 계획' 제목의 편지와 관련, 본 통신문은 아래와 같은 구두 지시 사항을 통보함과 동시에 세부 사항을 전달함.

계획 3을 승인함. 모든 가능한 수단을 동원해 포로 이송 등 계획 3 실시에 따른 전권을 부여함. 포로 이송에 관한 기타 세부 권한은 조만간 시달할 것임.

클라크는 '모든 가능한 수단을 동원'해서라도 포로들을 분산 소개하라고 명령했다. 클라크의 위 전문이 밴 플리트에게 타전되기 이틀 전인 5월 18일, 밴 플리트는 2군수사령관 욘트(Yount) 중장 앞으로 거제도 '청소(cleaning out)'를 위한 예비 조치를 취하라는 지시를 이미 하달해 놓은 상태였다. 그리고 일주일 후인 5월 25일, 전투 병과 출신으로 클라크의 신임을 받고 있었던 신임 수용소장 보트너(Boatner) 준장은 욘트 중장 앞으로 포로 소개 작전의 첫 보고서를 발송한다.

포로 6000명, 분산 작전 완료.

거제도 '청소' 작전이 시작되었음을 알리는 첫 번째 보고서였다. 이 보고서에는 이런 문구도 담겨 있다.

포로수용소에 안에 게양되었던 인공기가 사라졌음. 본인의 지시에 의한 것은 아님.

- 문서 출처: 미 극동군 사령부 문서군(RG 554 Records of General Headquarters, Far East Command, Supreme Commander Allied Powers, and United Nations Command, 1945–1957), Entry #1310, Box 20.

7. 이런 문서들 ③ – 문서가 남긴 이야기들

중공군 반공포로 석방
∟ 이승만의 산술과 미국의 계산

이승만이 중공군 반공포로마저 일방적으로 석방해 버릴 경우 북한군 반공포로 석
방보다 정전회담에 훨씬 더 큰 영향을 미치게 될 것이다.

주한 미 대사관과 도쿄의 극동군 사령부, 워싱턴 사이에 오간 비밀
전문들 가운데 한 문서에 적힌 기록이다. 미국은 이런 사태의 발생 가
능성을 일찌감치 염두에 두고 있었다. 그리고 어떻게 하든 이승만이 또
한 번 일방적으로 포로들을 탈출시켜 버리는 사태만큼은 막아야 했다.
포로 석방은 군사 문제일 뿐만 아니라 극도로 민감한 정치 사안이었고,
미국의 대중국 문제가 걸려 있는 외교 현안이기도 했다.

이승만의 결정에 의한 것이든 미국의 예방책이 주효한 것이든 결과
적으로 중국 공산군 반공포로들의 '대탈출'은 이루어지지 않았다. 서울
과 워싱턴, 도쿄 사이에 오간 비밀 전문들은 당시의 숨 막히는 순간들
을 기록해 놓았고, 제주도 포로수용소에 수감되어 있던 중공군 포로에
대한 일차적인 경비 책임 문제를 놓고 국무부와 클라크가 날카로운 신
경전을 펼쳤음을 보여 준다.

1953년 7월 8일 엘리스 브리그스(Ellis O. Briggs) 주한 미 대사는 도쿄의 주일 미 대사관에 한 통의 전문을 보낸다. 머피(Murphy) 주일 미 대사와 클라크 유엔군 사령관이 수신인으로 되어 있고, 워싱턴의 국무장관과 주한 미 대사관의 부산 사무실에도 참고용으로 타전했다.

　　이 전문은 '이승만 대통령의 중국군 반공포로 석방 가능성에 대한 미 대사관 부산 사무실의 보고 내용'을 담고 있었다.

　　다음은 이승만 대통령의 중공군 반공포로 석방 가능성에 대한 부산 사무실의 보고 내용임.

　　정전회담이 진행 중인 현재 상황에 비추어 볼 때 우리는 이승만 대통령이 중공군 포로들을 실제로 석방시킬 가능성이 많다고 보고 있지는 않지만, 오늘 판문점의 공산군 측 대표들이 보여 준 태도를 감안할 때 이 보고서는 일독해 볼 필요가 있음. 주한 대만 대사가 최근 2주 동안 서울에 머물면서 이승만 대통령과 여러 차례 면담을 가졌다는 사실을 우리는 알고 있음.

　　한국 정부가 일방적인 중공군 포로 석방을 고려할 수도 있다는 점을 우리는 염려하고 있음. 이 대통령이 현재 한미 간에 진행 중인 회담에서 얻어 낼 수 있는 미국 측의 양보를 포기할 경우 그런 행동을 취할 수도 있음. 지금까지는 중공군 포로의 일방적인 석방과 관련, 확정된 사항이 아무것도 없긴 하나 그런 일이 발생할 경우 유엔군의 정전회담 전략에 큰 손상을 가져온다는 점에서 포로 석방의 조그마한 가능성이라도 우리로서는 무시할 수 없을 것임.

　　포로수용소장(중공군 반공포로들이 수용되어 있는 제주도 포로수용소 - 필자 주)의 언급에 따르면 최근 미 경비 병력이 추가로 제주도에 파견되긴 했지만 포로 경비의 일차적인 책임은 여전히 한국군 경비 병력에게 맡겨져 있기 때문에 유엔사로서는 이들의 충성심에 의존하고 있는 형편임. 포로수용소장은 만약 한국군 경비병들이 (이승만 대통령으로부터 - 필자 주) 중공군 포로 석방 지시를 받을 경우 포로수용소장은 포로 석방을 막을 방법이 거의 없다는 점을 인정했음.

그러나 포로수용소장은 섬 주변에 대한 순시 활동이 포로 탈출을 막는 데 확실한 방법은 아니지만 포로들을 풀어 주더라도 섬을 떠나기는 어려울 것이라고 말했음. 그는 또 풀려난 포로들이 산으로 도주할 경우 유엔사로서는 그들을 추적하기가 어려우리라는 점을 인정했으며, 제주도 훈련소에 주둔하고 있는 대규모의 한국군 병력이 포로 석방을 막으려는 현지 미군 병력의 움직임을 충분히 막아 낼 수 있으리라는 점도 지적했음.

이승만 대통령이 정전회담을 방해할 목적으로 포로를 석방할 가능성을 배제할 수는 없다 하더라도, 중공군 포로를 석방할 계획이 있다면 우선 대만 정부의 협조가 있어야 할 것임.

이 전문의 1차 자료를 제공한 사람은 미 대사관 부산 사무실의 나일스 본드(Niles Bond)였다. 본드는 나중에 주한 미 대사관의 두 번째 서열인 공관 부책임자(Deputy Chief of Mission)가 된 사람이다. 그는 위 전문이 타전되기 하루 전인 7월 7일 제주도 포로수용소장 맥가(McGarr) 준장을 비공식 면담한 후 현지 상황 보고서 초안을 작성해 외교 행낭 편으로 서울 미 대사관에 발송했고, 서울의 대사관이 이 초안 보고서를 바탕으로 7월 30일 정식 보고서를 작성한 것이다.

이 전문을 타전한 것은 두 가지 우려 때문이다. 하나는 만에 하나 있을지도 모를 이승만의 중공군 반공포로 석방 가능성이고, 또 하나는 제주도 현지의 절박한 상황이다. 제주도 포로수용소는 미군 관할하에 있긴 하지만, 실제 포로 경비는 한국군이 맡고 있기 때문에 이승만이 한국군 경비대에게 포로 석방을 지시할 경우 미군으로서는 막을 방법이 없다는 것이다. 탈출 포로들의 도주 경로 등 포로 석방 이후 전개될 수 있는 상황을 예상해 본 것도 이 때문이다.

《미 합동참모본부사(The History of Joint Chiefs of Staff)》에 따르면 북한 인민군 포로 83723명 가운데 북한으로 돌아가지 않겠다는 의사를 밝힌 이른바 송환 거부 포로는 전체의 9.4퍼센트에 불과한 7900명이었던데 반해, 중공군 포로 2만 1374명 가운데 출신국인 중국으로 돌아가지 않겠다는 의사를 밝힌 이른바 반공포로의 수는 전체 포로의 69퍼센트인 1만 4704명이나 되었다. 자유 진영에 남기를 원하는 중공군 포로가 북한 인민군 포로에 비해 거의 일곱 배나 높았다.

위 전문이 타전되기 8일 전인 1953년 6월 29일, 주한 미 대사관이 작성한 송환 거부 중공군 포로 현황 보고서에는 중공군 포로의 평균 나이가 26세라고 기록하고 있다. 아래는 이 포로 현황 보고서 가운데 주요 부분만 발췌한 것이다.

> 송환을 거부한 중공군 포로는 1만 4000여 명임(정확하게 1만 4704명 - 필자 주). 포로들의 평균 나이는 26세이며, 건강 상태는 대부분 양호함(fair and good). 그러나 포로로 잡히기 전에 폐결핵에 감염된 환자가 많음. 최근 들어 포로들의 심리 상태가 많이 악화되어 있음. 포로 지도자들은 일반 포로들에게 조기에 석방되어 대만으로 갈 수 있다고 끊임없이 엉터리 약속을 해 왔음.
> 일반 포로들 대부분은 무지하고(ignorant), 기회주의적으로 행동하며(opportun-istic), 사기가 떨어져 있고, 수용소 생활에 염증을 느끼는 정도가 점점 더 심해지고 있음.
> 더구나 6월 18일 남한의 반공포로 석방이 있은 후 중공군 포로들은 자신들도 똑같은 대우를 받아야 하며, 즉각 대만으로 석방해 줄 것을 요구하면서 일상 업무 수행조차 거부하고 있음. 일부 포로들이 소요를 일으켰으나 가스 살포 등으로 즉각 진압했음.
> 최근 며칠 사이 포로 200명이 탈출을 시도했으나 다시 잡혀 왔음. 여전히 50명의 포로들이 한국 경찰에 구금되어 있는 상황임.

또 다른 미 대사관 문서는 중공군 송환 거부 포로에 대한 좀 더 자세한 내용을 담고 있다.

> 송환을 반대하는 중공군 포로들은 북한군 반공포로 석방 소식을 듣고, 자신들이
> 중립국감독위원회 하의 인도군에게 인도되는 것에 대해 강력 저항했음. 자신들
> 도 북한군 반공포로처럼 석방해 즉각 대만으로 송환해 달라고 요구하는 시위를
> 벌였음.
> 6월 21일에는 제주도 수용소에서 작업 거부를 하다가 1만 4000명의 포로 중 3분
> 의 1이 경비병들의 가스 공격을 받은 바 있음. 제주와 부산 수용소에서 소규모의
> 중공군 포로들이 탈출했었으나 탈출 포로 대부분이 한국 경찰에 의해 다시 잡혀
> 왔음.

수용소의 포로들은 송환을 반대하며 시위를 벌이고 있고, 이승만은
언제 또 다시 정치적인 모험을 감행할지 모르는 상황이었다. 위의 7월
8일 자 미 대사관 전문은 이런 긴박한 상황 아래 작성된 것이었다. 7월
8일 자 전문에는 또 "대만 대사가 최근 2주 동안 서울에 머물면서 이승
만 대통령과 여러 차례 면담을 가졌다는 사실"을 알리고 있다. 제주도
뿐만 아니라 서울도 일촉즉발의 상황이었다.

7월 9일, 서울의 브리그스 대사는 머피 주일 미 대사와 클라크 사령
관에게 또 하나의 2급 비밀 전문을 타전한다.

> 왕(Wang) 주한 대만 대사가 최근 이 대통령 면담 시 나누었던 이야기를 전해 주
> 었음. 왕 대사는 이 대통령에게 미국의 제안을 수용할 것을 강력히 권했다고
> (urged) 함. "그렇게 하지 않으면 공산주의자들에게 승리를 안겨 줄 뿐이고 한국
> 은 스스로 파멸하게 될 것이기 때문"이라고 말했다 함. 그러나 본인(브리그스 대
> 사-필자 주)이 파악하기로는 이 대통령은 왕 대사에게 어떠한 확답도 주지 않음.
> 대만은 중국 송환 거부 포로들을 받아들이겠다는 의사를 진작 밝혀

둔 상태였다. 그러나 일방적 포로 석방이라는 이승만식 해법에는 동의하지 않았다. 동의하지 않았을 뿐만 아니라, 미국과 같은 입장에서 이승만의 독단적인 행동 가능성을 막으려 했다. 전문은 이렇게 이어진다.

> 제주도에 수용되어 있는 중공군 포로와 관련, 본인은 왕 대사에게 지난달에 있었던 이 대통령의 일방적인 반공포로 석방이 미국뿐만 아니라 다른 나라들에게도 아주 좋지 않은 인상을 심어 주었음을 강조했음. 왕 대사도 자신이 이 대통령에게 중공군 반공포로들은 적절한 절차를 밟아(in due course) 대만에 보내져야 하며, 대만 정부는 그들을 수용할 준비가 되어 있다고 말했음을 알아 달라고 했음. 왕 대사는 제주도에 수용되어 있는 중공군 포로들을 석방하려는 프로젝트와 관련해서는 구체적인 정보를 가지고 있는 것 같지 않아 보였음.

미국과 대만은 서로 입을 맞추고 있지만, 이승만의 의중은 오리무중이다. 미국을 상대로 협상을 벌이고 있는 자신의 정치적 입지가 약화되는 것을 감수하고서라도 북한군 반공포로 석방에 이어 또 한 번 중공군 반공포로들을 미국과 사전 상의 없이 일방적으로 석방시킬 것인가? 그럴 경우 이승만이 얻을 수 있는 것은 무엇이고 잃게 되는 것은 또 무엇인가? 이승만의 계산법은 늘 그랬듯이 단순하지 않았다.

중공군 포로를 석방시킬 의도가 있었다면, 소리 소문 없이 전격적으로 해치우는 것이 제대로 된 이승만의 방식이다. 6월 18일의 북한군 반공포로 석방이 그러했듯이. 그러나 이승만은 중공군 포로의 석방 가능성을 흘리기만 했을 뿐 정작 행동에 옮기지는 않았다. 미국더러 보란 듯이 대만 대사와 무릎을 맞대 가며 시간을 끌었고, 자신의 움직임을 노출했다. 미국도 이런 이승만의 일거수일투족을 읽고 있었고, 모든 가능성을 염두에 두고 이승만의 산술을 들여다보려고 애썼다. 이승만을 겪을 만큼 겪어 본 미 대사관의 산술은 이랬다.

대만 정부는 한국 정부와 이 문제를 상의하고 있다는 사실을 공개적으로는 밝히지 않겠지만, 이 대통령은 중국 송환을 반대하는 중공군 포로의 석방을 거론함으로써 미국과 유엔사의 입장을 난처하게 하려고 할 것임. 즉, 제주도 훈련소에 주둔하고 있는 10만 명의 한국군 경비병들이 중공군 반공포로를 석방시키고 이들이 대만으로 갈 수 있도록 미국 측에 지원을 요청할 수도 있다는 것임. 만약 우리가 이 대통령의 제안을 거부할 경우, 우리는 중공군 반공포로들을 그들과 '혈맹' 관계인 한국군의 손에서 빼내 수용소에 재수감시켜야만 하며 그러려면 병력을 최대한 동원해야 하는 곤혹스러운 상황에 처하게 됨.

미국의 분석대로라면 중공군 포로 석방 가능성이 거론되고 있다는 사실 자체만으로도 이승만으로서는 이미 얻을 것을 얻은 셈이다. 포로 석방의 가능성을 열어 두고 있는 한 이승만의 대미 협상력은 시간이 지나면 지날수록 힘을 얻는다. 그렇다고 해서 미국이 이승만에게 중공군 반공포로를 석방할 계획이 있느냐고 공개적으로 물어볼 수도 없고, 그러지 말라고 요청할 수도 없는 노릇이다. 미 대사관이 작성한 문서 곳곳에 미국의 이런 곤혹스러운 입장이 잘 드러나 있다.

더구나 미국은 중공군 포로 경비 문제에서마저 손이 묶여 있었다. 포로 관리의 책임을 지고 있는 미군 입장에서는 그대로 지켜보자니 좌불안석이었으나 달리 손쓸 방법이 있는 것도 아니었다. 이러지도 저러지도 못하는 상황에서 미 대사관 본드의 7월 8일 자 제주도 수용소 현지 보고서가 클라크 사령관 책상 앞에 놓이게 된 것이다.

"포로수용소장은 포로 석방을 막을 방법이 거의 없다는 점을 인정"했다는 것이 본드의 보고서였다. 민간인인 국무부의 외교 관리가 미군의 무능을 대놓고 거론한 셈이다. 이 보고서를 읽은 클라크는 심기가 편할 리 없었으리라. 자신의 휘하에 있는 포로수용소장이, 그것도 별 하나를 달고 있는 미군 장성이 '포로 석방을 막을 방법이 없다'고 국무부 외교 관리한테 토로하고 있지 않은가. 워싱턴에서도 이 보고서를 물론 읽었다.

클라크는 우선 워싱턴의 육군부로 해명성 전문을 타전한다. 사흘 후인 7월 11일이다.

(전략)

2. 중국군 포로 석방이나 대규모 탈출의 가능성은 본 사령부에서도 항시 염두에 두고 있음.

3. 위 보고서를 검토한 직후 본인은 로턴(Lawton, 한국후방관구사령부(KComZ) 사령관인 로턴 소장을 말함 - 필자주)에게 위 사안을 즉시 조사해서 보고하라는 지시를 내렸고, 로턴은 다음과 같은 내용의 보고를 했음.

4. 7월 7일 대사관 부산 사무실의 본드가 수용소를 방문해 대만 국민당 정부와 이승만이 중공군 포로 석방을 위해 서로 협조할 가능성에 대해 맥가(McGarr, 제주도 포로수용소장 맥가 준장 - 필자주)와 토의를 했음. 맥가는 다음의 네 가지 점을 지적했음.

수용소 경비의 일차적 책임은 일부에서 언급된 대로 한국군 경비병들에게 있는 것이 아니라 미군 경비병들에게 있음.

극동군 사령부에서 포로 경비를 위해 미군 증원 병력을 이미 파견했음.

제주도 해안 순시를 강화했음.

제주도의 제1모병 훈련 센터(RTC, Recruitment Training Center)에는 9만 명의 한국군이 주둔하고 있는데, 중공군 포로의 대규모 석방 기도 시 이 한국군 병력을 활용할 수도 있음.

5. 로턴의 견해에 동의함. 한국 정부가 제주도 주둔군 병력 9만 명을 전부 동원하거나 또는 일부 병력을 동원해 중공군 포로들을 석방시킬 수 있다 하더라도 그런 상황은 발생하지 않을 것으로 확신함.

본인이 이미 지시 사항을 하달해 놓은 상태이며, 제주도 포로수용소 경비 강화 조치가 이미 실행되고 있으므로 포로들의 대규모 탈출은 발생하지 않을 것임. 제주도 해안 순시와 관련, 브리스코(Briscoe)의 보고에 따르면 한국 해병 부대의 이동 여부를 정밀 감시하고 있으며, 미 해군 함정이 제주도 해안을 순시하고 있음.

대대 병력에서 약간 모자라는 수준의 보병대를 제주도에 파견했음. 나머지 병력은 내일 도착 예정임. 2개 대대 병력이 중공군 송환 거부 포로수용소인 제3 캠프에 배치될 것임.

6. 위 정보는 현지 상황을 정확히 파악해 작성된 것이며, 다른 참고 메시지에 나타난 잘못된 인상을 교정하기 위한 것임.

클라크가 '교정용'이라고 못 박은 이 전문에서 하고자 했던 말은 '수용소 경비의 일차적 책임은 미군에게 있다'는 것이다. KComZ 사령관 로턴 소장이 직접 제주도에 가서 수용소장인 맥가 준장한테서 확인까지 했다. 포로 탈출을 막을 방법이 없다는 둥 포로 경비의 일차적 책임이 실제로는 한국군에게 있다는 둥의 국무부 보고는 다 헛소리라는 것이다.

클라크의 위 전문이 워싱턴으로 날아간 이틀 후인 7월 13일, 이번에는 문제의 7월 8일 자 현지 보고서를 작성했던 본드가 클라크의 '교정용' 전문을 '재교정'할 목적에서 브리그스 대사 앞으로 역시 해명성 전문을 보낸다.

다음은 본인이 관찰한 바를 기록으로 남기기 위한 것임.

1. 본인이 작성한 요약 보고문 가운데 극동군 사령부에서 특히 주목한 부분은 '포로 경비의 일차적인 책임은 여전히 한국군 경비 병력에게 맡겨져 있다'는 맥가 장군의 언급임. 이 문장은, 한국군 경비 병력이 물론 유엔사 관할하에 있긴 하지만 중공군 포로들에 대한 실제 경비는 한국군 경비병들의 손에 달려 있다는

맥가 장군의 주장에 기초한 것임. 맥가 장군은 한국군 경비병들은 최근 증파된 미군의 지원을 받고는 있지만, 중공군 포로 석방 명령을 받을 경우 자신들의 통제하에 얼마든지 포로들을 석방시킬 수 있다는 점을 지적한 것임.

하지만 맥가 장군은 그런 일이 발생할 것으로는 보지 않았으며, (미군이 - 필자 주) 현지 상황을 통제하고 있다고 말했음. 그는 또 (최근에 북한군 반공포로 석방이 있긴 했지만) 한국군 경비병들이 유엔사 지시에 잘 따라(loyal) 명령을 수행할 것이라고 자신의 의견을 밝혔음. 따라서 포로 경비의 실제 책임이 누구에게 있느냐 하는 문제는 결국 어떻게 정의를 내리느냐에 달려 있다고 봄. (극동군 사령부 전문 5번 항에 언급된, 미군 병력의 추가 파병은 실질적으로 현지 상황을 개선시킬 수 있을 것으로 봄. 맥가 장군은 미군 병력 추가 파견에 대해서는 본인에게 언급하지 않았음.)

2. 맥가 장군은 제주도 주변 해변에 대한 현재의 함정 순시 활동이 충분한가 하는 문제와 관련, 순시선 한 대가 제주도 해변을 여섯 시간마다 순찰하고 있다고 했음. 즉, 해안선의 특정 지점을 여섯 시간 간격으로 점검하는 것임. 이는 특정 지점이 여섯 시간 동안 해안 순시선의 감시에서 벗어나 있다는 것을 의미할 수도 있으므로, 본인은 이 정도의 순시 활동이 충분한 것으로 보지 않았으며, 현재도 같은 생각임.

본인은 이 문제와 관련해 더 이상 언급할 점이 없으며, 다만 기록이 정확하게 되기를 바랄 뿐임.

본인이 덧붙이고 싶은 말은, 맥가 장군의 말을 의도적으로 외부에 곧이곧대로 흘리려 했던 것은 아니라는 것임. 만약 자신의 말이 외부에 보고된다는 사실을 맥가 장군이 알고 있었다면, 그렇게 솔직하게 자신의 견해를 밝히지는 않았을 것으로 본인은 확신하고 있음.

조심스럽고 신중한 어법이긴 하지만 본드는 자신이 하고 싶은 말은 둘러대지 않고 다 했다. 외교 관리로서의 자존심도 감추지 않았다.

중공군 반공포로 석방은 정작 발생하지는 않았으나 발생된 것만큼이나 많은 이야깃거리를 남기고 있다. 이승만의 독선과 노회한 정치력, 세계 전쟁사 어디에도 없었던 전쟁포로 문제의 특수성 등 한국전의 한 단면을 들여다보기에 이보다 더 좋은 사례는 찾기 힘들다. 본드와 클라크 사이의 신경전이라는 감초까지 끼어 있다.

• 문서 출처: 미 국무부 해외 공관 문서군(RG 84 Records of the Foreign Service Posts of the Department of State), Entry #UD2846, Box 7

미 육참 '한반도 비무장화' 검토

유엔군과 공산군 대표들이 개성에서 만나 정전 협상의 첫 회의를 연 것이 1951년 7월 10일이다. 개성에서의 첫 회의가 열린 직후인 7월 23일, 미 육군참모부는 〈한국의 비무장화(Demilitarization of Korea)〉라는 제목의 보고서를 작성한다. 두 장짜리 2급 비밀문서다.

비무장화는 통상적으로 승전국이 패전국에 대해 일방적으로 취하는 조치거나, 평화협정 또는 조약을 통해 전쟁이 종료된 후 취해지는 무장 해제 조치다. 한국전 정전회담이 시작된 직후 남북한의 비무장화가 언급되었다는 것은 정전회담이 평화협정 체결을 전제로 했다는 것으로도 해석이 가능하다. 결과적으로 정전회담은 평화협정으로 이어지지 못했고 정전협정으로 임시 매듭이 지어졌다.

문서 제목의 '한국'은 남북한 모두를 지칭한다. 먼저 문서는 한반도 비무장화의 필요성을 제기하는 것으로 시작된다.

1. 비무장화의 필요성

남북한의 군비 경쟁은 한반도 평화 정착의 최대 걸림돌이 될 수 있음. 유엔군과 중공군이 궁극적으로 한반도에서 철수할 경우, 한반도에서는 남북한의 군사 대치 상황이 재현되면서 한국전 발발 당시인 1950년 6월 25일 상태로 되돌아가게 되고 그렇게 되면 한반도 및 세계의 평화와 안정에 커다란 위험 요소가 될 것임. 이런 상황이 재현되어서는 안 될 것임.

두 가지 상황을 전제로 한 비무장화다. 하나는 유엔군과 중공군의 궁극적인 철수고, 또 하나는 한반도에서 외국군이 철수한다 하더라도 남북한 대치 상황은 변하지 않으리라는 것이다. 결국 한국전 이전 상태로의 복귀다. 여전히 남아 있는 제2의 한국전의 가능성을 막기 위한 것이 바로 한반도의 무장 해제다. 1951년 당시의 상황을 감안할 때 성사 가능성이 높지는 않은 구상이다. 비무장화에 대한 반대 의견도 이 문서는 염두에 두고 있다.

   2. **한반도 비무장화에 대한 반대 의견**: 한반도에 남북한의 병력을 그대로 유지하자는 몇 가지 강력한 의견들이 있음. 우선 남북한 정부가 증강되고 있는 자국 병력을 그대로 유지하기를 아주 강력하게 원할 뿐만 아니라, 지속적으로 병력 유지의 필요성을 강조하고 있음. 상대방의 침략에 맞서 자국 안보를 지키기 위해서는 우선적으로 자국이 보유하고 있는 병력에 의존할 수밖에 없다는 판단을 하고 있는 것으로 보임. 한국전에 참전한 다른 주역들(protagonists)도 이와 유사한 의견 쪽으로 기울어져 있음.

무엇보다 남북한이 무장 해제를 원치 않는다. 무장 해제는커녕 무장만이 자국 안보의 필수 조건이라는 생각한다. 문서는 비무장화의 이점과 위험 요소들을 여러 각도에서 검토한다.

   3. **비무장화의 이점**. 한반도 비무장화에 따른 이점은 다음과 같은 것들임:
      a. 한반도 내에서 국지적 군사 분쟁의 가능성을 감소시킴으로써 한반도 주변

지역으로 분쟁이 확산될 수 있는 동기를 실질적으로 제거함.

b. 유엔 사령부의 권위를 높일 수 있음.

c. 한반도 내에 유엔군이나 미군이 주둔하지 않게 됨.

d. 미군의 전반적인 군사적 지위를 강화할 수 있는 자원(resources)을 적절한 지역에서 확보할 수 있음.

e. 한국이 감당하기 힘든 큰 부담을 덜어 주게 됨.

f. 한국의 재건 활동을 더 가속화할 수 있음.

g. 한국이 자력으로는 안보를 지킬 수 없다는 사실을 인식시키게 됨.

h. 기습 공격을 당하지 않도록 일본을 더 잘 보호할 수 있음. 특히 중부 및 남부 일본 지역을 보호할 수 있음.

i. 지금까지의 일본의 입장에서는 한반도 비무장화야말로 한국전에서 얻을 수 있는 가장 유용한 결과가 될 것임.

j. 오키나와 미군 기지를 더 잘 보호할 수 있음.

k. 한국에서의 유엔 활동 및 미국의 대한 재건 활동을 의심의 여지없이 민간인 통제하에 둘 수 있게 됨.

4. 비무장화에 따른 위험 요소

한반도 비무장화에 따른 위험 요인들도 적지 않으며, 다음과 같은 상황이 전개될 수도 있음.

중공이나 소련이 한반도를 손쉽게 점령할 수 있음.

공산주의자들의 침투에 의한 남한 정부의 정치적 전복.

일본에 의한 점령.

이 문서가 분석한 한반도 비무장화의 이점은 미국의 대외 전략과 군사 전략의 관점에서 관찰한 것이다. 한반도는 종속 변수일 뿐이다. '비무장화에 따른 위험 요소'에 언급된 사항에서 이런 시각은 뚜렷하게 드러난다. 한반도를 미 군사 전략의 한 대상으로만 보았을 뿐 한반도 자체가 가지고 있는 지정학적 중요성이나 동북아의 안보 상황에 대해서는 언급하지 않고 있다.

5. 결론

현재까지 드러난 명백한 상황들을 감안할 때 어느 모로 보나 한반도 비무장화가 타당한 것으로 드러나고 있음. 남북한이 무장을 한다고 해서 중공이나 소련의 한반도 점령 위협이 사라지는 것은 아님. 대치하고 있는 남북한의 병력이 서로 위협적 군사 행동을 자제할 것임. 공산군 측의 남쪽으로의 진격이 지연되면서 유엔군은 시간을 벌어 한국이 재점령되는 것을 막고 있는 것이 현재의 상황임. 시간이야말로 가장 중요한 요소라는 점이 명백해졌음.

만약 중공이 남한을 점령하려는 북한을 지원하기로 결정할 경우, 초반 공세는 1950년 6월 25일 때보다 훨씬 더 방대하고 강력할 것임. 따라서 남한이 재점령당하는 것을 막기 위해 충분한 병력의 유엔군 투입을 결정하더라도 시간이 충분치 않은 상황임. 중공이 아닌 소련의 북한 지원이 있을 경우에도 마찬가지임. 아마도 그런 공격은 중공과 소련 양측의 지원으로 이루어질 것으로 보임.

6. 이행에 따른 문제점

한반도 비무장화라는 결론을 이행하는 것이 쉽지 않은 일이라는 점에는 의심의 여지가 없음. 국내 치안 확보를 위한 민간 병력과 무장 군 병력을 구분하는 것이 늘 문제점으로 남아 있게 될 것임. 비무장화는 결국 관련국 정부 간의 기본 합의(initial agreement)를 지지하기 위한 미국과 소련 간의 조약(accord)이 체결되어야만 비로소 효력이 발생하고 유지가 가능할 것임. 또 다른 한편으로 관련국 정부 간의 합의만으로도 비무장화를 실현할 수 있을 것임. 한반도 비무장화는 중공, 소련, 일본, 영국, 미국 및 태평양 국가에는 물론 남한과 북한에도 이득이 될 것임.

이 문서는 전쟁을 치르고 있는 미 군부가 작성한 것이다. 분석의 시각이 대외 군사전략에 치중되어 있다. 하지만 이 문서는 국제 정세와 국제정치의 역학 관계를 들여다보는 미 군부의 현실적이고 냉철한 시각을 잘 반영하고 있기도 하다. 결론과 문제점에서는 한반도를 둘러싼 주변국들과 남북한 역학 관계의 기본 틀을 정확하게 분석하고 있다. 60여 년이 넘은 지금도 이 문서가 분석한 상황은 기본 골격에서 크게 변한 것이 없다.

• 문서 출처: 미 육군참모부 문서군(RG 319 Records of the U.S. Army Staff), Entry #99, Box 713

딘 소장의 평양 생활
└ 이규현의 진술

    미 헌병감실 문서군의 영문 문서더미 속에는 가로 15센티미터, 세로 21센티미터 크기의 한글로 작성된 누런 메모 용지 36장이 들어 있다. 김일성대학 영어 강사 출신인 북한 민간인 이규현(李揆現)의 자필 진술서다. 이 진술서는 1950년 8월 전북 진안에서 북한군에 포로로 잡혀 3년간 포로 생활을 하다 정전 후 석방된 미 24사단장 윌리엄 딘(William F. Dean) 소장의 평양에서의 포로 생활을 증언하고 있다. 딘 소장의 통역을 맡았던 사람이 이규현이다.

    이규현은 1950년 10월 22일 미 24사단에 귀순해 부산 포로수용소에 수감되어 있을 때인 1953년 4월 7일 이 진술서를 작성했다.

    이규현의 한글 진술서가 들어 있는 문서철에는 이규현의 석방 청원과 특별 사면을 다룬 다른 문서 세 건도 포함되어 있다. 유엔군 사령부의 전쟁포로사령부(Prisoner of War Command)과 부산 포로수용소(제2캠프) 사이에 오간 교신 문서들이다.

    딘 소장은 석방 이듬해인 1954년, 자신의 포로 생활을 비롯해 한국전 경험을 기록한 단행본을 출간했다. 자신이 직접 쓴 것이 아니라 집필자인 윌리엄 위든에게 구술한 책이다. 《딘 장군 이야기(General Dean's Story)》라는 제목의 이 책에서 그는 이규현에 대해 자주 언급하는데, 당시 상황에 대한 딘의 묘사와 이규현의 진술 내용은 대부분이 일치한다. 딘 소장은 자신의 통역인 이규현의 첫인상을 "사복을 입은 아주 유쾌한 표정의 한 한국인"이라고 표현하고 있다.

이 '유쾌한 표정의 한국인' 이규현은 후에 한국에서 언론인으로 활동하다가 문화공보부 장관을 지낸다. 2004년 3월에 세상을 떠났다. 평안남도 강동군 출신으로 1922년생인 이규현은 딘 소장을 만났을 때 28세였으며, 딘 소장이 평양을 떠난 후 1950년 10월 10일 소속 기관인 내무성을 탈출해 미 24사단을 찾아갔다. "다행히도 기회가 좋아서 운명을 하늘에 맡기고 도주하였다. 그리고 평양시 내외의 여러 곳에 숨어 있다가 유엔군이 입성하자 미군 제24사단을 찾아가서 딘 장군에 관한 사실 일체를 보고하고 그의 구출에 협력해 줄 것을 요청하였던 것"이라고 적고 있다.

진술서에는 이규현 본인이 미 24사단을 찾아간 것으로 되어 있으나, 그는 이후 1953년 6월 6일 석방될 때까지 포로수용소 생활을 하게 된다.

1952년 12월 16일, 부산에 주둔하고 있던 유엔군 사령부 전쟁포로 제2캠프는 이규현의 석방 청원 건을 전쟁포로 사령실로 발송한다. 이 문서는 이규현이 두 번째 석방 청원을 했으며 특별사면에 해당된다는 사실을 밝히고 있다. 하지만 이규현의 석방 청원은 이때 받아들여지지 않았다. '북한 민간인' 신분이었던 이규현의 기록을 검토한 결과 부산 제2캠프에서는 "현재까지 진척된 조사에 근거할 때 현행 기준하에서는 석방될 수 없다"는 판단을 한 것이다. 이규현의 개인 기록철에는 '이동금지(Do Not Move)'라는 표시가 되어 있었다. 이규현 개인은 물론 개인 기록을 다른 곳으로 전출시켜서는 안 된다는 표시였다.

이 문서는 또 이규현의 석방 청원에 대해 두 가지 의견을 제시하고 있다. 즉, 포로 당사자에 대한 배경 조사를 위해 이규현 건을 유엔군 사령부 전쟁포로정보국(Prisoner of War Information Bureau)으로 넘겼으면 한다는 것과, 만약 이규현에 대한 사실이 거짓이 없다고 판명될 경우 석방을 긍정적으로 검토해 볼 수 있을 것이라는 의견이었다.

같은 날, 한국후방관구사령부(Korean Communications Zone)에서도 도쿄의 미 극동군 사령부에 이규현 건에 대한 전문을 타전한다. 부산 제2캠프에 있는 이규현 기록철에는 '이동 금지' 표시가 되어 있으나, 전쟁포로사령부 중앙 기록철에는 이 표시가 되어 있지 않으며, 본 사령부 헌병감실의 전쟁범죄과에 확인해 본 결과 이규현이 전쟁범죄자로 분류되어 있지 않고, 체포된 후 범법 행위를 저질렀거나 범법 행위를 한 적이 없다는 점을 알리고 있다. 석방 조치가 가능하다는 점을 밝힌 것이다.

하지만 1953년 4월 6일, 전쟁포로사령부는 한국후방관구사령부에 이규현 건과 관련, 지금 당장은 어떤 조치도 할 수 없다는 내용의 답신을 보낸다.

청원인은 딘 소장이 북한군에 포로가 된 이후 딘 소장의 통역인이었다고 주장하나, 본 사령부에서는 청원인의 주장을 확인할 기록이 없음. 상급 부대의 정책 결정이 있어야 하므로 본 사령부는 본 건 처리에 대해 어떤 권고도 할 수 없음.

그러나 도쿄의 극동군 사령부는 1953년 5월 22일 이규현 석방을 결정한다. 〈포로 이규현의 청원〉이라는 제목의 문서는 극동군 사령부는 클라크 사령관의 명령으로 이규현의 석방을 결정했음을 통보하면서, "포로 이규현이 전쟁포로 신분에서 해제되어 대한민국으로 '귀환(Homecoming)'토록 함"이라고 쓰고 있다.

이규현에 대한 석방 절차는 유엔사 문서 양식 8을 작성 후 본인의 지문을 찍어 유엔사부 전쟁포로정보국에 제출함으로써 완료된다고 되어 있다. 이 문서에는 석방된 이규현의 영문 이력서가 첨부되어 있다.

1953년 6월 6일 석방.

이름: 이규현

생년월일: 1922년 4월 27일

출생지: 평안남도 강동군 만달면 대성리

현주소: 평양시 신양리 176

교육 및 경력 사항

1929년 4월: 평안남도 안주군 입석면 신리, 신리소학교 입학

1935년 3월: 소학교 졸업

1935년 4월: 경기도 개성, 송도고등보통학교 입학

1938년 3월: 송도고등보통학교 3년 수료

1938년 4월: 일본 후쿠오카현 모지, 모지중학교 4년에 편입

1940년 3월: 모지중학교 졸업

1940년 4월: 일본 도쿄, 제6도쿄중학교 보충반 편입

1941년 4월: 일본 도쿄, 제1와세다고등학원 인문계 입학. 영어, 프랑스어, 독일어 수학

1943년 9월: 제1와세다고등학원 졸업

1943년 10월: 일본 도쿄, 와세다대학 문학부 입학

1944년 1월: 도쿄에서 일본군에 징집

1945년 8월: 징집 해제된 후 북한으로 귀한

1945년 10월: 평양시 제5평양중학교 영어 선생으로 임명됨

1946년 10월: 평양시 제2평양중학교로 전출

1947년 6월: 김일성대학 예과 강사로 전출. 영어 가르침

1948년 2월: 영어 과목 폐지되면서 예과 강사 자리에서 물러남. 같은 대학 대학

　　　　원에 진학해 일반 언어학과 음성학, 한국어 전공. 탁월한 러시아어

　　　　구사 능력을 인증받음. 외국어문학부의 영문학 졸업 시험 통과. 일

　　　　반 언어학 및 읽기 실습 강사로 임명됨

1950년 7월: 징집 명령으로 북한 내무성의 임시 통역 및 번역 요원에 배치되었으

　　　　며, 김일성대학의 대학원 학생이자 강사 신분 유지.

1950년 10월 10일: 내무성에서 탈출

1950년 10월 22일: 평양에 주둔 중이던 미 24사단에 의해 전쟁포로로 체포됨

(1950년 12월 14일 작성)

　이규현은 진술서 끝에 자신의 가족 관계를 상세하게 적었다. 그는 본적을 서울시 종로구 제동 79번지로 적으면서, "본적지에서 부친이 평안도로 이주한 것이 약 35년 전이며 실질적으로 본적지와는 관계가 없음"이라고 덧붙인다.

　이규현은 평양을 떠나면서 가족과 헤어졌다. 북의 처자(妻子)와 헤어진 것도 이때다. 그는 집에 두고 온 두 딸에 대해 진술서에 이렇게 쓰고 있다. "장녀 이영아(李英娥), 1년 반가량 된 것을 보고 헤어졌음. 차녀 이문아(李文娥), 약 3개월가량 된 것을 보고 헤어졌음." 그는 또 "본인의 친계 가족과 처가는 유엔군의 후퇴 당시 노인과 유아들을 데리고 후퇴할 수 없었으리라고 생각되며, 북한 당국에게 체포되었으면 본인의 가족인 이유로써 생존치 못할 것이며 전부 사망한 것으로 단념함"이라고 적고 있다. 다음은 이규현의 진술서 전문(全文)이다.

　본인은 국련군(國聯軍) 제2포로수용소 제7분(分)수용소에 있는 북한 출신 포로로써 차로 속히 멸공 전선에 참가하며 완전한 자유 국민이 되고 싶은 마음이 간절

딘 將軍은 不幸하게도 傀儡軍에게 捕虜
되어 北韓에서 抑留되어 呻吟하게 되었으나
北韓 傀儡軍 當局에서 그를 아무리 懷柔
脅迫 虐待하여도 끝끝내 國家에 對한
忠誠과 軍人으로서의 本分을 堅持해 내는
것을 晝夜로 같이 있으면서 目擊한 나로서
는 참으로 이에 感激하였으며 共産主義에
對한 反撥心을 鼓舞激勵 받았고 이와
같은 自由世界가 가질 수 있는 가장 卓越한
軍將과 人間이 가질 수 있는 가장 崇高한
精神을 엿볼 수 있은 것은 나의 一生의
큰 榮光이라고 생각하는 同時에 그를
救出하지 못한 當時의 環境과 나의
卑怯함을 크게 遺憾으로 생각 한다.

딘 將軍을 平壤에 監禁한 以後의
傀儡 當局의 意圖는 그를 物質的으로
잘 待遇하면서 힘껏 利用하려는 것이었다.
그들은 牡丹峯 밑에 있는 좋은 二層
洋屋 집을 딘 將軍을 爲하여 準備하여

이규현의 한글 진술서 원본.

하여 1952년 8월과 금년 1월의 2차에 걸쳐 본 수용소 소장님에게 본인 석방을 앙청하는 진정서를 제출한 바 있었는데, 금반 다행하게도 본 수용소에 사무차로 오셨던 김 중령님을 뵈옵게 되어 각 방면으로 지도를 받는 영광을 얻게 되었는데, 과반 진정서에 기술한 딘 소장 각하에 관한 사항에서 그 후 더 생각나는 점이 있어 하기와 같이 기술하나이다.

딘 장군은 불행하게도 괴뢰군에게 포로되어 북한에서 억류되어 신음하게 되었으나 북한 괴뢰군 당국에서 그를 아무리 회유 협박 학대하여도 끝끝내 국가에 대한 충성과 군인으로서의 본분을 견지해 내는 것을 주야로 같이 있으면서 목격한 나로서는 참으로 이에 감격하였으며 공산주의에 대한 반발심을 고무 격려받았고, 이와 같은 자유 세계가 가질 수 있는 가장 탁월한 용장과 인간이 가질 수 있는 가장 숭고한 정신을 볼 수 있은 것은 나의 일생의 큰 영광이라고 생각하는 동시에 그를 구출하지 못한 당시의 환경과 나의 비겁함을 크게 유감으로 생각한다.

딘 장군을 평양에 감금한 이후의 괴뢰 당국의 의도는 그를 물질적으로 잘 대우하면서 힘것(힘껏) 이용하려는 것이었다. 그들은 모란봉 밑에 있는 좋은 이층 양옥집을 딘 장군을 위하여 준비하여 놓고 침대, 의자, 쏘파 등 비교적 좋은 가구를 갖다놓았다.

9월 1일 새벽에 장군이 그 집으로 호송되었을 때 장군은 녹색 미군 작업복을 입고 있었는데 그 다음 날 미리 준비해 놓았던 새로운 미군 카키 군복으로 갈아입혔다. 장군은 몸이 퍽 쇠약해서 바지를 갈아 입을 때에 한 다리로 잘 서지를 못하고 비츨거렸으며(비틀거렸으며) 굵은 골격에는 가죽밖에 붙어 있지 않았었다.

신체에 부상당한 곳은 없었으며 다만 발등에 깝줄이(껍질이) 벗어져 있었는데, 장군은 이에 대하여 설명하기를 포로되었을 때 인민군 병사가 장군의 군화를 빼았고 그 후에 다른 군화를 주었는데 그것이 너무 작아서 걷는데 발이 앞았으며(아팠으며), 살이 벗어졌다고 하였다. 그 후 그 상처는 한참 오래가도록 잘 낫지를 않고 고름이 곪기고 있었다. 평양서는 조선 고무신 한 커리를 급여되었는데(한 켤레를 지급하였는데) 그것도 장군의 큰 발에는 너무 작았으나 변소 왕래할 때에 그대로 끌고 다녔다.

며칠이 지나 차차 친근해짐에 따라서 여러 가지 담화를 하는 중에 "독서를 좋아하시는가?" 하고 물었더니, "독서는 좋아하는데 안경이 있었으면 좋겠다. 안경이 없어도 독서에 과히 지장은 없으나 안경이 있었으면 좋겠다"고 대답하였다.

그 후 수차 심문관들에게 이 문제를 제기하였으나 그들은 다만 "해준다"고 말만 하고 종내 안경은 맞우지(맞추지) 못하였다. 나는 한 심문관에게 허가를 얻어서 책을 두 권 빌려드렸다. 둘 다 쏘련의 소설을 영어로 번역한 것이었다. 하나는 〈알리떼트 산(山)으로 가다〉라는 것으로, 쏘련 북방의 소수민족의 생활 풍습을 그린 것으로서 그것을 읽은 후 장군은 다만 재미있었다고 하였다.

또 하나의 책은 상당히 두꺼운 것으로 〈여순(旅順)〉이라는 것인데, 일로(日露) 전쟁 시 여순 근방의 전투를 비판적으로 쓴 역사소설이다. 이 소설의 저자는 당시 로군(露軍)의 방위사령관 스텟셀이 조국을 배반하여 일본에 팔아먹은 것으로 규정짓고 있었다. 이 책을 읽고 난 후 나는 딘 장군에게 독후감을 물은즉, 퍽 감명이 깊은 듯이 한참 눈을 감고 있었다. 나는 일본의 내목(乃木) 대장과 스텟셀과의 에피쏘드를 이야기하고, 내가 중학교 때에 수학 여행을 갔을 때에 본 여순 부근의 고전장(古戰場)을 설명하여 드렸던 바 장군은 퍽 감흥이 깊었다. 그리고 우리는 현대전의 성격에 대하여 화제를 돌렸다.

"장군, 1차세계대전 이전에는 전쟁도 참 신사적으로 하고, 예를 들면 내목 대장과 스텟셀과 같은, 항복한 적병에 대한 의협심 동정심 등의 미담이 많이 있으며, 여순의 203고지에서만 하여도 일로(日露) 양군 사이에서 빵과 술을 교환하여 먹어가면서 싸웠는데, 제1차대전 이후에는 왜 그런지 전쟁이 잔인무도한 성격만 띠고 모든 국제적 규약과 도덕은 유린되어 아무리 전쟁을 한다 할지라도 인간이 인간다운 성격은 모두 유실하여 버린 것 같습니다"라고 말하였다.

"그래, 그래, 참 나도 그 말에는 동감이야" 하고 장군은 큰 목소리로 말하였다.

어쨌던 나는 장군이 그 책을 읽고 나서, 조국을 적국에게 팔아먹은 장군 스텟셀과 그 후의 그에 대한 로서아인의 비난을 딘 장군은 일종의 경고나 격려의 뜻으로 받아드린 것과 같이 그 담화에서 감취하였다. 심사관은 그것이 쏘련 책이라고 하니까 내용도 묻지 않고 그대로 허가했지만, 나는 장군이 그 환경에서 그 책을 읽은 것은 참 좋은 일이었다고 생각하였다.

어떤 날 장군은 변소에 갔다오던 도중에 앞마당에 서서 따뜻한 해빛(햇빛)과 신선한 공기를 즐겼다. 왼편에 모란봉을 올려다보고 오른편에 대동강의 흐름을 내려다보면서 나는 그 부근의 환경을 설명하고 강의 이름을 알려드렸던 바, 장군은 "이 강은 항해할 수 있는가?"라고 물었다. 나는 "이 강은 소형 목선에 의한 수송으로써는 큰 가치가 있지만 기선은 여기까지 못한다(못 들어온다)"고 말씀드리고, 장군이 그 순간에도 무슨 생각을 하고 있는지를 느꼈다.

내가 장군은 어떤 스포쯔(스포츠)를 좋아하시는가 물었더니, 그는 대개 어떤 운동이나 좋아하지만 특히 권투를 좋아한다고 말하였다. 이것은 내가 장군이 어떻게 포로되었는가 물었을 때에도 나타났다. 즉, 그는 이것을 다음과 같이 설명하였다. "7월 21일 밤, 대전서 영동으로 후퇴하는 도중에 내 사단은 큰 혼란 상태에 빠졌다. 나는 혼자 부대에서 떠러져서(떨어져서) (어떻게 떠러졌는지 설명하였지만 잊어버렸다) 산으로 들어갔다. 나는 이렇게 공격당할 줄을 잘 알고 있었다. 왜냐하면 내 사단의 좌익이 개방되어 있었기 때문에(장군은 이것을 권투에 비교하여 몸짓을 하면서 설명하였다). 그러나 어쨌던 나는 적을 될 수 있는 대로 장시간 방위하려고 애썼다. 만일 내가 인민군의 지휘관이엇더라면 그보다 훨씬 더 잘 공격할 수 있었을 것이다.

나는 지남침을 가지고 있지 않기 때문에 밤에 별을 보고 걷고 낮에는 숨어서 잠을 잘 수밖에 없었다. 그러나 흐린 날에는 곤란하였다. 어느 날 밤에는 하로(하루) 밤새도록 같은 곳을 뱅뱅 돈 일도 있었다. 나는 남으로 걷기만 하면 우군의 선에 도달할 자신이 있었는데 나의 잘못은 동남방으로 가야 할 것을 서남방으로 간 것이었다. 이리하여 35일 동안 나는 산에서 날감자, 곡식 등 무엇이나 닥치는 대로 먹고 부락에서 친미적이라고 판단한 집을 찾아 들어가서 식(食)을 구하였으며, 그

동안 6, 7회밖에 정상적인 식사를 얻어먹지 못하였다.

8월 25일에 역시 친미적이라고 생각되는 집에 찾아들어가서 음식을 얻으려고 하였으나 어떤 백색 의복을 입은 청년이 나타나서 나의 오른손을 붙잡고 권총을 빼지 못하게 하였으며, 곳(곧) 여러 명의 부락민과 인민군 병사가 와서 나를 붙잡았다. 바로 전라북도 진안 부근이었다."

며칠이 안 되어 장군은 단순히 나를 "Lee"라고 부르고, 나는 그를 "General"이라고 부르게 되었다. 당시 무장한 보초의 감시하에 침식을 같이 하면서 나는 그의 불운한 입장에 동정하지 않을 수가 없었으며, 그도 또한 시내에 가족을 두고 있으면서도 가보지도 못하고 매일 폭격을 받을 때에는 늘 가족 근심을 하는 나의 입장에 항상 동정적인 위안을 하여 주었다.

공습이 있을 때에는 장군에게 지하실로 피신하자고 설복하는 것이 한 수고였다. 장군은 피신하는 것을 좋아하지 않았다. 겨우 지하실로 모시고 가서는 컴컴하고 습기찬 그곳에서 그는 목제 의자에 앉고 나는 그 옆의 장작떼미 위에 꿀어앉아서 여러가지 이야기를 하였다.

의사가 와서 장군을 진찰하고 약을 드렸으나 수원서 걸렸다고 하는 설사는 멎지 않고 심하여 가기만 했다. 게다가 밥하는 여자가 양식을 차립네 하고 모든 음식을 콩기름 투세기(투성이)로 만드는 데 더 곤란했다. 그래서 죽과 소금만을 청했던바 그것도 잘 입에 당기를 안는(않는) 것 같아서, 감자를 삶아 달라고 하면서 부엌에 내려가서 여자에게 감자 삶는 법을 가르쳐 그 후부터 감자를 몇 개씩과 내 접씨(접시)에 있는 갈치 찐 것을 가치(같이) 나누기도 하였다.

9월 6일 밤에 순안(順安)으로 옮겨갔다. 순안 교외에 있는 카토릭(카톨릭) 성당이었다. 본래 외딴 데다가 밤나무 옥수수 등이 성당을 둘러싸고 있기 때문에 외계와는 도모지 절연되어 있었다. 성당을 송판으로 막고 한쪽에 장군이 있고 딴 쪽에는 보초들이 있었다. 나는 장군 있는 쪽에 보초를 사이에다 두고 장군과 서로 반대쪽 벽에 붙어 자게 되었다. 앞마당 끝에 숫대 바주(바자)가 있고 그 문 밖에는 성당 직원이 살고 있었다고 생각되는 초가 집이 있어 그곳에서 취사도 하고 매일 같이 교대되는 심문관들도 그 집에서 잤다.

도착한 이튿날부터 처음으로 심사가 시작되었다. 중성(中星) 네 개의 장교가 위선 인민군과 한국군에 대한 딘 장군의 의견을 물은 다음, 각종 양식의 서류에다 기입을 하고 자세한 자서전을 쓰기를 요구하였다. 그 다음 날에는 정식으로 24사단의 편성과 무기 등을 묻기 시작하였으나 장군은 단지 잘 기억이 나지 않으나 대략 얼마 정도라는 대답을 하고 어떤 질문에는 대답을 거절하며 "제네바협정에 의하면 포로에게 성명, 계급, 군번호 이외는 묻지 못하게 되어 있다"고 우기었다.

그들은 (1)미군의 극동 군사 정책 (2)미군의 조선 작전 계획 (3)장차 조선서 사용할 계획으로 있는 신무기 (4)일본 방위 계획 등 3개의 대제목과 1개의 부차적 제목으로써 되는 군사 정보를 요구하였다. 장군은 간단히 이를 거절하였다. 격노한 심문관과 싸우는 장군의 노력이 매 한 시간 혹은 3, 4시간씩 진행되었다. 심문관은 "미군은 이미 네가 전사하였다고 발표하였으며, 지금 너의 존재는 여기 있는 몇몇 사람밖에 알지 못하니까 우리는 너를 아무 때에나 죽여 버릴 수가 있다"고 협박하였다.

실지로 어떤 날 밤에 심사관은 사형장으로 갈 터이니 준비를 하라고 하면서 운전수에게 자동차를 앞 문 앞에다 갖다 대게 하고 보초들을 준비시키고 야단을 하면서 방문까지 열었다가 그만둔 일도 있었다.

그 동기는 (이러했다.) 군사 정보를 요구하는 것에 앞서서 심사관이 소위 인민공화국과 공산주의의 발전상을 찬양하는 강의를 하고 나서 '미 제국주의와 트루맨(트루먼)의 침략주의'를 비난하는 성명서를 쓰라고 요구한 적이 있었다. 그는 또한 다른 미군 장교들이 방송하였다고 하는 원고도 갖다 보였다. 딘 장군은 "나는 미군의 현역 장교로서 미군의 최고사령관인 대통령을 비판할 수 없다. 트루맨 씨뿐만 아니라 그의 어떤 후계자에 대해서도 마찬가지다"라고 하면서 강경히 거절하였다. 또한 그는 말하기를 "당신들이 그러한 성명서를 어떤 수단으로 쓰게 하는지 잘 알고 있다. 만일 당신들이 나에게 강제로 공개 성명서를 발표하게 한다 할지라도 나의 친구나 나를 아는 사람들은 그것을 믿지 않을 것이며 또한 강제로 썼다는 것을 알 것이다"라고 하였다.

이에 격노한 심사관은 그와 같은 연극을 꾸민 것이었다. 그리고 그날 심사중에 심사관이 "이 자식 혀바닥을 뽑아놓겠다" 하니까, 장군은 "그래 좋다, 내 혀를 뽑으면 방송하라고 강제받지 않고 좋지!" 하고 코웃음쳤다. 이 동안의 심사를 한 것은 최라고 하는 총좌(總佐)였다. 심사는 일정한 시간이 있는 것이 아니고 아침에나 오후에나 혹은 어떤 때에는 밤에도 와서 "그동안 다시 생각해 보았는가?" 하고 앉아서 수십 분 혹은 수 시간 동안 심문하고 꼭 같은 문답을 반복하는 것이었다.

쥑인다고 위협을 받은 밤에 딘 장군은 8군 사령관 워커 장군에게 편지를 썼다. '매우 유감스럽게도 본관은 포로가 되었습니다. 우군의 공습으로 말미아마 상당한 수의 비전투원이 살해되고 있으니 비행사들에게 좀더 주의하여 군사 목표를 선정하도록 지시하여 주시오' 하는 요지의 편지였다. 이것을 쓴 이유는 심사관이 미군 공군의 '비인도적인 무차별 공격'을 몹시 저주한 때문이었는데, 또 하나의 이유는 장군이 어떻게 해서든지 미군 측과 연락하여 자기의 존재를 세상에 알리고저 하는 노력이기도 하였다.

이때까지 장군은 미군 포로들에 관한 정보를 얻고저 애쓰고 있었다. 심사관에게 "포로수용소는 몇 개 있는가? 포로의 숫자는 얼마나 되는가? 모 대령이 혹은 모 소령이 포로되었는가?" 등의 질문을 하였으며, "나는 이러한 특별 대우도 다 싫으니 미군이 있는 포로수용소로 이동시켜달라"고 한 일도 있었다. 장군의 완강한 태도에 심사관은 단념하여 한 이틀 동안 심사를 하지 않았다.

9월 16일 밤, 장군과 나는 찦차로 평양으로 갔다. 그날 전란 발생 이래 가장 심한 공습이 있어서 평양 상공은 불바다로 되었으며, 피난민이 길에 가득 차서 교외로 흘러나가고 있었다. 시내에 늘어져 있는 전선과 산란한 물건을 피하여 암흑중을 완행한 찦차는 유명한 정치보위국 안으로 들어갔다. 깜깜한 복도를 통하여 2층 어느 방에 들어가서 좀 기다리고 그다음 방으로 인도되었다.

정면에 큰 사무 탁자가 있고 뚱뚱한 체격에 어깨에다 금딱지에 별 두 개를 부친 자가 앉아 있고, 그의 책상에 부쳐서 안락 의자가 너덧 개 놓인 응접 테불(테이블)

이 있고, 그곳에 장군은 앉게 되고 나는 장군과 마주 향하고 앉았다. 멀지감치 떨어져서 회의용으로 큰 테불을 여러 개 부처놓은 자리에 총좌급의 장교가 세 명 앉아서 이쪽을 바라보고 있었다. 착석하고 대성(大星) 두 개짜리가 "이곳은 인민군 총사령부요. 나는 박 중장(中將)이다"라고 자기 소개를 하고 나서 질문을 시작하였다.

"신체의 상태는 어떠한가?"

"과히 좋지 못하다. 설사 때문에 고생 중이다."

"치료는 받았는가?"

"네 사람의 의사에게서 치료를 받았다."

"가족의 상태는 어떠한가?"

"처와 아들 하나, 딸 하나 있다."

이와 같은 문답 끝에 심사자는 단도직입적으로 군사 정보를 요구하였다.

"귀하를 심사한 장교에 의하면 귀하는 요구한 군사 정보를 강경히 거절하고 있다 하는데, 그것은 귀하 자신을 위하여 좋지 못하다. 그러니 이 자리에서 나에게 그것을 전부 내놓으라. 나는 미군의 잔인한 폭격으로 무참하게 죽은 수많은 남녀노소를 대표하여 그것을 요구할 권리가 있다."

"나는 불행히도 아무런 군사 정보도 가지고 있지 않다. 그와 같은 정책은 GHQ나 와싱톤 당국에 속하는 것이지 일개의 사단장으로서는 도저히 알 수 없는 일이다. 아마 GHQ에서도 알지 못할 것이다. 사단장은 병사들의 훈련에만 관심이 있는 것이오. 나는 그것을 좋아하고 병사들에 접하기를 좋아하였기 때문에 동경의 사령부에 있다가 자원적으로 사단장의 자리로 내려간 것이다. 또한 가령 내가 그러한 정보를 가지고 있다 할지라도 나는 미국의 반역자가 되고 싶지 않고 미국의 청년들을 죽이고 싶지 않기 때문에 그것을 누설하지를 않을 것이다."

격노한 심사관은 책상을 뒤디리고(두드리고) 이러서서(일어서서) 뒤짐을 짓고 이리 저리 걸어다니면서 흥분하였지만, 딘 장군은 태연하게 앉아서 동(動)하지 않았다. 약 한 시간의 문답 끝에 십 분간의 휴게가 있었다. 대합실로 안내된 딘 장군은 안락 의자에 앉자마자 차를 거절하고 그대로 코를 굴고 잠이 들었다. 그것을 본 옆에 있던 자들은 "이런 데서 잠을 잔다"고 놀래었으며, 나도 그러한 긴장한 순간에 태연자약하게 코를 굴고 있는 대담성에 깊이 탄복하였다.

휴게 후에 다시 박 중장의 실에 들어가서 착석하자, 박 중장은 "답안은 어떠한가?" 하고 물으니 "변함없다"고 대답하였다. 심사관은 "그러면 나의 요구를 단호히 거절하겠다는 서약문을 쓸 수 있겠는가?"라고 물으니, 딘 장군은 그리하겠노라고 펜을 들고 '나는 불행히도 아무런 군사 정보도 갖고 있지 않으며, 가령 있다하더라도 미국의 반역자가 되지 않기 위하여 이를 말하지 않겠다는 것을 이에 맹세한다'고 썼다. 심사관은 "그러면 2일간 여유를 줄 터이니 그 동안 잘 생각해 보고 무슨 말할 것이 있으면 서면으로 나에게 써보내 달라"고 말하고 심사를 끝마쳤다.

그날 새벽으로 순안으로 도라간(돌아간) 후 2일간 아무 일도 없이 우리들은 한가한 시간을 보냈다. 2일이 지난 날 최 총좌가 와서 대답을 쓰라고 하여 딘 장군은 다음과 같이 썼다.

'박 중장 귀하

나는 일전에 말한 바와 같이 다행히도 아무런 군사 정보도 가지고 있지 않으며, 가령 있다 할지라도 나의 조국의 반역자가 되지 않기 위하여 그것을 누설하지 않겠다.'

그다음 날부터 2명의 소좌와 1명의 중좌와 최 총좌가 와서 교대하여 주야로 심사를 개시하였다. 통역은 나 외에 문정택*이라는 사람을 다리고 와서(데리고 와서) 2명이 교대하게 되었다. (**주: 문정택은 김일성 대학원 학생으로 당시 동원된 자임. 9월 30일경의 장군을 희천(熙川)으로 특송 시 문 통역이 수행하였음) 이 심사는 쉴 새 없이 6일간이나 계속되어 통역하는 나도 견딜 수 없을 만큼 피곤하였다. 딘 장군은 목제 의자에 앉아서 그 난경을 극복하였다.

심사는 주로 딘 장군이 서울서 군정장관으로 있을 때의 '식민지적 정책'을 고발하는 것으로서 심사관은 각각 '남한의 경제 문제, 한국군, 남한의 경찰 제도, 일반 정치 문제 등' 전문적인 문제를 가지고 있었다. '미 군정은 남조선에서 반역 집단을 압잡이로 내세우고 식민지 노예 정책을 썼다, 광산과 농업 자원을 미국과 일본으로 반출해 갔다, 미국 상품의 시장으로 만들기 위하여 고의적으로 공장을 파괴했다, 일본 경찰보다 훨씬 더 잔인한 경찰 제도를 수립하여 민주주의적 애국자들을 대량으로 살륙했다, 강압적으로 5·10 단선을 감행했다' 등등 일상적으로 북한에서 귀에 못이 백이도록 듣던 것을 '사실과 증거'를 나열하여 이에 대하여 당시의 군정장관은 전적으로 책임을 져야 한다고 하는 것이었다.

북한에서 토론을 하듯이 한참 내려엮어 놓은 다음 심사관은 "자, 이와 같은 모든 사실을 시인하는가?" 하고 달려드는 것이었다. 안재홍 씨(＊주: 안재홍은 1947에서 1948년까지 미 군정시 민정장관을 역임한 자임)가 서명 날인한 '딘 소장의 악정에 대한 고발문'도 제출하였다. 그때마다 딘 장군은 "흥, 그 사람이 언제부터 그리 열렬한 공산주의자가 되었나?" 하고 비웃거나, "당신은 공산주의자니까 그런 결론을 내린다. 나는 공산주의자가 아니니까 내 자신의 견해와 토론을 물론 가지고 있다" 등의 말로써 반박하였다. 이 동안의 심사는 무엇을 얻으려는 것보다 딘 장군을 고생시키려는 시도와 같이 보였다.

하로(하루) 사이에 이십 회나 변소 출입을 하는 극도로 쇠약한 몸으로써 딘 장군은 꼬박 앉아서 이 과격한 심사를 견디어 냈을 뿐만 아니라, 아조(아주) 논리적인 답변을 하는 것을 보고 나는 그 기적적인 정신력에 놀랠 수밖에 없었다.

이리하여 6일째 되는 날 아침 3시경에 심사관들은 단념을 하고 딘 장군에게 유서를 쓰라고 하였다. 그는 요지 다음과 같은 편지를 가족에게 썼다.

'너이들은 내가 전사하였다고 생각하고 있는지 모르나 나는 죽지 않고 인민군에게 채워서(그는 kicked라는 말을 썼다) 후퇴하다가 포로되었다. 나의 건강 상태로 말미아마 오래 살리라고 믿어지지 않기 때문에 너이들에게 마지막 편지를 쓴다.

빌(아들의 이름), 열심히 공부하여 훌륭한 사람이 되라. 항상 성실과 근면과 정직은 인간에 있어서 가장 중요한 것이라는 것을 기억하라.

밀드레드(부인의 이름), 항상 일본에 있을 때와 같이 훌륭한 여성으로 있으라. 메리(딸의 이름), 너의 모친에게 너무 늦지 않게 손자를 나아주라.

클라크 중위가 전사하였는지 않았는지 모르겠는데 만일 그가 전사하였으면 그의 부인에게 경제적인 원조를 좀 주도록 하라. 조곰한 아이를 셋이나 다리고 있으니까.

너이들은 남자가 가질 수 있는 가장 훌륭한 가족이었다.'

장군은 침대에 누어서 곤히 잠이 들었다. 그러나 아침 8시경에 떠드는 소리에 나는 잠을 깨였다. 보초가 의자에 앉아 잠든 틈에 장군은 옆의 보초실에 들어가서 쏘련제 따발총을 하나 들고 자살하려고 하다가 안전장치를 찾지 못하여 금속적인 소리를 내어 자던 보초가 발견하여 총을 빼앗긴 것이었다. 장군은 "나는 어떤 무기의 구조든지 잘 알기 때문에 만일 십오초만 더 있었더라면 자살에 성공하였을 것이다"라고 나에게 말하였다.

나는 너무 흥분하여 어쩔 줄을 모르고 옆에 보초도 서 있었기 때문에 노한 목소리로 다음과 같이 말하였다.

"장군은 왜 어리석은 짓을 하십니까? 장군이 도라오시기를 기다리고 있는 가족들 생각을 해보십시오. 단념하지 말고 최후의 순간까지 살려고 애쓰십시오. 전에도 말한 바와 같이 나는 어떤 장래에 장군을 구원할 것입니다."

나는 어떻게 하여서라도 내가 그를 구원할 수 있다는 것을 확신시키려고 하였다. 근무중에 잠잤던 보초는 처벌 받는다고 평양으로 끌려갔다. 그날 아침에 다음 보초는 몹시 화가 나서 장군을 발가벗겨 사루다마만 입히고 방 구석에 벽을 향하여 나무 의자에 앉혀 놓은 것을 한 두어 시간만에 최 총좌가 보고서 그렇게 하지 말라고 하여 다시 침대에 누었다.

그 후에는 심사관들도 전부 평양으로 돌아가고 또 다시 장군과 나는 한가한 시일을 보냈다. 장군에게 음악만 들려드리라고 갖다 준 일본제의 좋은 단파 라지오(라디오)가 있어서 밤중에는 보초와 함께 미국의 욕을 하여 가면서 나는 '미국의 소리 한국어 방송'을 들을 수가 있었다. 때는 인천상륙작전을 하는 때였다. 나는 장군에게 "월미도라는 섬을 들은 일이 있는가" 물었더니 "있다. 월미도가 어떻게 되었는가?" 하고 묻기에, 그 근처에서 전투를 하고 있으며 전선은 가까워오는 것 같다고 말하였다.

9월 말의 어느 날 밤, 장군을 심사하던 소좌가 한 명 와서 딘 소장에게 이동 준비를 시키라고 하면서 나는 가치(같이) 가지 않는다고 하였다. 한참 있다가 도랑꾸와(트렁크와) 사람을 만재한 3/4톤 추럭(트럭)이 하나 와서 장군에게 타라고 하였다. 나는 장군의 장래와 나 자신의 장래가 우려되어 혼돈된 머리로써 "자살을 한다든가 하는 어리석은 짓을 하지 말고 끝까지 살 길을 구하면서 구원을 기다리시오. 나를 믿으시오" 하였더니 "자네는 왜 가치 안 가는가?" 하고 슲은(슬픈) 낯을 하면서 차에 올랐다.

암흑 속에 사라지는 차를 한참 보고 서 있다가 방에 들어가 짐을 등에다 지고 "나의 뒤를 따르라"는 소좌의 말에 그 뒤에 따라 걷기 시작하였다. 처음 듣는 희천(熙川)으로 간다고 장군을 실은 차가 떠났기에 희천의 지리적인 위치만을 머리 속에 그려보았다. 사과 밭을 지나서 논길로 들어섰다. 앞길은 아주 캄캄하여 공중에는 별만이 반짝거리고 있었다.

소좌는 권총을 빼서 장전을 하면서 "이런 데에 무엇이 있는지 알게 뭐야" 하고 혼자소리를 하였다. 가을밤이 차서 몸이 떨리는 것을 느꼈다. 묵묵히 소좌의 뒤를 따르면서 나의 머리 속에서는 나의 계획이 번개와 같이 점멸하였다.

'도주, 미군, 보고, 구출!'

그날 아침에 평양 근처에 있는 용성(龍城)이라는 데에 도착하였다. 큼직한 집에 다수의 장교와 병사들이 들락날락하고 있었다. 나는 그날부터 한 무리의 하사관들과 같이 있으면서 아무 일도 맡기어지지 않았다. 어떤 때에는 방공호 파는 데 나가서 삽질 지게질도 하고 며칠 동안은 제봉침(재봉틀)으로 륙구삭구(륙색, 등에 메는 가방)를 16개 만들었다.

10월 10일에 다행히도 기회가 좋아서 운명을 하늘에 맡기고 도주하였다. 그리고 평양시 내외의 여러 곳에 숨어 있다가 유엔군이 입성하자 미군 제24사단을 찾아가서 딘 장군에 관한 사실 일체를 보고하고 그의 구출에 협력시켜 줄 것을 요청하였던 것이다.

이와 같이 나는 장군과 약 1개월간 가치 있었는데 왜 그에게서 분리되었는지 지금도 알 수 없으나, 추측컨대 그들이 나의 사상을 의심한 까닭이라고 생각한다. 박 중장이라고 자칭한 방학세(方學世)는 나에게 "강력하게 통역하라"고 말하였다. 최 총좌는 "심사중에 웃지 말고 엄한 얼굴을 하고 있으라"고 하였다. 한 심사관이 문을 나가기도 전에 딘 장군은 "저 놈은 아직도 많이 배워야 하겠군!" 하고 나에게 말하였기 때문에, 둘이서 폭소한 일도 있었다. 물론 보초는 24시간 우리를 보고 있었다. 이러한 사실로써 그들은 나의 태도에 의심을 갖게 된 것으로 생각된다.

시간이 적었고 오래 경과되어 기억도 살아져서(사라져서) 순서도 잘 잡히지 않고 난필 난문입니다만, 이상이 딘 소장 각하와 같이 있던 때의 추억을 간단히 쓴 것입니다. 본인이 제 24사단을 찾아간 이후 여러 기관에서 심사를 할 때에 기억도 새롭고 하여서 더 자세히 말씀도 드리고 쓰기도 하고 또한 영사반의 마이크 앞에서 이야기도 하였습니다. 딘 장군이 계시던 집에 가서 사진도 여러 장 찍어 왔습니다.

딘 장군과 떨어진 이후 저의 단 한 가지의 희망은 장군께서 무사히 귀환하시기를 바라는 것이며 그것만을 주야로 기도하고 있습니다.

현재 본인의 심경은 허심탄회하며, 가족을 비롯하여 모든 것을 버린 지금에 와서는 하등의 야심도 욕망도 없고 다만 하로 속히 조곰이라도 자유스러운 우리 국가와 민족을 위하여 가치있는 일을 하다가 공산 제국이 멸망하는 날을 보고 싶은 것뿐입니다. 대한민국을 위하여 어떠한 일이라도 할 것이며 아깝지 않은 생명이라도 바치겠다는 것을 재삼 맹세하나이다.

1953년 4월 7일 이규현(李揆現)

추기(追記):

딘 소장을 심문한 박 중장은 사실은 정치보위국장 방학세(方學世)였다. 심사 후 2

7. 이런 문서들 ③ - 문서가 남긴 이야기들

일이 지나서 딘 장군이 문답문을 썼을 때 박 중장 귀하라고 쓴 것을 번역하여 최총좌에게 주었던바, 그는 "박 중장이 도대체 누구야?" 하기에, "일전에 딘 소장을 심문한 분이 아닙니까?" 하였더니, 그는 소리를 내면서 웃었다. 왜 그러는가 물었더니, 그는 "여보, 그게 우리 대장이야. 정치보위국장 방학세 동지야" 하였다. 이로써 비로소 그날 밤에 방학세는 딘 장군에게 거짓말을 하였으며, 그 자리는 역시 평양 시민이 잘 알고 있던 정치보위국이라는 것을 알았으며, 정치보위국은 정치범만을 취급하는 줄 알았더니 군사적 문제도 취급한다는 것을 처음으로 알았다. 또한 내가 어떤 기관에 복무하고 있다는 것을 안 것도 이날이 처음이었다.

• 문서 출처: 미 헌병감실 문서군(RG 389, Records of the Office of the Provost Marshal General), Entry #1007, Box 10

군수품 7만 5000톤을 한국군에게 넘겨주려면

1952년 1월 31일, 미 226병기창 본부(HQs, 226th Ordnance Base Depot) 는 미 제2군수사령관 앞으로 두 장짜리 문서를 발송한다. 〈분쟁 종식 후 병기 지원〉이라는 제목의 2급 비밀문서다. 한국전이 끝난 후 226병기 창에 쌓여 있는 재고 군수품을 어떻게 한국군에 지원할 것인지를 검토 하고 있는 문서다. 226병기창 단장인 폴 로더(Paul) 대령이 문서를 작성 했다. 미 극동군 사령부의 KBS(Korean Base Section) 부관참모실 문서 파 일 속에 들어 있다.

얼핏 보면 수많은 문서 속에 파묻혀 있는, 그다지 눈길을 끌 만한 문 서가 아니다. 영향력 있는 인물이 등장하는 것도 아니고, 역사적 사건 을 언급하고 있지도 않다. 그러나 문서의 내용을 들여다보면 결코 무심 코 보아 넘길 문서가 아니다. 7만 5000톤에 달하는 탄약, 1억 5000만 달러의 값어치가 나가는 군수 보급품을 어떻게 쓸 것인지, 누구의 손에 어떻게 넘겨줄 것인지를 검토하고 있는 '값비싼' 문서다.

226병기창의 문제점을 지적하는 것으로 로더 대령은 이 문서를 시 작한다.

제2 군수사령부 지역 내 미군 병참 병력의 규모가 급격히 축소됨에 따라, 수백만 달러에 달하는 병기창 내 병기 보급품을 보호하는 방안을 강구하기 위해 병기 처분 조치를 보류해 놓은 상태임.

병기창을 관리할 병력이 모자라며 탄약 등 수많은 군수품을 어떻게 처분할지 고민 중이라는 말이다. 상급 부대장인 2군수사령관에게 그 해답을 묻고 있다.

226병기창은 부산 시내에 있었다. 부산 세관 건물이 있던 자리였다. 세관 건물은 226병기창의 감사관들이 사용하고 있었다. (226병기창은 1953년 봄에 해운대로 기지를 옮긴다.) 병기창은 흔히 'OBD(Ordnance Base Depot)'로 불렸다. OBD는 전투에 투입되는 부대가 아니다. 야전 전투부대에 탄약 등 군수품을 보급하는 지원(service) 부대다.

이 병기창은 제2군수사의 지휘를 받고, 제2군수사는 한국후방관구사령부(KComZ)의 지휘를 받았다. 후방관구사령부는 한반도 남부 지역의 군수 지원을 총괄한 병참사령부였다. 한국전에 투입된 모든 군수 지원 부대가 이 후방관구사령부에 지휘 보고를 했다. 후방관구사령부는 도쿄 극동군 사령부의 지휘를 받게 되어 있었다. 226병기창에서 생산된 문서가 미 극동군 사령부 문서군 속에 들어가 있는 것은 이런 지휘 계통 때문이다.

다시 문서로 돌아간다. 로더 대령은 위의 문제점을 언급한 다음, 병기창의 군수품을 그대로 방치할 경우 일어날 수 있는 두 가지 우려되는 상황을 다음과 같이 지적하고 있다.

현 분쟁이 공식 종결될 경우, '병사들(boys)'을 한반도 바깥으로 빼내려 할 때 1945년 당시와 똑같은 문제점이 즉각적으로 야기될 수 있음. (미)의회에서는 수백만 달러어치에 해당하는 군 장비 및 보급품이 이를 안전하게 관리, 보관, 유지,

수리 또는 반환할 인원이 없이 방치될 수도 있다는 점을 지적하게 될 것임.

2차 세계대전 종전 직후 미군이 유럽 등지에서 탄약 등 잔류 보급품 처리 문제로 고심했던 점을 상기시키고 있다. 지금 당장 전쟁이 끝날 경우 1945년의 상황이 재현될 수도 있다는 것이다. 그랬다가는 자칫 의회의 질타를 받을 수 있다.

미국 경제 사정을 감안할 때 2차 세계대전 직후처럼 또 한 번 대규모의 금전적 손실을 볼 수는 없으며, 탄약 등 보급품이 계속 지급될 경우 2군수사 관할 지역 내의 전체 군수품은 지금보다 훨씬 더 많아지리라는 점도 병기창 단장은 지적하고 있다. 도대체 226병기창은 얼마나 많은 군수품을 가지고 있기에 한창 전쟁 중에 종전 후 처리 문제를 미리 고민하고 있는가.

현재 군수품 재고량은 75,000톤이 넘으며, 금액으로 환산할 경우 최소 1억 5000만 달러에 달함. OBD 제1병기창에만 3,000톤 이상의 일반 보급품 재고량이 적하되어 있으며, 금액으로 환산하기 불가능함. 수개월 안에 처분시킬 수 있을 만한 양이 아님.

무려 7만 5000톤이 넘는 군수품을 과연 어떻게 처리할 것인가?

이 모든 품목들을 한국군에게 기증 또는 판매하기로 결정이 내려진다 할지라도, 한국군이 보유하고 있는 현재의 '노하우(know how)'를 감안할 때, 한국군은 이 군수품들을 유지 또는 보수할 수 있는 능력을 가지고 있지 못할 뿐만 아니라, 이 품목들의 목록 작성 능력조차 가지고 있지 못함. 한국군에게 군수품을 양도할 경우, 양도 시점에 한국군 장교와 사병을 훈련시킬 수 있는 미군 인력 역시 부족하며, 장비 사용 훈련은 미 병기 부대 병력이 철수하기 이전 수개월 전에 실시되어야 함.

만약 병기 등 군수품을 한국 이외의 다른 미군 작전 지역으로 반출시킬 경우, 미군 병력 철수 이후 실질적인 반출 시기까지는 수개월의 시간 간격이 있을 것임. 이 기간에는 이미 병기 관리의 훈련을 마친 한국군 병기 탄약 부대 및 병기 수리 부대, 일반 보급품 부대가 필히 운영되고 있어야 함.

한국군에게 병기를 이양하더라도 한국군은 병기를 유지하거나 고칠 능력이 없다고 보았다. 한국군에게 병기를 넘기지 않고 한반도에서 다른 지역으로 반출한다 하더라도 문제가 풀리는 것은 아니다. 반출이 완료되기까지는 수개월의 시간이 필요하다. 그 기간에 병기 관리는 결국 한국군 손에 맡길 수밖에 없다. 그러기 위해서라도 한국군에게 병기 유지 및 수리 훈련을 미리 시켜놓아야 한다는 것이다. 끝으로 로더 대령은 제2군수사령부 사령관에게 다음과 같은 제안을 한다.

병기 부대의 작전 통제 및 훈련을 위해 아래 4개 종류의 부대를 226병기창 부대에 배속시키도록 한국군에 요청해 줄 것을 제안함.
병기 탄약대(Ordnance Ammo Companies) 3개 중대
탄약 수리대(Ammo Renovations Platoons) 2개 소대
병기창(Ordnance Depot Companies) 3개 중대
포대 및 차량 주차대(Artillery and Vehicle Park Company) 1개 중대
위 부대들은 배속 전에 기초 훈련을 완료해야 하며, 각 부대 책임 장교들은 영어 읽기 및 해독을 할 수 있어야 함.
위 부대들은 첫 배속 이후 가능한 한 빠른 시일 안에 단계적으로 수개월 안에 배속이 완료되어야 함.

이 문서가 작성되었을 때는 이미 정전협정이 진행되고 있었다. 폴 로더 대령은 정전 이후의 상황에 대비하고 있다. 그것도 꽤 구체적이다.

대통령의 욕조

7만 5000톤의 군수품을 인계받을 한국군 편성표까지 작성해 두었다. 1억 5000만 달러어치의 무기를 그냥 내버릴 수는 없는 것이다.

탄약 수레 끌고 다니는 차마(車馬)가 병이 났다고 걱정하는 인민군 부대장과 1억 5000만 달러어치의 군수품 처리를 고민하는 미 병기창 단장이 맞섰던 것이 한국전쟁이었다.

• 문서 출처: 미 극동군 사령부 문서군(RG 554, Records of General Headquarters, Far East Command, Supreme Commander Allied Powers and United Nations Command), Entry #1310, Box 10